社会工作作为专业力量参与脱贫攻坚，
将专业队伍、专业方法、专业力量运用到脱贫攻坚的工作中，
发挥了不可替代的专业优势和人才优势，
提升了反贫困工作的专业性。

国家出版基金项目
NATIONAL PUBLICATION FOUNDATION

大国攻坚·反贫困社会工作丛书
丛书主编　向德平

发展型社会工作：贫困治理视角

向　荣　陆德泉　等 编著

華東理工大學出版社
EAST CHINA UNIVERSITY OF SCIENCE AND TECHNOLOGY PRESS
·上海·

图书在版编目(CIP)数据

发展型社会工作：贫困治理视角 / 向荣等编著. —
上海：华东理工大学出版社，2023.8(2024.12 重印)
(大国攻坚·反贫困社会工作丛书 / 向德平主编)
ISBN 978-7-5628-7030-2

Ⅰ. ①发… Ⅱ. ①向… Ⅲ. ①扶贫—社会工作—研究
—中国 Ⅳ. ①F126

中国国家版本馆 CIP 数据核字(2023)第 161353 号

内 容 提 要

本书以深入运用和建构发展型社会工作的实践、干预模式和相应的理论为主要内容，从发展型社会工作的视角介入并分析“贫困”。本书由发展型社会工作与扶贫的理论视角，发展型社会工作运用于扶贫领域的相关研究，发展型社会工作的实务案例，中国台湾和南非案例，发展型社会工作、发展型社会政策与发展前景五部分内容组成。本书适合社会工作领域的研究者和实践者，以及从事反贫困工作的基层工作者阅读和学习。

策划编辑 / 刘 军
责任编辑 / 秦静良
装帧设计 / 王 翔
责任校对 / 祝宇轩
出版发行 / 华东理工大学出版社有限公司
地址：上海市梅陇路 130 号，200237
电话：021-64250306
网址：www.ecustpress.cn
邮箱：zongbianban@ecustpress.cn
印 刷 / 上海中华商务联合印刷有限公司
开 本 / 710 mm×1000 mm 1/16
印 张 / 25.5
字 数 / 313 千字
版 次 / 2023 年 8 月第 1 版
印 次 / 2024 年 12 月第 2 次
定 价 / 98.00 元

编委会名单

丛书总序

我国以脱贫攻坚为标志的国家级重大反贫困行动，于2020年年底取得了预期成果，绝对贫困总体上被消除。脱贫攻坚可以说是中国乃至世界反贫困史上的一件大事，值得书写一笔。社会工作作为一种专业力量参与其中，并发挥了重要作用，其实践和经验值得总结。由向德平教授主编的“大国攻坚·反贫困社会工作丛书”在这方面做了开创性的工作，值得我们称赞。

一、社会工作参与反贫困是一项重大的专业实践

（一）反贫困是社会工作的一项核心任务

社会工作自产生之日起，就与反贫困结下了不解之缘。不是社会工作“贪恋”反贫困，而是贫困给贫困群体带来了巨大的痛苦。社会工作作为一种以帮助困难群体缓解困难、追求社会公正与社会进步为己任的专业，理应把反贫困的责任放在自己的肩上。在世界社会工作反贫困历史上，发达国家的社会工作参与反贫困基本上是通过实施社会救助和社会慈善的方式进行的，并形成了社会工作的著名模式。第二次世界大战以后，发展中国家的反贫困主要面向农村展开，经济开发、社区发展成为其主要模式，20世纪50年代联合国倡导的社区发展原则正是社会工作参与反贫困所应遵循的。20世纪80年代以后出现的发展型社会工作，一方面与发展中国家的政府、社会工作者、发展工作者的实践有关，另一方面也受产生于发达国家的社会投资

等理论的影响。这些实践取得了一定的成绩，也为后来发展中国家的反贫困提供了借鉴和参照。

我国作为经济社会政策和发展项目的反贫困工作是从20世纪80年代中期开始的，最初是经济开发，接着是扶贫攻坚，主要是发展经济，由政府部门、国有大中型企业和贫困农户承担主要责任。2015年，我国开始实施脱贫攻坚工程，中央明确要求形成由专项扶贫、行业扶贫和社会扶贫互为补充的大扶贫格局，做到扶贫开发与经济社会发展相互促进，不但注重产业脱贫，而且加强教育等多层面脱贫；要求坚持群众主体，激发内生动力，注重扶贫扶智，增强贫困人口自我发展的能力，同时实施扶贫志愿者行动计划和社会工作专业人才服务贫困地区计划。这样，社会工作力量作为脱贫攻坚的有机组成部分，有了“特殊”的实践机会，也能够更有针对性地参与反贫困行动。2017年，《民政部 财政部 国务院扶贫办关于支持社会工作专业力量参与脱贫攻坚的指导意见》（以下简称《意见》）要求中国社会工作教育协会发挥推动作用，进行教育扶贫。同时，我国开始实施社会工作服务机构“牵手计划”，从发达地区选择专业性强的社会工作服务机构，与贫困地区社会工作服务机构等进行结对。社会工作教育界积极响应政府部门的号召，组织、动员和支持各社会工作院系参与这一具有历史意义的反贫困行动。各类群体参与脱贫攻坚成为中国社会工作重建以来，规模最大、时间较长、有组织、有目标要求的集体性行动。

（二）社会工作参与脱贫攻坚取得了积极成果

按照民政部等部门的《意见》，中国社会工作教育协会参与脱贫攻坚是教育扶贫，其主要任务如下：高校社会工作专业院系要与贫困地区合作建立社会工作专业培训、教师实践和学生实习实训基地，帮助贫困地区培养社会工作专业人才；高校社会工作专业教师到贫困地区开展专业督导，引导社会工作专业在校生到贫困地区进行社会实践；支持鼓励社会工作专业毕业生到贫困地区就业。在中国社会工作教育协会的组织动员下，各社会工作院系秉持专业精神、发挥主观能动性，组织师生、链接资源、深入贫困地区，开展了多项服务，较好地完成了《意见》提出的任务，并尽己所能地为贫困地区的居民做贡献，在脱贫攻坚中取得了不少开创性成果。社会工作教育界支持了贫困地区的脱贫工作，促进了贫困地区社会工作人才和专业力量的发展，也获得了参与反贫困的直接经验，使我们感受到了当地干部群众和派驻的扶贫干部在反贫困中表现出来的坚韧不拔的精神。同时，参与脱贫攻坚也成为各社会工作院系坚持理论联系实际、开展实践教学、在实践中培养学生、在比较中进行研究的重要场域，因而参与者的收获是丰硕的。

对于参与脱贫攻坚，中国社会工作教育协会领导班子给予了高度重视，设计行动计划、动员组织力量，推动了整个工作向前发展。中国社会工作教育协会还建立了反贫困社会工作专业委员会，在贯彻落实协会的总体部署、推动整个活动发展方面发挥了积极作用。作为反贫困社会工作专业委员会的负责人，向德平教授和他主持的反贫困研究机构积极配合、主动工作，有力地推动了中国社会工作教育协会工作的开展。

二、社会工作界参与反贫困是理论与实践比较、互动和提升的过程

(一) 社会工作教育界参与反贫困是理论与服务实践的互动过程

社会工作教育界参与反贫困的特点是，一批批具有深厚社会工作理论

与知识积累的高校教师和研究生、高年级本科生开展实践活动，这同时也是他们走出课堂和校门开展社会工作服务的过程。在一定意义上，它是理论指导实践的过程，也是实践检验书本知识和理论的过程。反贫困工作是在自然环境复杂、文化传统多样的贫困地区展开的，社会文化因素深深地影响着反贫困行动的开展。在上述经济、政治、社会、文化背景下开展的反贫困，必然比书本上介绍的复杂得多。社会工作界参与反贫困，必然会遇到上述复杂因素的影响，会遇到许多亟待解决的“中国式”问题。这是一个不断比较、选择、实践和反思的过程。对社会工作教育界来说，这是一系列挑战，也是在克服困难中不断成长的过程。

（二）书写经验是反贫困理论和实践成果的延伸

社会工作者的基本品格是奉献和共享发展成果，同时社会工作教育界又有改进教育、传播知识、贡献社会的责任。从这个角度来说，将参与反贫困的经验和思考写出来，是十分有意义的事情。向德平教授主编的这套书正是此种努力的体现。该丛书组织了国内社会工作界20多位专家学者，基于社会工作实践，总结反贫困的相关模式和经验，生产社会工作知识，价值显而易见。

该丛书以实践为基础，兼顾了反贫困知识和实践的完整性。它是多视角、全方位和具有整体性的。其主要视角包括社区为本视角、抗逆力视角、内生动力视角、资产建设视角、金融服务视角、可行能力建设视角、赋权视角、贫困治理视角、心理弹性和生涯辅导视角等。它关注的服务对象主要包括儿童、老年、妇女、残疾人及西部农村中的弱势群体。该丛书既介绍既有的社会工作理论，也介绍中国特色的社会工作实践。基于本土实践，它介绍了社会工作参与反贫困模式的多样化和经验的多元化，反映了中国反贫困的经验及社会工作参与反贫困的机制，阐明了专业社会工作是如何发挥专业优势、实现服务效能的。

该丛书也是系列教材，体现了从理论到实践、从实践到知识的转化过程。这里包含了对反贫困知识和理论的选择，包括在实践中对社会工作知识的运用和反思，也包括基于实践的知识建构，还包括不同类型和不同层次的建议。该丛书内容丰富，有借鉴、有创新，可指导实践，也为反贫困研究提供了参考框架，是反贫困领域的学术力作，是社会工作本土化的重要成果。

三、在乡村振兴中更好地运用和发展社会工作参与反贫困的经验

到 2020 年年底，我国在总体上消灭了绝对贫困，但是相对贫困还会长期存在。中国共产党第十九届中央委员会第五次全体会议提出“实现巩固拓展脱贫攻坚成果同乡村振兴有效衔接”，我国巩固脱贫成果和反贫困的任务依然是十分繁重的。在走向乡村振兴、实现共同富裕的进程中，已经取得的反贫困经验在一定程度上依然有效，这与相对贫困现象在地域、群体、经济状况、社会生态和文化上的连续性密切相关。当然，相对贫困也有自身的特点，贫困群体有了以往反贫困的经验，有了相对好的经济基础和社会生活条件，他们摆脱贫困的内在动力和能力也有所增强。但是我们也要看到，在新的国际国内形势下，面对不断加剧的市场化竞争，相对贫困群体的生存压力不会减少，反贫困的发展性要求会更加突出。我国已经进入社会主义现代化建设的新阶段，要贯彻新的发展理念，构建以国内大循环为主体、国内国

际双循环相互促进的新发展格局，其中乡村全面振兴、遏制返贫现象发生、实现共同富裕任务艰巨。在这种背景下，社会工作者在参与脱贫攻坚中获得的经验仍然有重要的参考价值。我们也期待社会工作者群体在参与乡村振兴和解决相对贫困问题方面取得新的成果。

把论文写在祖国大地上，中国社会工作教育界以自己的实际行动在认真践行。

王思斌
北京大学社会学系

主 编 序

打赢脱贫攻坚战，是实现中华民族伟大复兴的底线要求，是贫困地区与全国一起全面建成小康社会的关键之举，是实现国家长治久安的重要保障。

我国扶贫开发进入精准扶贫、精准脱贫的新阶段。精准扶贫战略贵在精准，精准与专业具有同构性，只有调动专业的力量参与精准扶贫，才能进一步提升精准识别、精准帮扶、精准管理的精准度，才能更专业地解决贫困人口在脱贫过程中的个性问题与发展问题。社会工作参与脱贫攻坚具有重要的意义，在反贫困工作中扮演着重要的角色。

社会工作作为专业力量参与脱贫攻坚，将专业队伍、专业方法、专业力量运用到脱贫攻坚的工作中，发挥了不可替代的专业优势和人才优势，提升了反贫困工作的专业性。事实上，社会工作起源于贫民救济或慈善事业，其发展的历史就是人们与贫困做斗争的历史。社会工作的专业方法、理念正是人们在与贫困及相关社会问题做斗争的实践中逐步形成和发展起来的，因此，社会工作参与脱贫攻坚具有深厚的历史基础和重大的现实意义。社会工作参与脱贫攻坚是社会扶贫的重要组成部分。作为精准扶贫的专业力量，社会工作通过需求评估，精准识别贫困人口及其致贫原因；通过资源整合，动员与协调各方扶贫力量和扶贫资源；通过提升扶贫对象的能力，激发和提升扶贫对象的内生动力和可行能力。社会工作参与脱贫攻坚，有助于提高反贫困工作的精准性和可持续性，实现由“输血型”扶贫向“造血型”扶贫、救助型扶贫向发展型扶贫的转变。

党中央、国务院十分重视社会工作专业人才服务贫困地区的工作，《中共中央 国务院关于打赢脱贫攻坚战的决定》（中发〔2015〕34号）、《中华人民共和国国民经济和社会发展第十三个五年规划纲要》和《国务院关于印发"十三五"脱贫攻坚规划的通知》（国发〔2016〕64号）对实施社会工作专业人才服务贫困地区计划、支持专业社会工作和志愿服务力量参与脱贫攻坚提出了明确的要求。为贯彻落实党中央、国务院的决策部署，支持社会工作专业力量参与脱贫攻坚工作，《民政部 财政部 国务院扶贫办关于支持社会工作专业力量参与脱贫攻坚的指导意见》发布，民政部办公厅、国务院扶贫办综合司出台了《社会工作教育对口扶贫计划实施方案》。

为落实《民政部 财政部 国务院扶贫办关于支持社会工作专业力量参与脱贫攻坚的指导意见》的精神，贯彻实施民政部、国务院扶贫办联合制定的《社会工作教育对口扶贫计划实施方案》，深入推进教育扶贫工作，全国社会工作专业学位研究生教育指导委员会和中国社会工作教育协会积极实施"社会工作教育对口扶贫计划"，组织全国200多所高校参与社会工作教育对口扶贫工作。在反贫困社会工作实践中，社会工作教育和实践工作者积极探索，积累了较丰富的实务经验，总结了一批典型案例，产出了一系列理论成果。本丛书是中国社会工作参与反贫困成果的系统呈现。

2019年3月16日，中国社会工作教育协会反贫困社会工作专业委员会与华东理工大学出版社在武汉举行"大国攻坚·反贫困社会工作丛书"启动仪式。来自十几所高校的20余名作者代表参加了会议。会议研讨、确定了本套丛书的写作框架和主要内容。

本丛书是在全国社会工作专业学位研究生教育指导委员会、中国社会工作教育协会的指导下，由中国社会工作教育协会反贫困社会工作专业委员会具体组织完成的。王思斌教授、阮曾媛琪教授、谢立中教授、蔡禾教授、关信平教授、马凤芝教授、彭华民教授全力支持反贫困社会工作专业委员会的工作，指导本丛书的编写。

中国社会工作教育协会前任会长徐永祥教授高度重视本丛书的编写工作，为丛书的编写和出版提供了巨大的支持。本丛书寄托了全体社会工作同仁对徐永祥教授的深沉怀念！

感谢所有关心、支持本丛书的专家和同仁！

向德平

华中科技大学社会学系

一个寻梦、织梦及圆梦的故事

首先，衷心祝贺向荣和陆德泉。他们两位聚合中国境内外推动发展型社会工作的学者与实务工作者合作出版的《发展型社会工作：贫困治理视角》一书，系统扎实地诠释了发展型社会工作的理论与实践，并以生动、真实的案例展示了国内外发展型社会工作的实践经验、面临的挑战和可行的方法。它不仅是一本能够帮助读者全面理解发展型社会工作的学术著作，而且是基于作者的长期行动实践与批判反思，一步一个脚印地总结出来的宝贵经验与研究成果，能够启发和激励读者以实际行动去参与社会发展。我深信，这本书必定能够帮助更多的社会工作者掌握发展型社会工作的精髓，进一步推动发展型社会工作在中国内地扎根。

在此，我不打算再评论这本书的学术成就和贡献，因为其他几位教授已经在序言里发表了他们对本书的评价。我将尝试用另一个角度去看这本书的重要性，即从作者们的寻梦历程来看他们对中国发展型社会工作的贡献。作为向荣的博士生导师和多年好友，我特别欣赏她在过去二十多年中从不言弃地追求她的社会工作梦。2006 年，她与陆德泉博士共结连理，自此他们便并肩作战，共同为他们的社会发展理想而奋斗。

我与向荣初次见面是在 1998 年她来香港参加一个社会工作考察活动时。我第一次见到她，便深深地被她灿烂的笑容和她对社会工作发展的积极乐观态度所吸引。在与她的交谈中，我感受到她对贫困人口和农村妇女问题的深切关注，并对她解决社会问题的不一般看法有深刻的印象。当时内地大部分社会工作者比较倾向于采纳补救型的服务取向方法去解决问题，但向荣却较倾向于用女性主义和社会发展的视角去分析和解决问题。正因为她的兴趣和关注点与我十分吻合，所以我便于2002年收她为我的博士研究生，并鼓励她以参与性实践研究的方法去探讨云南农村的性别发展。在完成博士研究生阶段的工作之后，她于2005年在昆明创办了社会服务机构——云南连心社区照顾服务中心（以下简称“云南连心”），以流动儿童的社会工作服务为基础去探索发展型社会工作模式的本土化实践。2010年，云南大学与香港理工大学两校的社会工作和有关设计学院共同成立“设计与社会发展研究中心”，以设计和社会发展的综合模式与行动研究方法去推动本土化社会发展。过去十年，此中心一直致力于推动发展型社会工作模式，特别关注流动人口和少数民族妇女的生计与发展，推动自力更生经济活动和绿色产业，以行动去证明发展型社会工作模式在中国内地的可行性与适切性。多年来，向荣、陆德泉、云南连心、云南大学—香港理工大学设计与社会发展研究中心的团队坚持采用实践为本的发展型社会工作模式去推动社区参与和建设，取得了丰硕的成果，亦得到利益相关方、政府、各界朋友的认同和嘉许。

当我回想与向荣相识的二十多年的时光，我不禁由衷地对她的干劲和坚持产生敬意！我从第一天认识她时便感觉她有一种与众不同的气质，觉得她乐观率直、敢想敢问，并有一颗热切追求梦想的赤子之心。的确，她没有让我失望。无论是在云南大学教社会工作、在香港理工大学攻读博士学位，还是在田野里进行实践研究并整理口述史，在农村推动妇女社会性别发展，或在城中村鼓励推动流动人口的社会参与和绿色经济发展，她都是那么充满活力、有创意，孜孜不倦地学习，勤奋地工作。她待人以诚、不拘小节，总以豁达的心态面对挑战和困难，以谦虚好学的态度接受批评和建议，以坚毅的勇气一步一步地实践理想。向荣不是一个坐在办公室里做学问的社会工作教师，而是一个相信从实践中提炼学问的行动型学者，是一个能够与同事和老百姓不分彼此并肩作战的好战友。很幸运向荣能够遇上陆德泉，这使她在寻梦的道路上不再孤单，可以有一位志同道合的终身伴侣与她一起继续寻梦、织梦、圆梦……

这本书不单单是一本书，同时也是一个梦想成真的故事。但这个故事不是在短期之内写成的，而是经过长年累月的辛苦耕耘孕育而成的。这本书不仅反映了作者的学术智慧与研究成果，而且也包含着历年来不同利益相关方、同行者的无私参与和奉献。我有幸参与了故事中的一些点滴，见证了故事的塑造和形成，实在感动！在此，再次祝贺向荣和陆德泉成功完成此书，期盼他们能够再接再厉，与同行者一起把发展型社会工作模式在中国内地发扬光大，探索适合内地需要的发展型社会工作模式，建构本土理论，造福社会！

阮曾媛琪
香港理工大学原副校长，应用社会科学系荣誉教授

代　序
发展型社会工作的中国实践

大约一个世纪前，社会工作作为一个组织化的专业刚出现时，其创始人主要关注的是改善案主所处的物质环境。面对急速的工业化、城镇化以及与移民相关的普遍贫困现象，社会工作者设法帮助贫困家庭脱离困境。正如文献所详细记载的，当时出现了两种主要方法来实现扶贫济困的目标。第一种方法是社会工作个案工作，主要由受过专业训练的社会工作者（大部分为中产阶级女性）探访贫困家庭，评估他们的需要与生活环境。社会工作者还提出了改善贫困家庭生活水平的计划。此外，个案工作者亦负有社会救助的责任，利用现金资助的方式来解决案主最为迫切的物质需要。第二种方法是社区工作实践（或社区组织化），较少关注家庭，而更多关注社区，是改善社区的社会与经济条件的最佳方法。社区工作实践方法中有一个关键要素，即社区中心的使用。在社区中心，当地居民参与一些能提高他们生活水平的活动。社区中心提供成人教育、小组活动，改善当地的环境，成为动员当地居民解决贫困问题的关键。协助案主就业、创业、接受教育或者学习谋生技能都是个案工作倡导者所高度重视的。

随着社会工作者更加关注案主的心理健康并建立了强大的社区联系网络，早期社会工作实践中对贫困的关注逐渐减少了。当个案工作者拥有了精神分析及其他治疗性方法后，对案主的物质需要的关注就会相应减少。类似地，社区中心开始优先通过小组活动来改善社会关系，而不是减轻贫困问题。此外，一些社区社会工作者相信，相对于那些改善生活水平的社会工作项目与方案，通过政治行动挑战既定的权力结构是一种更为有效的改变社会条件的方法。同时，社会工作者对社会个案工作有着强烈的偏好。在许多国家，社会工作者更多地倾向于使用个案工作而非社区工作的方法开展社会工作实践，并且更为关注的是案主的个人问题。社会工作者亦向政府施压，促使社会工作者从向贫困家庭提供社会援助福利的工作中解放出来。此外，在与不同的非营利组织和政府机构相关的社会工作实践的主要领域中，个案工作在专业内部的重要性也不断得到强化。儿童福利、精神健康、老龄化、医务社会工作、药物成瘾、青少年犯罪及矫正等领域为社会工作者提供了专业服务的新方向。很快地，许多社会工作者参与到这些补救型的实践领域中。随着社会工作者在这些领域内的专业技能与知识水平的提升，他们参与减贫工作的时间和精力相应减少。很多社会工作者也倾向于将治疗咨询和院舍照顾作为他们主要的干预手段与案主工作方式。

20 世纪 60 年代，批评西方国家与发展中国家社会工作者执迷于补救型个案工作的声音已经相当普遍。许多批评者声称，社会工作背离了其在减贫工作中的初衷，迷失了社会工作的方向。社会工作者沉迷于心理疗法，却无法显著地提高人们的生活水平。在发展中国家，当地经济与社会发展需求迫切，聚焦在补救工作中的社会工作被认为与发展没有多大关系。也有批评者认为，社会工作者没有兴趣运用社区发展的方法去满足案主的物质需要，也不愿意介入社会救助。

正是在这样的背景下，发展型社会工作的概念出现了。批判社会工作对西方理论与实践方法过于依赖的人们提出，社会工作应该看重发展中国家的需要，并投入这些国家正在进行的发展工作中进行尝试。来自发展中国家的一些学者为发展型社会工作的出现作出了重大贡献，出版了许多关于发展型社会工作的著作。国内外的学术会议也常常讨论与发展策略相关的议题。20 世纪 70 年代，随着国际社会发展联盟的建立和发展型社会工作文献的不断增多，发展型社会工作的原理和理论逐渐成形，其实践特征也被确认。与起源于西方发达国家的社会个案工作和社区工作实践不同的是，发展型社会工作起源和植根于发展中国家。发展型社会工作强调文化本土化，也强调在发展过程中联结社会和经济的维度，认为两者同样重要。有关文献亦反映出，发展型社会工作的理念可以在社区背景下运用，持有这些方法的社会工作者可以积极地与当地居民进行合作，建立网络并促进参与。广泛使用的治疗型诊所咨询和院舍照顾模式受到了挑战，并确定了基于社区干预的新实践模式。特别有趣的是，在社区环境中，发展型社会工作的理念能与补救型实践方法相结合，例如传统儿童福利和精神健康服务被更为有效的社区干预方法所替代。

这本著作是那些对发展型社会工作感兴趣的人必不可少的读物。它描述了发展型社会工作的历史演变并概述了其主要特征。作者们有效地将发展理念与社会工作理论视角联系起来，包括系统理论、优势视角、赋权和性别视角等。他们立足于将发展型社会工作定位在促进国际社会工作联合组织（如国际社会工作者联合会、国际社会工作教育联盟）所追求的全球议程上。发展型社会工作不仅与这些努力相契合，而且整合了那些回应全球社会发展的议题，这些议题与旨在提高全民生活水平的经济发展政策相关。这本书亦呈现了发展型社会工作如何推动本土化原则，并强调了对理论和实践模式的需要。这些理论和实践模式真实地反映了文化价值观、社会和经济现实。

本书作出了一项特别的贡献，即用多个案例呈现了发展型社会工作在中国和世界其他国家与地区的不同社区的实践。本书呈现了合作社与社区发展原则在中国不同的社区环境中的运用，而且特别关注发展实践中的性别与生态维度，以及建立网络和加强社区参与的技巧。对于在社区发展工作中实践的社会工作机构如何能改善治理和管理，这本书也提供了有效的指引。除了这些来自中国的实践案例，作者还参考了世界其他地区的发展案例，例如将南非当地政府及非营利部门的有关案例纳入了发展型社会工作的理念之中。这些案例与社会投资的概念有机地联系在一起，而社会投资正是发展型社会工作的核心（社会投资理念旨在协助家庭与社区发展其所需的提高生活水平的能力）。发展型社会工作强调将家庭、社区和社会作为一个整体来运营资产，这种关键的社会投资在本书中也有讨论。

向荣和陆德泉教授邀请我为这本书撰写序言，我感到非常荣幸。在书中，他们用易读易懂的方法，把许多复杂的理念与许多不同的实践经验结合在一起，从而使这本书不仅适用于学生，而且也适用于社会工作实践者。他们是社会工作专业的领军人物，他们在促进发展型社会工作方面的努力亦值得人们高度赞扬。他们有效地将全球视角与本地实践经验相结合，显示了发展型社会工作如何以更开阔的理念和更适宜的方法去启发全球各地的社会工作者。当今全球化的世界中，来自不同国家的社会工作者了解彼此的文化差异和共同的实践经验非常重要，只有这样才能实现社会工作的国际合作。在推动这个目标方面，本书迈出了重要的一步。本书的作者对发展型社会工作在中国、东亚及其他地区的落地生根作出了突出的贡献。他们通过这本书还推动了发展型社会工作的国际交流，帮助世界各地的社会工作研究人员与实践者提升其在地社会工作专业能力。

詹姆斯·梅志里
(James Midgley)
美国加州大学伯克利分校

从南非到中国：发展型社会工作的探索之路

每个国家独特的历史、经济与文化脉络，家庭与社区生活的性质和结构，包括妇女的地位，都是对社会福利系统、社会服务和社会工作专业进行反思与重塑的核心议题。在全球经济、政治、社会和气候的快速变化给人类生活带来严重影响的情况下，寻找合适的社会工作模式已经刻不容缓。居高不下的贫困率、持续上升的失业率，还有性别不平等、人口流动、家庭暴力、就业性质改变等，都是发展型社会工作所思考和实践的前沿议题。

这种追寻新的社会工作模式和解决方式的努力已经获得联合国 2015 年可持续发展目标(SDGs)和 2030 年行动纲领的支持。以社会发展作为社会工作独特路径的视角也在 2014 年被国际社会工作学校协会(IASSW)所认可，这为分享、创新和知识交流提供了平台，也促进了人们对不同社会脉络证据为本的干预措施的学习，并塑造了全球社会发展理论，推动了全球社会发展实践。

本书进一步阐述了南非和中国的发展型社会工作的理论、政策和丰富的实践经验。南非这个中低收入国家在种族隔离时代确立了那个不平等和补救型的福利体系，后来逐步走向发展型社会工作的模式。我们修正了社会政策和立法，与发展型社会工作保持一致。南非的案例展现了一个发展中国家如何通过制度变革去重塑自身福利系统。然而在取得进步的同时，挑战也是并存的。与南非类似，中国也经历过 20 世纪 70 年代末的巨大的政治、经济与社会改革。社会工作作为一个实践为本和价值驱动的专业，在中国过去的40多年中获得了巨大的成长，如今也与发展型社会工作产生了共鸣。本书的作者以社区案例研究方法阐述了发展型社会工作在社区层面的应用。这些案例研究坚持以社会发展理论视角为核心原则，例如经济与社会发展的交叉性、社会与社区发展中居民参与的关键作用等。案例还强调了当代社会发展的议题，如社会性别与生态公正、培养强有力的本土社会制度、社会网络和关注组织发展等。本书为建立中国的发展型社会工作理论和实践作出了重要贡献，为世界各地开展社会发展进路的社会工作提供了丰富的参考经验。

发展型社会工作是一个新兴的并在成长的研究与实践方向，本书提供了多个深度的案例研究，这些案例记录和证明了发展型社会工作在中国，特别是在中国贫困发生率较高的西南地区是如何逐渐推展的。这些案例研究基于行动学习和行动研究的方法论，也是各方伙伴共同创造知识成果的典范。本书对学者、学生、实践者、非政府组织、基金会和政府来说，都是一份有价值的资料。我极力推荐此书。

莉拉·帕特尔
(Leila Patel)
约翰内斯堡大学非洲社会发展中心，福利与社会发展南非讲座教授
国家研究基金会，社会发展研究教授

从自我叙事中看见对发展型社会工作的认同

我与本书作者向荣和陆德泉私交甚笃。陆德泉是我读大学本科时的老师，我们认识有三十年了，向荣是我博士班的学生，我们认识了二十年，大家有着亦师亦友的情分。这么多年，我们在社会发展和社会工作的路上一同走来，艰难又快乐着。细数自己在农村社会工作领域的起步，陆德泉算是我的引路人。

1992 年，我本科快毕业时，作为中国滋根乡村教育与发展促进会基金会（以下简称“滋根”）的创办人之一的陆德泉，问我是否愿意参加滋根在贵州雷山方祥乡的工作。我当时也没考虑太多，就答应了。我在陆德泉的带领下进入了当时中国农村最贫困的山村之一——贵州省黔东南苗族侗族自治州雷山县方祥乡，参与农村女童助学工作。虽然助学是最基础的农村工作，但在当时也回应了农村的两个核心议题：一是农村贫困，二是农村性别不平等。记得当时进入贵州山村，入户探访贫困家庭，那是我第一次目睹贫困的真实状况，也是我第一次亲身体验农村贫困生活的真实存在。通过跟这些单纯的苗族老乡的接触，我也感受到物质贫困的人们因那种容易满足而带来的单纯的快乐。

贵州之行使我接触了农村工作。那几年，我一边走一边学，涉及如何做家访、如何写日志、如何做评估、如何做计划、如何筹款，到后来又开始推动经济合作等。1994—1997 年，我到英国读人类学博士课程，离开了滋根一段时间。其间，因为做田野调查，我于 1996 年又回到中国。我在广东的客家农村待了将近一年，与今天社会工作者所说的驻村一样，在身体感觉和体验上没有太大差别，只是大家的终极目标不同而已。但人类学式的驻村是社会工作者驻村的前提，社会工作者如果不能像人类学要求的那样对田野做深度的观察、与田野里的人有深度的交往、对田野中的人与事作细致的记录，那么我们又如何能从他们的角度去看待事物，怎么可能理解他们的需求、遭遇和历史文化的深度呢？没有这些，我们又如何谈介入呢？1996 年，除了做田野调查，我还有机会参与了中国香港的另一个非政府组织的工作，学到了跟滋根不一样的农村发展理念和手法。在那里，他们所做的是社区发展和妇女生计项目，强调社区组织的培育和绿色生态的乡村发展。在此过程中，我们也是如今天农村社会工作者般艰难地为乡村百姓打开市场。这些经验成为后来开展农村社会工作的重要参考。1997 年，我到英国完成了博士论文。1998 年，我回到香港教书，又重新投入滋根的工作。我曾经在一篇文章中讲到滋根在贵州服务中的挫败，这促使我和陆德泉于 1999 年在方祥推动了大规模的苗族妇女口述历史的收集：通过口述的方式聆听妇女被隐没的声音，理解她们的需求；也希望通过口述行动来发动妇女积极参与，培育妇女组织，与她们共同策划行动，回应她们的需求。

2001 年，我从香港中文大学社会学系转到了香港理工大学应用社会科学系。那一年，香港理工大学与北京大学开始合办社会工作硕士课程，共同培养中国内地高校社会工作的师资力量。当时阮曾媛琪教授认为："中国内地要发展社会工作，一定要有农村社会工作。"是的，社会工作专业是在西方工业化和城市化进程的脉络下建立起来的，中国内地社会的发展路径和社会脉络与西方皆不相同，如果没有农村社会工作，中国内地社会工作将存在一大空缺，无法真正回应社会的核心问题。然而，农村社会工作如何回应农村问题对我们而言是陌生的。在阮曾媛琪教授的鼓励下，云南大学和香港理工大学开始携手探索农村社会工作的理论与实践。因此，我再一次开启了自己的社会工作之旅，在云南与向荣邂逅。那时候大家都风华正茂，怀着一腔热情希望能够推动中国内地社会工作的发展。我们一群人，开始扎根农村，探索农村社会工作的理论与实践。这是一条艰难的道路，常常充满挑战，我们有时兴奋不已，有时心痛沮丧。虽然我们磕磕碰碰，但总算探索出一条开展农村社会工作和研究农村社会发展的道路。除了农村社会工作，后来我与陆德泉、向荣都在各自的领域内取得了成绩，多年的合作使我们对社会工作的理念和对社会工作发展的看法都比较接近。

后来陆德泉和向荣积极推动发展型社会工作，从他们扎根社区的实践出发，提炼出发展型社会工作的概念和实践模式。虽然我不用发展型社会工作的概念作为研究的理论框架和实践行动的指导，但我对发展型社会工作的核心内涵是高度认同的，也努力在自己的实践中去体现这些认同。

回想起来，我开展农村社会工作实践源于滋根的农村发展工作。今天我们在农村社会工作中所言的“三板斧子”（讲故事、建房子、卖东西）其实也是从这里开始的。我们在农村作口述和村史学习就是源于当年在贵州的经验，我们在农村建各种村民中心学习的也是贵州妇女中心的模式，后来的卖东西也是我们早期尝试过的，中国内地的农村社会工作的成形是有迹可循的。感谢陆德泉和向荣邀请我为他们的新书《发展型社会工作：贫困治理视角》作序，我讲一点自己的故事，是希望读者明白这本书不是一蹴而就的，而是他们扎根社区、精耕细作，通过慢慢思考和提炼得来的。我更希望读者明白，社会工作就是这样在实践中一点一点“学做”与“实做”累积起来的，它有前世和今生，不属于谁的模式。愿我们一起走过三十年的时光，可以看见前人，亦可寄望后来者。

古学斌
香港理工大学中国研究与发展网络主任
北京大学—香港理工大学社会工作研究中心主任

一同追梦，社工路

我和向荣是在香港理工大学读博士时候的同学。我在北京，她在云南，我们曾在2001—2005年一起参与过云南平寨最早以“农村社会工作”命名的实践（向荣参与此实践的时间更久）。那个时候，我俩就觉得彼此之间有某种东西是契合的，但当时说不清道不明。离开那个项目后，我们各自发展，从来没有约定过要做什么，但每次相遇时发现我们工作的轨迹总是相似的：几乎在十几年前的同一时间，她在云南创办了云南连心社区照顾服务中心，服务流动人口，而我在北京创办了北京近邻社会工作服务中心，也是服务流动人口；她在云南开始推动服务学习，而我学习和推动行动研究。她去美国读了硕士，在我国香港读了博士，这位深受西方学术影响的学者，在云南这块生态、文化极其丰富和多样，民族种类多的土地上，凭着自身丰富的社会实践经验，深刻地反思西方学科知识在解决云南当地民族多样性问题中的可行性，执着地探寻一条适合当地的道路。而我同样作为一个社会工作系的教师，因为曾到基层挂职、参与过20世纪90年代兴起的妇女组织的志愿服务等，看到在地的社会工作者用“土办法”和各种学科知识有效地解决问题，所以在学习了英美的社会工作专业之后，也不断思考着洋为中用的问题。我们两个开始行动的时间恰好一致，之前我认为很多方面是“不约而同”“不谋而合”的，现在看来，是因为我们都在用心探索和追求着基于本土的社会工作理论和实践。

本书所阐释的发展型社会工作理论，是美国加州大学伯克利分校社会福利学院荣休院长梅志里(Midgley)教授提出的。他看到英美补救型社会工作在解决南非问题时的局限,进而发展出适合解决南非社会问题的社会工作理论——发展型社会工作。这个理论很快引起向荣和陆德泉的重视,因为他们深知该理论正好切中中国社会工作照搬英美发展模式的时弊,契合他们对中国社会工作发展的思考。这也是向荣和陆德泉两位博士带领云南连心编写本书的意义所在。在生态、民族、文化等具有多样性特征的云南,十几年来他们顶住各种压力,克服种种困难,艰辛地带着一群年轻人,在流动人口、扶贫、救灾、农村发展、妇女儿童等领域开拓前进,累积了丰富的服务于民族地区、农村、灾后等多领域和多人群的实践经验。为了能更自主地开展工作,他们发展社会企业、建立基金会等,努力尝试探索出适合云南乃至中国国情和民情的发展型社会工作路径,并在此过程中培养了一批年轻的、在地的、扎根基层的、具有文化敏感性的社会工作者。这本书呈现的不是冷冰冰的知识,而是一批实践者用十几年时间在泥泞的低洼地上的前行中一步步创造出来的知识,是带着温度、情感,带着对人的爱和信心的经验总结出来的知识。它呈现了发展型社会工作理论在中国创造性发展的实践成果,给中国社会工作界注入了一股清新的活力,丰富了中国的专业社会工作理论和实践。

感谢这本书,它将我所创建的北京近邻社会工作服务中心十年间在一个北京农转居社区开展的社区工作探索也收录进来。北京近邻社会工作服务中心的农转居社区工作实践是基于北京农转居社区的社情民情发展而来的,符合发展型社会工作强调的社区综合发展、以人民为中心、参与性、变革性、以权益为本,聚焦于通过教育进行预防和提升意识,并倾向于强调群众参与的干预策略的内涵。参照此理论，我们可以更好地提炼和总结农转居社区的实践经验。

发展型社会工作理论的核心精髓是梅志里教授的精神，要发展出切合本国民情的社会工作之路，不能照抄英美的模式。同样，它也提示我们不要照搬基于南非本土发展出的发展型社会工作理论，应当批判性地借鉴。

杨 静
中华女子学院社会工作学院副教授
中华女子学院社会工作行动研究中心主任
北京市近邻社会工作服务中心理事长

前　言

2020年年底，我国已经完成脱贫攻坚的底线任务，在总体上告别了绝对贫困，全面建成了小康社会，实现了2015年中共中央和国务院提出的打赢脱贫攻坚战的目标。社会工作作为反贫困事业中的重要力量，在脱贫攻坚中发挥了巨大的作用。中国社会工作自20世纪80年代作为学科重建以来，学界和一线社会工作者一直呼吁建构适合中国本土情境的社会工作体系，并在不同层面付出了实践和理论建构的努力。特别是从党的十六届六中全会部署建设宏大的社会工作人才队伍以来，学界和一线社会工作者适应改革开放以来急速社会转型的需求和国家治理现代化的要求砥砺前进。

参与脱贫攻坚对我国社会工作的理论和实务提出了要求，即如何发挥国内外的社会工作理论、干预和实务模式的优势，针对贫困社区、群体和个人的多维度需求，制定应对和能力提升的干预策略与办法。在理论和使命的层面上，参与脱贫攻坚的实践要求社会工作者重新审视当前社会工作的使命、理论、干预和实务模式的不足，通过行动学习和研究，重新建构适合中国本土情境的社会工作体系。

我们自20世纪90年代参加社会工作的实践并进行反思开始，就隐约感觉到当时经我国港台地区引入英美的补救型社会工作模式与内地（大陆）的社会发展需求存在一些差距。后来我们在进行国际社会工作比较研究时发现，发展中国家普遍对英美补救型社会工作持批判的态度，由此开展了发展型社会工作的部署和初步实践。对补救型社会工作反思的共鸣进一步促使我们在云南的社会工作实践中深入运用和建构发展型社会工作的实践、干预模式和相应的理论，更多地结交有“发展型”思维和实践经验的社会工作同行，我们一起交流经验，共同学习。这本书就是我们对二十年来实践和研究工作的记录。

本书内容分为五个部分。

第一部分讨论脱贫攻坚政策的演变和对社会工作参与精准扶贫领域的要求，尤其是参与贫困村寨和贫困户经济发展的重要性。无论是社会发展的客观要求还是举国的反贫困努力对社会工作的期待，我国发展型社会工作的出现，都在一定程度上响应了发展中国家普遍对英美补救型社会工作模式的不满，我们应提高社会工作与在地社会发展的关联度，从贫困、失业、公共服务不足、困难群体的生活处境等社会发展方面设计社会工作的介入策略。陆德泉进一步以南非——第一个全面推动发展型社会福利和社会工作模式的国家——为例，阐述了发展型社会工作的理论、原则、干预模式、角色和技能模式。

第二部分分析云南大学社会工作研究所（以下简称“云南大学社工所”）和云南连心参照发展型社会工作的服务模式对云南农村和城市贫困社区采取的综合服务模式。发展型社会工作通过“三社联动”助力精准扶贫，通过“三留守”人员服务来培育社区志愿者骨干，逐步发展乡村公共服务和种植、养殖合作社，赋能增权，挖掘在地资源和内生动力，助力产业发展和社区治理。针对流动人口社区开展的发展型社会工作，经历了以提供社区公共服务、培养社区骨干为主的1.0版本，由绿领平台提供社区就业、互助店培育妇女骨干与社区联结的2.0版本，再到采用流动人口包容性社区发展模式的3.0版本：以文化资产整合式社区发展模式，实现对多元文化和在地文化的尊重，深化社区服务与社区经济发展；以文化为纽带促进社会资本的建设，实现流动人口与当地居民的联结，深化对当地社区工作的参与，共同建构包容性的发展社区。

我们邀请了一批可以归类为发展型社会工作不同干预策略的一线社会工作者撰写他们的案例，安排在第三部分。这些干预策略可以分为四种类型。第一种干预策略是脱贫攻坚、社区经济与社区发展，其中包括沧源佤族自治县源心社会工作服务中心参与民族村寨脱贫攻坚的案例、云南连心在流动人口中组成绿领平台组织社区经济进行赋权的案例，以及北京鸿雁社会工作服务中心在北京开展家政工的社区经济探索的案例。第二种干预策略是社会救助、社会投资。成都爱有戏社区发展中心设置了“义仓”，作为建构社区参与式互助体系的尝试；益心社会工作服务中心开展流动儿童服务，为孩子们提供早期教育；我们也选取了云南连心流动职工联合会的案例。第三种干预策略是城乡社区治理，包括河南社区教育中心的乡村社会性别治理案例、北京近邻社会工作服务中心（以下简称“北京近邻”）的农转居社区教育案例。第四种干预策略是推动区域社会工作生态建设，包括建构发展型社会工作机构发展策略、社会组织的孵化与支持，以及推动发展型社会工作人才培育。

第四部分介绍我国台湾地区和南非与发展型社会工作相关的实践及经验，进一步拓展发展型社会工作的应用领域。梁铠麟详细阐述了我国台湾暨南大学通过社会创新建构的埔里镇“厚熊笑狗”（“互相照顾”一词的闽南语发音）老年人生活照顾体系。刘宏钰和吴明儒探索了我国台湾地区在老年人长期照顾领域的社会创新服务模式。这部分的最后，通过帕特尔教授（南非发展型社会福利制度和社会工作政策的设计人）进一步分析南非发展型社会工作的发展历程和以“我们照顾家庭”的社会救助与社会投资项目，介绍南非发展型社会福利与社会工作服务的联动模式。

第五部分讨论发展型社会工作与发展型社会政策的关联和发展前景。陈涛从发展型社会政策的角度分析了发展型社会工作的政策基础。房莉杰从发展型社会政策的角度指出，我国的反贫困战略已经具备了发展型社会政策的思维。我们通过梳理我国港台地区和南非有关发展型社会工作的研讨会召开情况，进一步了解了有关议题和应用范畴。最后，通过分析相对贫困治理语境中的社会发展挑战，本书提出了一些发展型社会工作干预策略的未来发展方向和议题。

我们首先要感谢几位赐序的启蒙者、老师和朋友，包括：发展型社会工作的奠基人、美国加州大学伯克利分校社会福利学院原院长梅志里教授；发展型社会工作政策的设计人、南非约翰内斯堡大学非洲社会发展中心帕特尔教授；向荣的博士生导师阮曾媛琪教授；香港理工大学中国研究与发展网络主任、北京大学—香港理工大学社会工作研究中心主任古学斌教授；还有志同道合的好友、中华女子学院的杨静教授。当然，本书的完成还要感谢云南大学民族学与社会学学院社会工作研究所的陈韦帆和杨丹，云南连心的卢思含和云南大学的李顺彩。最后，感谢为发展型社会工作提供丰富实践案例的云南和其他地方的一线社会工作者，是他们将智慧的结晶与行动的经验汇聚成本书。希望本书对从事该领域有关工作的人员、关心该领域的同仁有所启迪，愿我们共同开拓我国发展型社会工作的实践和理论的新天地！

向　荣　陆德泉

目　录

CONTENTS

第二部分　发展型社会工作运用于扶贫领域的相关研究

第一部分

发展型社会工作与扶贫的理论视角

第一章　中国扶贫政策需求的变化与社会工作

第一节　中国扶贫政策的演变

自 1978 年党的十一届三中全会提出全面实行“对内改革、对外开放”的战略以来，中国的扶贫政策的发展历程可以分为体制改革推动扶贫阶段、大规模开发式扶贫阶段、八七扶贫攻坚阶段、综合扶贫阶段和全面建成小康社会的扶贫攻坚阶段。[①]

第一阶段：体制改革推动扶贫阶段（1979—1985 年）。按 1978 年 100 元的贫困线估计，中国农村贫困人口由 1978 年的 2.5 亿人减少到 1985 年的 1.25 亿人，贫困发生率从 1978 年的 30.7%下降到 1985 年的 15%，年均减贫 1 786 万人。在经济体制改革方面，我国主要实行家庭联产承包责任制，通过维持土地所有权仍归集体，以“分田包产到户，自负盈亏”政策扩大农民

① 向德平、华汛子：《党的十八大以来中国的贫困治理：政策演化与内在逻辑》，《江汉论坛》2018 年第 9 期。

在农业生产中的自主权，激发农民的生产积极性，提高粮食产量，增加农民收入。在推动经济改革举措方面，国家实施放宽农产品价格、发展乡镇企业、减少劳动力流动限制等，逐步提高农副产品的价格，促进乡镇企业迅速发展，大量农村劳动力就地或跨省转移，扩大了农村贫困人口的非农业就业。这些政策增加了农民的收入，大大缩小了农村贫困的广度，降低了农村贫困的程度。

我国面向“老、少、边、穷”贫困地区的扶贫政策在逐步形成和完善。比如 1980 年，中央财政设立“支援经济不发达地区发展资金”，用来支援经济不发达的革命老根据地、少数民族地区、边远地区和穷困地区。1982 年，国务院启动实施“三西”地区（甘肃河西地区、定西地区和宁夏西海固地区）农业建设扶贫工程，设立“三西”地区农业建设资金，开启了中国区域性扶贫开发的先河。1984 年，中共中央、国务院发布的《关于帮助贫困地区尽快改变面貌的通知》，进一步明确要集中力量解决十几个连片贫困地区的问题。这一时期，促进地域性发展的扶贫政策雏形逐步形成。

第二阶段：大规模开发式扶贫阶段（1986—1993 年）。虽然经济体制改革、农村改革、市场改革和对外开放等一系列举措带来了经济的高速发展，使农村贫困有所改善，但中西部地区受自然环境、发展资源、机会和能力等方面的限制，与沿海地区的贫富差距进一步拉大。为了提高扶贫政策帮扶的精准性，1986 年国务院贫困地区经济开发领导小组（1993 年改称国务院扶贫开发领导小组，2021 年更名为国家乡村振兴局）成立，专门负责扶贫开发工作的政策拟定、规划和组织实施。我国制定了对贫困县的划分与扶持标准，安排专项资金、出台优惠政策，开始了有计划、有组织、大规模的开发式扶贫。这时，扶贫战略由救济式扶贫向开发式扶贫转变，扶贫工作进入了新的历史时期。

在这个阶段，政府大力增加扶贫资金，在支援不发达地区发展资金的基础上，增加了以工代赈资金和扶贫贴息专项贷款，累计安排扶贫资金 201.27 亿元，年均增长 16.91%。八年间，农村贫困人口由 1.25 亿人减少到 8 000 万人，贫困人口占农村总人口的比重从 14.8%下降到 8.7%。

第三阶段：八七扶贫攻坚阶段(1994—2000 年)。国务院于 1994 年 3 月首次制定并于 4 月份发布的扶贫攻坚规划《国家八七扶贫攻坚计划》明确指出："动员社会各界力量，力争用七年左右的时间，基本解决目前全国农村 8 000 万贫困人口的温饱问题。"第一，国务院扶贫开发领导小组于 1994 年重新根据各县发展水平调整了国定贫困县的标准：1992 年，年人均纯收入低于 400 元的县全部纳入国定贫困县扶持范围，凡是 1992 年年人均纯收入高于 700 元的原国定贫困县，一律退出国家扶持的范围。第二，《国家八七扶贫攻坚计划》提出，政府有关部门要制定本部门、本系统的"八七扶贫攻坚"实施方案，各方扶贫力量充分发挥各自的优势，为贫困地区提供资金、物资、技术帮扶。有关部门分别在农田水利、道路交通、教育、科技、文化、卫生等领域出台了以工代赈、贴息贷款、财政发展资金、科技扶贫、社会扶贫等多项开发式扶贫政策。第三，建立东西部扶贫协作机制。中央政府明确资金、任务、权利、责任"四个到省"的扶贫工作责任制，建立东部沿海地区支持西部欠发达地区的扶贫协作机制。随后，中央政府确定京、津、沪三个直辖市，沿海六个经济比较发达的省、四个计划单列市，分别对口帮扶西部十个省、自治区。东西部地区的联动为贫困地区带来了资金、资源与技术，促进了区域间的协调发展。第四，动员社会力量参与扶贫。中央和地方党政机关、有条件的企事业单位、各民主党派和工商联、工会、共青团、妇联、科协、残联、中国扶贫基金会和其他各类民间扶贫团体、大专院校、科研单位、人民解放军和武警部队发挥各自的专业优势，广泛参与扶贫开发，在贫困地区开展科技扶贫、人才培训、劳务输出、经济合作，解决贫困群众的温饱问题，帮助贫困群众脱贫致富。第五，采取多元化的帮扶措施。通过财政支持、产业发展、劳务输出、生态移民、政策保障等帮扶措施，改善贫困地区经济、文化、社会的落后状态。

1994—2000年，中央累计安排财政扶贫资金约531.81亿元，年均增长9.81%。《国家八七扶贫攻坚计划》提出，重点发展种植业、养殖业和有关加工业、运销业，积极发展资源开发型和劳动密集型的乡镇企业，加快对荒地、荒山、荒坡、荒滩、荒水的开发利用；组织推动贫困地区劳务输出，往沿海经济发达地区转移，同时也开始探索对部分自然条件恶劣地区的村庄和农户实行开发式移民；强调基础设施建设，重点解决贫困地区人畜饮水、交通、用电的问题。《国家八七扶贫攻坚计划》的实施，大力普及了初等教育，开展了职业技术教育和技术培训，改善了医疗卫生条件等，奠定了日后中国扶贫政策的基础、范围和制度框架。

第四阶段：综合扶贫阶段（2001—2010年）。随着中国加入世界贸易组织，中国中西部与东部的经济发展差距进一步拉开；中国进一步与国际接轨，落实与联合国签署的有关社会与经济权利公约、千禧年发展目标等，制定了促进不同群体发展的纲要。中国首次推出了《中国农村扶贫开发纲要（2001—2010年）》（以下简称《纲要》）的十年计划。《纲要》首先把扶贫资源的瞄准机制从县级下移至村一级。2002年，中国政府确定了14.8万个贫困村，占全国建制村的21.4%。《国家八七扶贫攻坚计划》推动了“整村推进”专项扶贫工作，制定和实施了参与式村级扶贫规划，启动了大规模参与式社区综合发展与扶贫的实践。这些举措奠定了以贫困村的生产生活条件为中心的小基建与社区发展扶贫项目，同时开始探索村民在扶贫项目的规划与实施中的参与情况。《纲要》进一步深化《国家八七扶贫攻坚计划》提出的定点帮扶、对口帮扶、社会帮扶等工作。国家进一步推进党政机关定点扶贫工作，选派干部蹲点扶贫，直接帮扶到乡、到村，支持贫困地区的开发和建设。国家通过政策制定进一步推动社会组织、企业等社会力量积极参与贫困地区的开发建设。

《纲要》积极推进劳动力转移培训和产业化扶贫。国务院扶贫办于2004年开始实施贫困地区劳动力转移培训工作（“雨露计划”），通过职业教育、创业培训和农业实用技术培训等方式，帮助贫困地区青壮年农民解决再就业、创业中遇到的实际困难，推动青壮年农民实现转移就业、自主创业。产业化扶贫的内容包括：地方政府要确立主导产业，建立生产基地；提供优惠政策，扶持龙头企业。《纲要》进一步把中西部少数民族地区、革命老区、边疆地区和特困地区作为扶贫开发的重点地区，逐步把残疾人纳入了扶持范围。

在《纲要》实施期间，中央财政累计安排财政专项扶贫资金1 440.34亿元，年均增长9.3%。全国农村扶贫标准根据消费指数与社会经济发展水平，从2000年的865元逐步提高到2010年的1 274元；农村贫困人口数量从2000年年底的9 422万人减少到2010年年底的2 688万人，农村贫困人口占农村人口的比重从2000年的10.2%下降到2010年的2.8%。

第五阶段：全面建成小康社会的扶贫攻坚阶段（2011—2020 年）。中共中央、国务院印发的《中国农村扶贫开发纲要（2011—2020 年）》（以下简称“新《纲要》”）提出，进一步加快贫困地区的发展，促进共同富裕，实现到 2020 年全面建成小康社会的奋斗目标，将连片特困地区、重点县和贫困村，以及在扶贫标准以下具备劳动能力的农村人口作为扶贫工作的主要对象，将扶贫开发与社会保障有效衔接，坚持专项扶贫、行业扶贫、社会扶贫相结合。这个阶段尤以 2013 年习近平总书记提出的精准扶贫战略为主，要求从策略上解决好“扶持谁”“谁来扶”“怎么扶”“如何退”四个问题，落实“五个一批”，确保“六个精准”。

第一，新阶段的扶贫策略要充分发挥我国的制度优势，要坚持中央统筹、省（自治区、直辖市）负总责、县一级政府抓落实的管理体制；充分发挥贫困地区基层党组织的战斗堡垒作用，把扶贫开发与基层组织建设有机结合起来。层层落实脱贫攻坚责任，如落实党政一把手的政治责任，做到省级及以下党组织书记一起抓扶贫工作。精准扶贫同时重视村“两委”（村党支部委员会和村民委员会①）建设，向贫困村派出第一书记和驻村工作队，将村级党组织建成精准扶贫的攻坚堡垒，把脱贫攻坚任务落实到“最后一公里”。

第二，新《纲要》构建了“三位一体”即专项扶贫、行业扶贫、社会扶贫互为补充的大扶贫格局。“三位一体”的大扶贫格局让政府、市场、社会等多元主体相互发挥作用，相互补充，为贫困治理注入多种资源，满足了贫困人口多元化、差异化的现实需求，实现了资源与需求的有效衔接，提升了扶贫工作的精准性和有效性。

① “村民委员会”，本书多称为“村委会”。

第三，新扶贫计划围绕“两不愁三保障”的目标，通过产业扶贫、易地搬迁扶贫、科技扶贫、就业促进来实施“五个一批”工程，帮助贫困地区、贫困人口摆脱贫困。我国的扶贫开发既注重通过产业发展促进贫困人口就业、创业，又注重为特殊群体提供社会保障；既注重改善贫困人口的生产生活条件，又注重保护贫困地区的生态环境；既注重提高贫困人口的经济收入，又注重提升贫困人口的人力资本和内生动力。

从“十二五”到“十三五”的十年间，中央财政累计安排财政专项扶贫资金约 7 120 亿元。其间，2018—2020 年，每年全国财政专项扶贫资金投入超过 1 000 亿元，2020 年全国财政专项扶贫资金接近 1 400 亿元。2013—2020 年，按照 2 300 元(2013 年不变价)的扶贫标准，每年减贫人口达 1 000 万人以上。2020 年，我国完成了脱贫攻坚的目标。

第二节　扶贫政策趋势对社会工作的需求

中国的贫困治理实现了由“政府包揽”到“多元共治”，从“救济式扶贫”到“开发式扶贫”，从“物质帮扶”到“扶志扶智”，从“区域瞄准”到“个体瞄准”，从“大水漫灌”到“精准滴灌”的转变。① 贫困治理的演化逐步为发展型社会工作提供了迫切的政策需要、环境和抓手。

一、扶贫从“政府包揽”到“多元共治”

由《国家八七扶贫攻坚计划》、《纲要》和新《纲要》的推出可见，中国政府

① 向德平、华汛子：《党的十八大以来中国的贫困治理：政策演化与内在逻辑》，《江汉论坛》2018 年第 9 期。

已从承担全国范围内全部的扶贫工作，逐步转向推动行业力量、社会力量参与扶贫。2015 年的《中共中央 国务院关于打赢脱贫攻坚战的决定》进一步指出，“加大东西部扶贫协作力度”，“进一步加强和改进定点扶贫工作”，“鼓励支持民营企业、社会组织、个人参与扶贫开发”，“构建专项扶贫、行业扶贫、社会扶贫互为补充的大扶贫格局”。从反贫困治理的“政府包揽”到“多元共治”，反映了政府在吸纳社会资源、社会力量，推动贫困治理向专业化、精准化的社会治理创新发展。多元共治的社会治理创新为社会工作参与反贫困提供了良好的政策环境，民办社会工作机构通过与扶贫相关的购买服务来参与扶贫工作，参与基金会或企业的扶贫项目，为多元共治中的专业化和精准化作出贡献。

二、从“救济式扶贫”到“开发式扶贫”与低收入保障的两轮驱动

从改革开放初期到《国家八七扶贫攻坚计划》实施阶段，中国的扶贫计划逐步从救济式扶贫向开发式扶贫转变。新《纲要》指出，要“坚持开发式扶贫方针，实行扶贫开发和农村最低生活保障制度有效衔接”。从“救济式扶贫”向“开发式扶贫”的转变，为社会工作提供了非常大的介入空间。一方面，社会工作在农村最低生活保障制度的实施过程中可以协助地方民政部门作出专业化的辨识和对低保人群的协助；另一方面，社会工作在对低保人群和脱贫人群进行社会救助的基础上，可以探索与生计开发联动的社会工作介入方法，探索在扶贫开发中将发展地方经济与社会救助、提升个人能力相结合。

三、从"物质帮扶"到"扶志扶智",坚持外部帮扶与自主脱贫相结合的扶贫策略

改革开放初期,中国的扶贫策略主要是为贫困地区提供扶贫资金,解决贫困地区的温饱问题。从《国家八七扶贫攻坚计划》到《纲要》和新《纲要》的施行,大规模扶贫开发阶段从产业发展、信贷扶贫、以工代赈到劳动力转移培训和教育扶贫,标志着中国的扶贫开发工作由以自然资源开发为主发展到自然资源开发与人力资源开发并举的新阶段。习近平总书记在精准扶贫政策中多次强调"扶贫先扶志、扶贫必扶智",将扶志、扶智摆到至关重要的位置上,提升了贫困人口脱贫致富、实现自我发展的能力、信心和志气。中国的扶贫开发越来越注重从根本上解决问题,注重提升贫困人口的内生动力,促进贫困人口参与经济社会的发展,最终实现可持续脱贫。

外部帮扶与自主脱贫相结合的反贫困策略,既需要利用外界资源,又必须激发内生动力,为社会工作提供了重大的政策需求和工作空间。外部帮扶的扶贫工作反而不是社会工作的优势,外部资源主导让社会工作没有用武之地。当前反贫困政策强调培养贫困人群的自我发展能力、信心和志气,让以人为本的社会工作更好地将自身价值融合到扶贫工作的策略和方法中,使贫困人口早日摆脱贫困。

四、坚持产业发展与生态保护相结合的扶贫模式

产业发展是带动贫困地区脱贫的重要抓手。扶贫需要挖掘贫困地区的

资源优势，推动贫困地区的产业发展，但是贫困地区大多自然环境恶劣、生态脆弱，产业发展一定要以生态保护为前提，不能以牺牲环境为代价。因此，中国的贫困治理模式强调绿色发展、协调发展、可持续发展，坚持“绿水青山就是金山银山”的理念。

2014 年，国际社会工作者联合会在《社会工作与社会发展全球议程》中明确地把可持续发展、生态公义和社会公义作为社会工作的专业使命和工作范畴。国际社会工作的关注点与我国扶贫发展中的可持续发展不谋而合，在绿色扶贫、以可持续发展理念制定扶贫的社会工作介入模式方面为我国社会工作提供了强大的支持。

五、从“区域瞄准”到“社区瞄准”和“个体瞄准”

中国扶贫政策最初主要针对普遍贫困的区域，后发展到国定贫困县，逐步聚焦到贫困村和贫困户。新《纲要》和精准扶贫策略，逐步将连片特困地区和深度贫困地区的重点县、贫困村，以及在扶贫标准以下具备劳动能力的农村人口作为扶贫工作的主要帮扶对象。党的十八大以来，中国政府将建档立卡的贫困人口作为扶贫开发的首要对象。

社会工作的“人在情境中”的介入分析可以在扶贫政策的多层次介入（“贫困村瞄准”“贫困户瞄准”“个体瞄准”）中发挥积极的作用。社会工作可以为扶贫政策区域、社区、家庭和个人层次的介入与联动发挥积极的作用。

六、从“大水漫灌”到“精准滴灌”

从 1986 年的区域发展策略，到《国家八七扶贫攻坚计划》的财政支持、产业发展、劳务输出、生态移民、政策保障等多元化的帮扶措施，两个扶贫十年计划主要采取推动村级的产业扶贫、科技扶贫、易地搬迁扶贫、整村推进、以工代赈、就业促进等方式，推动大区域到小社区的“大水漫灌”的综合发展策略。精准扶贫战略强调社区发展，强调结合每家每户的贫困原因和脱贫特点进行帮扶。

社会工作强调每个人的独特性、每个“问题”所处的情境，以及与家庭和社区的关系，从而制定个人独特的精准扶贫的策略和方式。社会工作可以根据对不同服务使用者的情境分析，结合社会救助、社区照顾、家庭教育、社区教育、生计发展和社区治理等不同的社会资源进行更精准的协助。

第三节　从社会工作到发展型社会工作

新《纲要》和其他精准扶贫政策的实施，为社会工作参与多元共治的反贫困治理提供了良好的政策环境和参与模式。一些社会工作实践在协助扶贫政策从“救济式扶贫”与“开发式扶贫”的联动，探索社会救助、提升个人能力与生计开发的结合方面发挥了积极作用。也有部分学者强调将社会工作与可持续发展、生态公义和社会公义等专业使命相结合，在可持续发展模式、扶贫、意识与生活方式转变等方面作出了尝试。社会工作实践尝试结合外部帮扶与自主脱贫链接外部资源，培养贫困人群的信心和能力。社会工作尝试整合贫困村、贫困户和个体的多层次介入策略与方法。在精准扶贫中，社会工作者尝试结合社会救助、社区照顾、家庭教育、社区教育、生计发展、生态保护、文化传承和社区治理等不同领域进行更精准的社会工作介入。这些社会工作实践的策略、领域和方法表面上与当前社会工作课程和教科书中的社会工作的侧重点有所不同，比较偏重社会发展、经济发展和社区工作等宏观和中观的干预。

与欧美国家社会工作的发展历程不同，中国的社会工作源起于“教育先行”，即高等教育中的社会学科建设。因此，中国社会工作发展模式深受补救模式（remedial model）与社会福利模式（social welfare model）的影响。我们先不评论补救模式、社会福利模式所强调的意识形态和价值观如何，毕竟这些社会工作模式是在欧美发达福利国家相对完善的社会政策和社会服务分工条件下形成的，与发展中国家的发展脉络大相径庭。摆在我们面前的急迫任务是，必须横向分析发达国家与中国和其他发展中国家发展脉络的差异，再纵向分析美国社会工作的发展历史与当前欧美社会工作模式的演变，从而更好地了解并参考他国的社会工作体系的知识脉络。

一、发达国家社会工作专业帝国主义

美国加州大学伯克利分校荣休院长梅志里出生和成长于南非，在从事社会工作期间，有感于补救型社会工作模式与南非社会现实需求相脱节，所以在 20 世纪 80 年代大力批判英美社会工作的专业帝国主义（professional imperialism），认为其误导了南非和其他发展中国家社会工作的发展，提出了发达国家社会工作对发展中国家的社会关联性（social relevance）不足。“社会工作与社会发展全球议程”和 2014 年重新修订的全球社会工作定义在一定程度上证明了发展型社会工作的倡议者梅志里的远见。

面对发展中国家发展目标的缺乏、社会服务和社会发展政策的严重不足，梅志里提出发展中国家社会工作必须反思欧美补救模式和社会福利模式的局限性。他推动建立了发展型社会工作(developmental social work)的范式，把社会工作重新定位在弥补和推动社会发展服务和制度的缺位中。梅志里认为，发展中国家广泛存在的城市失业或就业不足、农村贫困、饥饿、无家可归、文盲与疾病等问题，传统社会工作模式通过辅导个人、群体或社区适应社会变迁的方法无法应对。他提出，必须建立发展型社会工作，以开发社会工作在推动社会发展目标方面的外延功能，弥补发展中国家经济和社会发展的不足。比如，以社会工作方法发展生产或提供就业机会，协助提供教育和医疗等服务，以及推动发展型社会政策的出台和实施。①

二、当前欧美社会工作忽视的社区工作传统

梅志里认为，美国社会工作的发展历史本来就是三个不同的社会工作模式的互动。② 除了 20 世纪初社会工作呈现的传统慈善、个别化的个案救助工作，还有以简·亚当斯(Jane Adams)为代表推动的社区发展工作——睦邻运动(settlement movement)。美国的睦邻运动主要产生于 19 世纪末到 20 世纪初。大量移民从欧洲涌入美国，给美国带来了严重的社会问题，20 世纪 30 年代的经济大衰退带来了严峻的失业冲击；美国总统富兰克林·罗斯福推行了积极的社会政策，旨在提高公共开支以刺激就业，通过睦邻运动来促进

① James Midgley, "Social Work and Economic Development," *International Social Work* 60. no. 39(1996): 5 - 12.

② James Midgley and Amy Conley Wright (eds.), *Social Work and Social Development: Theories and Skills for Developmental Social Work* (Oxford: Oxford University Press, 2010).

社会工作就业，应对移民的经济与社会适应问题；通过民间睦邻社区组织提供的教育、娱乐和青年活动，逐步动员社区居民改善所在社区的状况。面对经济大衰退，美国政府通过积极的公共政策提供了以普惠性和公民社会权利为基础的公共社会服务，并在政府机构中雇用大量社会工作者，推行积极的贫困、困境家庭和儿童的救助政策。在当前中国的社会工作教育中，英美社会工作的睦邻运动社区工作模式是教师介绍得比较薄弱的环节。

第二次世界大战后，随着英美政治经济社会的稳定发展，社区发展工作的角色好像没有那么重要了，反而补救型社会工作却日益抬头。在民族解放运动中，不少新兴发展中国家在发展社会工作时，还是受原来宗主国和国际机构的影响，引进了补救型社会工作模式去应对日渐增多的城市社会问题，譬如青少年犯罪、儿童忽视、家庭辅导、乞讨和流浪等。究竟这种以补救型为主的社会工作模式是否适合发展中国家应对普遍的贫困、失业和种种社会服务不足的问题，则少有考量。加上在殖民地独立运动中，新兴发展中国家往往把经济发展放在首位，有些政府批评社会福利计划为“非生产性”活动，挤占了有限的经济资源，从而损害了经济发展。

一些发展中国家除了引入狭义的社会工作以外，也积极探索整合社会发展与经济发展的社区发展策略。比较著名的如印度甘地和泰戈尔推动的植根于传统文化的社区发展模式。一些西非国家的社会福利部门也通过推动社区发展项目来满足社区各种需要，通过扩大社区干预来提供社区服务，譬如扫盲、修路、建设桥梁和灌溉系统、发展小规模农业和畜牧业、开发小手工艺、发展乡村工业、建设社区卫生和教育设施等。

20 世纪 50 年代，受到这些社区发展实践的影响，英国殖民事务署正式在社会工作和社会福利政策中确立了社区发展和社会发展模式，并逐渐将其作为英国海外发展援助的主要工作方法。经过英国的对外援助双边合作计划的实施与联合国等多边发展合作组织的推动，社区发展模式逐步成为主流化政策。该模式为发展中国家提供技术咨询和资金，推动社会发展计划。1969 年，联合国的社会福利部长级会议进一步奠定了社区发展和社会发展模式的重要性，并提出补救型、收入保障和发展型介入项目间的适当平衡，尤其是社会福利服务也属于国家整体发展的重要组成部分。

在发展中国家，除了政府的推动，民间强调自下而上的参与形式，草根社区的参与也逐步发展成为不同的社区发展模式，其中尤为突出的是巴西平民教育家傅莱雷（Freire）推动的意识提升（conscientization raising）充权策略。这些参与式方法、自下而上的社区发展和社会发展模式的意义及其效用也逐步被各国政府和多边机构所认同并采用。1995 年，在联合国社会发展高峰会议（The World Summit for Social Development）上，这些理念和模式已成为联合国、双边与多边发展合作机构的主流化政策和模式。所以说，其实发展中国家所形成的“准发展型社会工作”包括政府主导的社会福利计划和由社会力量广泛推动、由发达国家和社会主导的对发展中国家进行资助的社会发展和社区发展计划。

三、发达国家社会福利的困境与发展型社会工作

梅志里对发展型社会工作的主张显然并不局限于发展中国家。随着全球经济中心的转移，欧美经济逐渐衰退转型。公共财政危机的出现和新自由主义改革的盛行，以及社会福利制度大幅削减，威胁到发达国家弱势群体

的发展权益。传统社会福利领域进行改革，逐步强调社会政策和社会工作的社会投资，开发社会企业，协助个人或群体创造就业机会。发展型社会工作使发展中国家的经验影响到欧美的社会政策和社会工作，比如小额信贷(micro-credit)对刺激微型企业(micro-enterprise)减贫具有一定的作用，社会企业(social enterprise)在结合社会服务功能与企业性运作方面具有较好的效用。发展型社会政策强调：投资于人力资本，投资于就业和创业计划，投资于社会资本(social capital)，投资于资产发展(asset building)，投资于效益高的社会计划。①②

四、处于十字路口的全球社会工作

国际社会工作学校联合会(IASSW)、国际社会工作者联合会(IFSW)、国际社会福利协会(ICSW)经过多年的商议，于 2012 年正式通过了《社会工作与社会发展全球议程》(*Global Agenda for Social Work and Social Development*)，确立了富有远见的目标：促进社会与经济平等、捍卫人群的尊严与价值、朝向环境可持续性努力和增强对人际关系重要性的理解。其实这三个全球性的社会工作和社会福利机构早于 2004 年就开始意识到主流的社会工作没有回应全球化对社会发展的挑战。区域发展不平衡加剧、世界性经济波动和衰退、国家间和区域间贫富悬殊加剧、国家间和国家内部移民加剧、气候变化加剧、粮食安全危机加剧、大型灾害回应能力低下、传统和

① 王思斌、阮曾媛琪：《和谐社会建设背景下中国社会工作的发展》，《中国社会科学》2009 年第 5 期。

② 方巍：《社会福利发展策略的创新与偏颇——关于发展型社会政策的评论》，《浙江工业大学学报(社会科学版)》2009 年第 4 期。

新型流行病猖獗、传统和新型的暴力冲突加剧等问题，已经迫使发达国家和发展中国家的社会工作、社会工作发展领域的专业人员和教学研究者不得不重新界定社会工作应对全球社会发展挑战的角色与策略。

同时，国内有关发展型社会工作的讨论过于强调发展型的社会投资和政策，忽视发展型社会工作在范式转变（paradigm shift）层面对传统欧美社会工作实务的重构（reconstitution）。发展型社会工作不是完全否定欧美社会工作发展的个人服务模式（personal social service model）和社会福利模式，而是通过推动社会发展的目标，重组个人或群体发展问题的个人服务与社会福利的干预方法。在维护个人或群体发展权利的过程中，个人服务的重点是补救、预防和保护个人或群体免于剥削、歧视或生存的恶化。在维护个人或群体发展权利的过程中，社会福利模式则通过各种相应的社会福利制度（social welfare institutions），协助与推进个人或群体的社会发展机会和权利。

第二章　发展型社会工作的视角、理论与专业技能

虽然对社会工作专业帝国主义的批判和对发展型社会工作视角的倡议普遍获得发展中国家社会工作界的认同，但是由于国际社会工作学科与专业依然受英美社会工作的深刻影响，加上国际援助的资源流向强化了英美社会工作的影响力，因而发展中国家的社会工作发展仍然以英美的社会治疗模式为主流。从国际社会工作的发展来看，南非是全球首个依据发展型社会福利和社会工作理念建构社会工作的国家，在废除种族隔离政策时采用了发展型社会福利与社会工作理论和实务模式，整合宏观社会福利政策制度、中观社区发展模式、微观小组和个人服务方法。

第一节 南非发展型社会工作与社会治疗模式社会工作的差异

南非社会福利学者帕特尔比较了发展型社会福利模式与种族隔离时代的社会治疗模式社会工作的差别①,如表 2-1 所示。

表 2-1 社会福利服务提供模式的比较②

原来的社会治疗模式	发展型社会福利模式
● 不公平与歧视性 ● 参照医疗模式 ● 聚焦在补救、社会病态、服务对象的不足、个人的心理临床治疗和院舍照顾 ● 家长权威关系与片段性干预 ● 以社会工作者为主要专业角色 ● 昂贵但影响面小	● 社会公义目标,特别针对弱势群体需求 ● 参照权利为本的模式 ● 聚焦于社会与经济发展、充权、能力为本、参与、惠贫、脆弱群体、伙伴关系 ● 通用实务整合宏观与微观干预策略;在不同层面和不同服务对象群体中开展干预服务 ● 以家庭为中心、以社区为基础的整合型服务模式 ● 以协作式服务动员有关专业或非专业人员参与提供服务 ● 成本效益高,影响更大

帕特尔提出,南非的发展型社会福利模式的支柱包括五个方面:

(1) 社会权益为本。社会权益主要是指基本社会服务的权益(比如房屋、教育、医疗卫生)和平等获得社会福利的权益。

(2) 社会与经济的协调发展。这一点特别强调大部分人在经济发展中获益,减少贫困与经济不平等。策略包括一系列教育与技术培训和社会投

① 向荣、陆德泉、陈韦帆:《发展型社会工作对深化精准扶贫的助力策略分析》,《贵州民族大学学报(哲学社会科学版)》2018 年第 3 期。

② 根据帕特尔教授在第二届国际发展型社会工作会议上的讲义整理而成。

资，比如微型企业和小基建。

(3) 民主和参与的理念与价值。社会发展项目的受益者应该享有积极参与规划、执行和评价的权利。

(4) 社会发展的多元治理与整合。社会发展是通过政府、民间、非正式群体（家庭、朋友、族群等）和商业部门的合作来促进的。

(5) 社会发展需要整合从微观到宏观的介入策略。它要求采取个人、家庭、社群、社区或社会的介入策略，以协助服务对象获得最合适的服务策略。

研究南非社会工作本土化多年的格雷（Gray），概括了发展型社会工作的特点：发展型社会工作重新强调了社会工作的职业使命包括消灭贫穷；发展型社会工作也明确了社会福利与经济发展之间的联系，试图将社会福利建构为一种对人力资本的投资，而不是消耗有限的政府资源。① 发展型社会工作区别于以特定人群需要和服务为导向的补救型社会工作，转向了多部门、有规划、以人为中心的发展策略。也就是说，社会工作的主要干预策略根本性地从个案工作向社区发展转变，并渗入基础卫生服务、成人教育等领域的发展。贫困集中在农村地区，社会工作人员需要和其他领域人士协同工作，包括但不限于在农业、饮用水、环境卫生与基础建设项目、初级卫生（如儿童营养、妇女与儿童健康、艾滋病防护）、成人教育（如提高成人识字率）等方面开展工作。从理论上来说，发展型社会工作的要素包括以人民为中心、参与性、变革性、以权益为本。它聚焦于通过教育进行预防和提升意

① Mel Gray, Kylie Agllias, Rodreck Mupedziswa, and Jacob Mugumbate, "The expansion of developmental social work in Southern and East Africa: Opportunities and challenges for social work field programmes," *International Social Work* 23. no. 5(2017):1 - 14.

识，并倾向于强调群众参与的干预策略。更重要的是，发展型社会工作是一种对社会发展的多学科、多专业的介入。

在实践中，发展型社会工作通过社会的自发网络联结来开展工作，社会工作者围绕地方性议题，通过有组织的、小规模的项目去动员社区力量参与。例如，在水和卫生项目、农业和微型企业发展等项目中，社会工作者要和多个部门的发展推动者建立联系。社会工作者可作为协作者或中介者，让社区组织与服务提供者建立联系。社会工作者协助社区群体获取资源，或通过增能赋权提升他们的议价能力。通过社区发展，社会工作者使人民群众因共同关心的议题而组织起来。逐渐地，具有可持续性的项目不仅在经济上切实有效，还能吸引更多的资助方。可见，培训与能力发展、微型企业与创收成为发展型社会工作的核心内容，随着经济上的独立与自主而来的是真正的赋权。

第二节　发展型社会工作的原则与干预模式

根据梅志里的看法，发展型社会工作的原则和干预模式可以大概阐述如下：

(1) 变革。变革可以促进人在环境中的改变，更主要的是改变实际的环境因素，比如就业机会、医疗照顾、社会经济地位等。

(2) 抗逆力。有关抗逆力的不同理论和介入策略都强调个体能动性对克服逆境和重建能力的重要性。有关理论有能力视角(strengths perspective)、资产为本社会发展(asset-based community development, ABCD)视角、欣赏性探究(appreciative inquiry)等激发个人、群体与社区能动性的介入策略和方法。

(3) 社会投资。通过各种社会投资办法,如创收活动、职业技术发展、小额信贷等,提升个人经济自主的能力。经济自主是个人和社区充权的基础。

(4) 强调自主和社区为本的自给自足。社区为本的社会工作实务重在培养社区提供照顾与服务的能力。

发展型社会工作有多重干预模式。帕特尔把干预模式分为五种：一为减贫与可持续生计策略,二为以家庭为中心策略和社区为本策略,三为社区层面的信息提供、教育与组织策略,四为社会政策与社会规划,五为政策倡导。[①] 具体内容如表 2-2 所示。

表 2-2　发展型社会工作多重干预模式对比

减贫与可持续生计策略	以家庭为中心策略和社区为本策略	社区层面的信息提供、教育与组织策略	社会政策与社会规划	政策倡导
● 社会救济与社会救助项目 ● 小型与微型企业 ● 创业 ● 商业发展 ● 信贷与微型金融 ● 储蓄项目	● 辅导 ● 朋辈或普通人陪伴辅导 ● 自助小组 ● 社区支持 ● 社区照顾 ● 居家照顾 ● 志愿者组织 ● 社区与青年服务	● 社区教育 ● 社区预防 ● 社区咨询 ● 固定咨询点 ● 多目标社区中心 ● 社区媒体 ● 大众媒体 ● 社区剧场与社区故事叙述	● 行动研究 ● 快速评估 ● 咨询、参与规划和决策 ● 设计与执行发展型社会福利项目 ● 早期预警系统 ● 在服务不足地区拓展服务	● 意识提升 ● 以充权为目标的能力建设和教育 ● 组织、动员与网络建设 ● 社会公义的倡导项目 ● 法律权益倡导

① Leila Patel and Tessa Hochfeld, "Developmental Social Work in South Africa: Translating Policy into Practice," *International Social Work* 56. no. 5(2012): 690-704.

续　表

减贫与可持续生计策略	以家庭为中心策略和社区为本策略	社区层面的信息提供、教育与组织策略	社会政策与社会规划	政策倡导
● 资产建设 ● 创收 ● 粮食保障 ● 就业项目 ● 社区为本的小公共工程 ● 社会资本	● 社工热线 ● 社区矛盾调解 ● 与家庭和社区网络的合作及增强策略 ● 能力建设	● 能力建设 ● 公民教育 ● 以充权为目标的社区教育	● 社区监督 ● 监测与评估	● 社会公义研究 ● 保护与促进权益 ● 权益教育 ● 行动研究

多重干预模式包括在个人、家庭、社区和社会多个层次进行社会工作干预。干预方法可以是改善服务对象的生计，以家庭和社区为介入平台，以社区教育为支持平台，在政策层面进行倡导和规划。表 2－3 呈现了在具体社会服务领域中，发展型社会工作如何体现“权利为本：经济与社会权益”“社会投资：早期干预和教育策略”“家庭中心和社区基础服务模式”“多种干预策略”“创新服务”“政策倡导与完善”等特点。

表 2－3　具体社会服务领域中的发展型社会工作干预策略①

发展型社会工作的特点	儿童、青年与家庭	老年人	残疾人
● 权利为本：经济与社会权益 ● 社会投资：早期干预和教育策略 ● 家庭中心和社区基础服务模式	● 家庭作为基本社会单位 ● 从经济、基本服务到支持性服务的服务连续体 ● 多种干预策略：从	● 老年人权利 ● 减贫，畅通取得服务和社会保障的渠道 ● 促进参与社区决策、就业、学习、	● 充权、能力为本、通用模式 ● 残疾人权利、非歧视性与充权 ● 微观：个人与家庭辅导

① 笔者根据 Leila Patel, *Social Welfare and Social Development 2nd ed*. (London: Oxford University Press, 2016)第六章中的有关内容归纳而成。

续 表

发展型社会工作的特点	儿童、青年与家庭	老年人	残疾人
● 多种干预策略 ● 创新服务 ● 政策倡导与完善	个人和家庭辅导、家庭为中心、社区发展到政策倡导 ● 平衡康复性、预防与发展型干预策略 ● 提供早期干预和社区支持 ● 多元化与社会性别敏感社会工作 ● 创新服务，维护权利与倡导权利	志愿者等服务模式的发展 ● 增强代际平等与互惠关系及团结 ● 多种照顾体系，以居家照顾和社区照顾优先 ● 加强对老年人特别是老年妇女照顾者的支持	● 中观：自助小组与社区支持 ● 宏观：倡导、公共教育、提升意识和推动生计开发与独立生活 ● 跨部门合作，与私营部门合作就业开发 ● 开发社区照顾

第三节　具体的发展型社会工作技巧

理查德·胡曼（Richard Hugman）从个人、社区和政策等层面阐述了发展型社会工作技巧①。

（1）个人层面发展型社会工作技巧。工作对象是个人、家庭与小群体。目的是培养个人在文化与实践方面的能力，促进个人参与微型企业发展，增强物质获得感，提升感知幸福的能力。例如，创办小额信贷、社区为本的微型企业和其他草根企业，促进其他社会服务组织如有关卫生、教育等个人福利的小机构的成长。具体工作技巧包括倡导、赋权、小群体工作、组织与行政、能力建设与社区教育、草根研究与规划。

① Richard Hugman, *Social Development in Social Work: Practices and Principles* (London: Routledge, 2015), pp. 115 - 130.

(2) 社区层面发展型社会工作技巧。社区层面的介入主要是推动社区、片区、机构(如学校、医院)等变化。具体技巧包括在这些层面开展倡导、赋权、小群体工作、组织与行政、能力建设与社区教育、草根研究与规划等工作。激活(animation)、提升意识、社区动员的概念和策略也很重要。梅志里也认识到社区构成的复杂性,所以他早期的研究也强调社区内部的社会性别差异和社会性别主流化的重要性。

(3) 政策层面发展型社会工作技巧。政策层面的工作包括社会规划、政策与研究等宏观社会工作策略。虽然这方面的社会工作实务不一定直接面对服务对象,但与前面两个层面的直接服务有着非常密切的联系。

帕特尔通过对南非发展型社会工作经验的分析,阐述了发展型社会工作微观、中观和宏观的技能。① 微观的社会工作技能包括:开展个人、家庭与小群体工作的技能,比如关系建立、有效沟通、面谈、辅导;与非正式的小群体开展小组工作等技能,这些小组工作有治疗、自助、成长、社会化、教育与技能学习、倡导等。

中观的发展型社会工作技能包括掌握正式组织、群体、网络培育社会关系和社会资本的工作技能。社会工作者除了直接服务的能力以外,还需要间接服务的能力,比如组织分析与设计、执行与评估组织发展策略,以及推动变革的能力。此外,社会工作者还需要具有建立社会网络的技巧和团队协作的能力,特别是与跨学科和跨专业团队合作的能力;动员、执行与评估达至共同目标的技能;解决发展型社会服务机构在项目、决策、冲突处理等

① Leila Patel, *Social Welfare and Social Development 2nd ed*. (London: Oxford University Press, 2016), pp. 84 - 104.

方面的问题以及反歧视实务与反思性实务的能力。

宏观层面，发展型社会工作需要掌握在社区、社会和全球层面开展工作的技能。在微观和中观社会工作服务技能的基础上，社会工作者还需要运用相应的干预方法向上扩大服务规模或影响范围，从源头上解决问题，或从一定的社区、地区乃至国家层面倡导解决方案。

社会工作者需要掌握一系列的社区实务技能，包括地区发展、社会规划和政策倡导等。地区发展干预技能包括广泛动员群众形成共识和参与社区建设等方面的能力；社会规划技能包括推动有关方面针对重大人类发展问题在社区、社会和国际层面制定政策和进行项目策划，根据研究和需求评估进行设计、计划、执行、评估等技能；政策倡导技能包括对问题和政策进行研究，改变社会习惯与制度。

发展型社会工作因具有不同的干预模式，需要开发有差异的服务技能。一是研究技能（最主要的技能），比如由社区或其他组织参与的希望改变社会处境和解决社会问题的行动研究。二是对干预策略的设计、计划与评估能力，以及管理项目与活动的能力。三是动员社会力量和资源的能力。

根据发展型社会工作的理念与干预策略，帕特尔认为，社会工作者的角色应因层面和服务对象的干预模式不同而变化①，包括：

（1）使能者与充权者。为个人、小群体、社区、社群等充权，包括提供途径、机会，进行能力建设等，从而有效地带来改变。

（2）动员者。作为触媒，社会工作者协助社区成员联动，联系资源或人

---

① Leila Patel, *Social Welfare and Social Development 2nd ed.* (London: Oxford University Press, 2016), pp. 220 - 243.

员，以满足需要或解决特定的问题；组成不同的合作伙伴关系，以应对重大的地区、区域或全球层面的问题。

(3) 协作者。可以在小群体、社区、社群内引导人们进行经验交流，促进群体的互动、决策与行动。

(4) 教育者。可实施信息、技能的分享与交换，以提升个人或群体的能力，改善生计或社会功能，建设在地制度，促进组织的效能。具体技能包括辅导、教练、教授服务对象亲子教养技巧、压力管理、求职、会议组织、获取资源能力等。

(5) 辅导者。协助个人、家庭或群体应对社会心理上的问题。

(6) 会议召集者。召集特定群体就社会需求或社会问题进行会商。

(7) 资源中介者。链接财务、物质、教育、社会服务、技术与环境等资源，满足服务对象的需求，解决有关社会问题。

(8) 网络链接者。包括建立正式或非正式的网络关系，比如建立组织间的合作伙伴关系，以扩大组织间的协同效应。

(9) 调解人。当家庭、受害者/加害者以及在社区建设过程中或对资源进行争夺而发生矛盾时，社会工作者介入以促进双方的和解、妥协、达成协议或理解。

(10) 倡导者。为遭受不公平待遇的服务对象发声，为其争取公平的待遇或需要的资源；协助服务对象维护自己的权益。

(11) 社会保护者。利用法律保护特定群体如儿童、老年人、人类免疫缺陷病毒携带者、残疾人等的权益。

(12) 创新者。构思、执行与评估创新的实务和服务，以确定实务和服务能够应对环境改变,并制定合适的和有效的社会工作策略。

南非是第一个全面推动发展型社会福利和社会工作的国家,有关社会工作学者已经初步建构了发展型社会工作的理论、原则、干预模式、角色以及相应的微观、中观和宏观技能的体系。南非发展型社会工作知识与技能体系的雏形为下一步开发我国的发展型社会工作体系提供了非常扎实的框架。

第二部分

发展型社会工作运用于扶贫领域的相关研究

第三章　发展型社会工作机构在精准扶贫工作中的模式与对策研究

——以云南连心参与边疆少数民族地区扶贫发展的经验为例[①]

2013年中共中央办公厅、国务院办公厅印发的《关于创新机制扎实推进农村扶贫开发工作的意见》和2014年国务院扶贫办、中央农村工作领导小组办公室、民政部等部门联合印发的《建立精准扶贫工作机制实施方案》，明确将精准扶贫作为未来扶贫工作的主要机制。2014年，精准扶贫战略逐渐在全国各地推开，各级扶贫开发办公室、民政系统等部门也积极探索和尝试将精准扶贫落实到实际扶贫工作中。云南作为扶贫攻坚大省，自2014年起，政府部门就积极推动对精准扶贫工作的深入探索，努力朝向云南所有贫困户

① 本章是根据云南大学民族学与社会学学院社会工作研究所2016年承接的民盟云南省委课题"社会工作机构在精准扶贫工作中的模式与对策研究——以云南连心参与边疆少数民族地区扶贫发展的经验为例"的相关报告改写而成的。课题参与者有向荣、陆德泉、杨榆宾、张玲、陈韦帆、兰树记。

于 2020 年实现全面脱贫的目标迈进。

根据《建立精准扶贫工作机制实施方案》和《中共中央 国务院关于打赢脱贫攻坚战的决定》，社会工作作为社会力量的重要代表需要被纳入精准扶贫工作中。社会工作服务机构在国内起步较晚，2016 年全国仅有 6 000 多家，其中云南有 160 家，云南持有社会工作从业资格证的人数约为 2 500 人。这些社会工作者在城乡社区、少数民族村落、学校、医院、监狱等地开展服务，为有需要的人员提供帮助。在云南的农村地区，有的社会工作服务机构较早以发展型社会工作模式介入了扶贫领域的工作，在资源引入、扶贫理念与方法、产业推动等方面都积累了较好的经验。本章即是从政策分析和案例分析入手，总结发展型社会工作模式在精准扶贫工作中取得的经验，探讨发展型社会工作在精准扶贫工作中的定位与作用，并提出相应的政策建议。

第一节　发展型社会工作的多元行动主体共同参与是精准扶贫的重要策略

多元行动主体共同参与精准扶贫，有助于更加切实有效地开展扶贫工作。多元行动主体包括各级政府、外来和内生的社会组织、社区组织、企业、个人志愿者等。“三社联动”是创新社区治理的重要策略，围绕着社会组织、村居委会、基层政府、村民组织以及外圈的行动主体发挥着作用。

多元行动主体共同参与的优势在于：一是资源的多样化和多渠道，可以减少政府成本，提高扶贫项目的可持续性。二是推动决策的民主化，完善对基层乡村治理的监督，避免腐败滋生。三是汇集不同层面的力量，推动精准扶贫工作模式的创新探索。

发展型社会工作在建设农村社会工作站时，积极借助党支部领导的精准扶贫工作平台，联动当地（县级）社会工作组织和乡村社区组织，做精准扶贫的重要抓手。“外来社会工作组织＋当地社会工作组织＋乡村社区组织”三个层面组织的系统性合作，方能推动扶贫项目落地并可持续运作。

如上所言，一般社会工作机构在具体工作中主要通过外来社会工作组织、当地社会工作组织和乡村社区组织在不同层面合作，实现扶贫项目的本土化，并使之在资金投入停止后也能够持续运作下去。各个层面的社会工作组织各有其优势，也各有其劣势，具体如表 3－1 所示。

表 3－1　三个层面的社会工作组织的优势和劣势

社会工作组织种类	外来社会工作组织	当地社会工作组织	乡村社区组织
主要工作策略和工作领域	1. 社会工作推广和社会工作人才培养：社会工作理论方法本土化；社会工作理论、方法培训和支持； 2. 开设村寨社工站，或与当地社会组织合作，孵化和支持当地社会组织的建立及发展； 3. 协调政策和外来资源，引入项目资源和外来专业理念，支持机构人员学习和对外交流	1. 在政府和外来社会工作组织等资助方的支持下自主开展工作，在社区进行社区服务、人才培养、组织培育、文化建设、生计发展等实践活动； 2. 寻找社区志愿者等人才，孵化和支持社区自组织，推动社区自我服务和主体发展； 3. 协调和引入地方政府资源与其他资源，支持项目点社区发展； 4. 协调和协助社区自组织与其他社区互动交流，推动区域发展	1. 开展社区活动和社区服务，根据组织的不同特点，开展扶老助弱、人才培养、文化建设和生计发展等工作； 2. 吸纳社区各个群体，参与社区扶贫项目，推动社区公共利益的实现； 3. 推动社区各个群体形成共识，在村委会带领下，推动社区自主发展

续 表

社会工作组织种类	外来社会工作组织	当地社会工作组织	乡村社区组织
对当地需求情况的了解程度和深入程度	较了解外来资源和政策走向；不容易了解当地社区资源和需求	较了解当地政策走向；需要进行一定时间的社区调研来了解具体社区的需求	不容易了解政策走向和获得外来资源；容易了解社区需求和资源
可以动员的社区资源（含人力物力）	不容易动员社区本身资源	较容易动员社区本身资源；具有社区整体发展的眼光	较容易动员社区本身资源；但力量容易分散，难以推动社区整体发展
可以链接和动员的社会资源及其范围	范围较广，包括国际、国家、省、市、县、乡	范围有限，区域县、乡两级资源较多	范围有限，村寨社区资源较多
在当地工作的认可度与公信力	相对较高，但需要与村寨建立联系	在县乡及社区中较高	在社区中较高
对区域扶贫发展的影响力	较高，有可能覆盖整个省	有可能覆盖整个县市地区	影响力有限，主要集中在本社区和周边社区
其他特有优势	区域整体发展视角；社会工作专业培训和督导服务	社区整体发展视角；少数民族文化发展视角；社会工作专业性	对社区少数民族文化及其意义的了解；促进相互理解和交流

从云南连心的经验来看，通过在社区建立社工站开展社区服务并推动社区自组织建立的方式，结合推动社工站逐渐作为本土社会工作组织而独立，最终形成了三个层面的社会组织共同参与扶贫的格局，且这三个层面的社会组织相辅相成。这一系统性合作能够让扶贫项目在少数民族社区较快落地并实现本土化，从而推动社区通过自身资源开发和动员发展出社区的主体性与凝聚力。

第二节　“三社联动”是精准扶贫的重要保证

“三社联动”是深化社会体制改革和社区治理创新的主线，能够提高社区自治能效，提升社区内生发展动力和链接资源能力。在精准扶贫中，为了培育社区自生发展能力，提高扶贫发展的可持续性，我们需要注意两个重要问题：

第一，基层民政等系统对社会工作的认识要有一个过程，需要较成熟的社会组织和上级政府共同推动。通过省一级民政部门的介绍，县级民政系统和妇联系统才较快地接受云南连心并积极与之合作。之后，通过一系列项目中的基层干部培训和交流活动，当地各级政府才对社会工作介入扶贫项目的必要性和专业性有了一定认识并开始接受，推动社会组织在当地的孵化和注册。

第二，社会工作服务机构进入社区之后，与村委会的平等合作关系是项目顺利进行的重要因素。在后面的案例中，刀董村村委会之前进行过若干扶贫项目尝试，但受眼界和思路的局限而无法持续，然而村委会改变村庄面貌的动力仍然很强。作为外来第三方的云南连心社工站的进驻让村委会看到了新的力量，不过该村委会也在观望着。驻点社会工作者与村委会保持密切联系，同时通过密集的社区家庭走访掌握了精准和动态的社区贫困情况。通过一系列互动，云南连心社工站逐渐承担了日常村寨文化建设、村民组织培育和儿童老年人个案救助等工作，大大减轻了村委会的工作负担。

然而，当村民逐渐习惯了有事先找社会工作者后，村委会和社工站的责权有所模糊，造成了工作中的一些摩擦。社会工作者及时地与村委会沟通，共同探索出彼此的权责边界，摆正了自己的协助位置。待村民组织逐渐成熟后，社工站更多地发挥了链接外部资源和培育社区组织的作用，其他社会服务则由社区组织和村委会负责。社工站和村委会的有效合作不仅减轻了村委会的压力，而且培养了社区村民参与公共事务的动力。

第三节　精准扶贫的关键内容

一方面，人才培养是精准扶贫的核心内容。

在云南少数民族地区，当地社会工作人才的培养和本土社会组织的培育更加重要。人才包括多个层面多个群体：首先是社区本身的人才，男女老少，生产劳动、文化娱乐等领域中都可以找到人才，并不局限于经济能手或家族头领。其次是执行扶贫项目的人才，从当地或本民族内寻找、培养，更便于开展工作。云南连心在进入该地区前，了解到当地村寨是佤族等少数民族社区，语言文化都有特殊性，于是在寻找驻点社会工作者时尤其留意了民族性特征。

人才的培养是一个系统工程，需要把合适的人放在合适的位置上，并持续不断地进行能力建设，开阔其眼界。案例中，三个层面的社会组织、社区组织都采取了分层次的人才培养机制，并在培养过程中不断肯定其价值，使他们看到自身有更大的潜力，并帮助他们开发潜力，这体现了习近平总书记所说的“扶贫先扶志”。

另一方面，文化建设是精准扶贫的题中应有之义。

既往的扶贫项目都非常直接地朝向经济发展，而精准扶贫则有更为多元的衡量指标。从个体的需求来看，生计满足并不是生活的全部，文化层面的发展也能够极大地促进社区整体的发展。在精准扶贫过程中，有关方面应该将文化建设作为重要内容和考核指标。农民在各种小组织中建立了交错且融合的社会关系，增加了社会互信，让每个组织都能在整体社区的系统中运作，相互之间形成了有机联系。村寨社区的农民组织能够发挥社区自有的优势，并让扶贫资源持续再生产，确保扶贫效果具有可持续性。让文化建设与经济建设互相促进，可以提升社区自信。乡村文化建设一直是与生计发展并行不悖、相互作用的重要工作，具体内容包括：推动农民合作，关心和参与公共事务，推动性别平等，重塑老年人价值，开阔农民视野，挖掘并发挥社区本土文化资源等。类似的文化建设提升了村寨居民的自信心，让农民对自己的社区更有归属感，也让整个社区更具有自己做主的能力。

第四节　精准扶贫的重要条件

一方面，社区内生动力和社区本土资源分析与盘活是精准扶贫的基本前提。

从下文案例中可以看到，社会工作组织在对社区资源的分析和盘活中投入精力并发挥了重要作用。社区资源不仅是指资金等物质资源，也包括生态环境、生物多样性、社区历史、族群文化、生产生活技术和人力资源等非物质资源，以及曾经被断定为“无用”的东西，例如废弃老屋等。社区资源的盘点过程本身就是一个重新认识社区、塑造社区发展动力的过程。精准扶贫战略的提出也是试图应对既往扶贫中滋长的社区"等、靠、要"的态度。社会组织在推动社区对自身资源的盘点和动员的过程中,也培养着社区本身的自信和行动力。只有充分挖掘出社区自身的资源,才能让精准扶贫工作生产出具有社区特色的、有故事的"产品",这样的产品才能具有可持续的市场价值。

另一方面,周边产业间统筹发展和区域整体发展是精准扶贫的重要视野。

精准扶贫虽然强调"精准",但并非局限在一村一社,而是具有全局思维的区域发展。然而,这样的区域发展视角并不能简单视为"规模化产业化",不是既往扶贫项目中为了追求"规模效应"而盲目扩大生产的行为。区域发展视角是指在一定区域内充分发掘不同社区之间互补和互利的可能性,通过优势互补来提升区域整体效用;也强调了"规模"是相对而言的,在适用的边界以内,小而精的产业发展也能发挥规模效应。连心案例中的中缅边境市场对接就是成功的例子,也符合国家"一带一路"倡议的政策视野(下文有介绍)。

第四章　发展型社会工作深化精准扶贫的案例分析

发展型社会工作的理论与实务为新阶段精准脱贫的要求提供了社会工作专业服务策略，促进脱贫目标的实现。其服务策略具体体现在：发展型社会工作以增能赋权充分体现以人为本的发展，为扶贫对象带来实惠，保障其权益，发挥其主观能动性，使其建立内生脱贫动力。社区和家庭注重协调式的综合发展，联动生计发展、社区建设、生态文明建设和社区治理。发展型社会工作注重的可持续发展强调对自然资源的保护与开发、对生态公平和社会公平的重视。发展型社会工作看重社区、小群体和弱势群体工作中践行的维护发展权益和社会公平。发展型社会工作为激发贫困人口内生动力提供了有力的专业支撑，在巩固脱贫成果的基础上，提供了非常切合需要的探索和创新。

第一节　发展型社会工作与深化精准扶贫中的案例分析

云南地处中国西南边陲，少数民族众多，农村贫困面较大，城市失业、流动人口就业、子女教育和医疗保障问题突出，城乡公共服务体系发展不足。在应对这些复杂的社会问题和社会服务需求时，社会工作应如何定位？传统补救型社会工作模式是否能有效契合以上问题？什么样的社会工作模式、什么样的社会工作者和哪些技能才能应对中国西部乃至发展中国家的社会发展问题？

基于这些社会工作的理论和实践问题，云南大学社工所的社会工作专业教师在 2005 年成立云南连心，以城市流动人口为关注对象，尝试在流动人口聚集社区探索一套结合西部地区实际的社会工作服务模式，并逐步开拓少数民族贫困农村社区和灾后社区的重建工作。

2013 年，云南大学社工所受云南省民政厅委托，在临沧市开展新农村建设干部培训。培训班将发展型社会工作的干预策略作为社会工作参与新农村建设的新尝试。第一期培训的目的首先是增强村干部的社区综合发展意识，使他们了解专业社会工作在社区工作层面的方法，提升干部利用社区资源的能力；其次是培养村干部在推动农村社区合作方面的能力，使村干部能够具备带领村庄自助自治和相互协调合作的能力。第二期培训的目的是进一步增强农村干部文化自觉意识和生态保护意识，提升村干部认识和分析社区问题的能力、发动和催化社区自助互助组织的能力、整合社区与社会资源的能力、运作项目的能力等，培养他们在解决社区问题过程中的社会性别意识。

2013年，云南大学社工所和云南连心参与了云南省的“三区计划”，并将发展型社会工作作为“三区”社会工作的主要模式。2012年，由民政部启动实施的《边远贫困地区、边疆民族地区和革命老区人才支持计划社会工作专业人才专项计划实施方案》（民发〔2012〕170号）提出的长效工程，旨在引进社会工作人才并支持其到少数民族贫困地区从事社会工作。“三区计划”推动全国社会工作人才集中的地区选派1 000名专业社会工作人才到边疆少数民族地区开展专业社会工作服务，主要为边远少数民族社区的留守儿童、妇女、老年人及其他处于困境的群体解决实际困难和提供有针对性的服务，并致力于培养少数民族本土社会工作人才，促进边疆少数民族地区社会工作的可持续发展。云南大学社工所和云南连心创造性地利用“三区计划”探索发展型社会工作的干预与务实模式，为发展型社会工作提供了新思路。

一、案例背景

云南大学社工所和云南连心在云南省民政厅的支持下，确定在沧源佤族自治县开展有关工作，希望以在贫困地区建设乡村社会工作服务站为目标，探索“三区”少数民族乡村发展型社会工作的路径。社工站招募了两名佤族返乡大学生作为社会工作人员，进入刀董村开展工作。云南大学社工所和云南连心则持续为他们提供培训、督导和专业发展方面的资金支持。随着在地社会工作团队的日渐成熟和政府对培育在地社会工作机构提供的政策机遇，在地社会工作团队于2016年6月成立了源心社会工作服务中心（以下简称“源心”），继续开展少数民族乡村社会工作。源心的社会工作策略从积极提供村寨公共服务开始，逐渐延伸到发展社区合作经济，探索了一条少数民族贫困村寨发展型社会工作的路径。同时，源心在刀董村的社会工作模式逐步被复制到另外两个村落，影响范围逐渐扩大。

二、刀董村概况

刀董村是一个典型的集边境、民族、贫困于一身的村寨。刀董村是沧源佤族自治县孟董镇的下属建制村之一，位于镇政府驻地的西面，距镇政府驻地12千米。其西南面与缅甸佤邦接壤，属于边境村。该村的总面积为36.18平方千米，属喀斯特地貌，平均海拔为1 500米，立体气候明显，土地肥沃，热区资源丰富，雨量充沛，年降雨量为1 900～2 200毫米，年均气温为20℃。

2014年，全村辖8个自然村，9个村民小组，共有387户1 589人，是佤族聚居的建制村。全村劳动力791人，外出务工341人。2014年年末，有耕地4 224亩[①]，其中水田690亩、旱地3 534亩，人均耕地为2.8亩。粮食作物以种植稻谷为主，主要产业包括竹子2.1万亩、核桃3 400亩、杉木8 000亩。人均纯收入6 142元，人均有粮548千克。刀董村属于“沿边三年行动计划”边境村，也是建档立卡贫困村，至2013年年底，有建档立卡贫困户196户660人，已脱贫111户354人，未脱贫85户306人，贫困发生

① 1亩=1/15公顷。

率为 20.53%。2017 年,刀董村被列为沧源佤族自治县 9 个脱贫出列的建制村之一。

因地处中缅边境,村民多沿国境线居住,村内存在大量跨境婚姻,女方为缅甸籍。村内有一所小学,那里约有 60 名学生,多为留守儿童,其中部分为缅甸籍儿童。此外,村内的机关单位有边防所和妇联等单位共建的儿童关爱之家。儿童关爱之家设有活动室一间,内有图书、玩具、电视机等。社工站从参与儿童关爱之家的工作开始,逐步与学校和村委会建立了合作关系。经过云南大学社工所和云南连心的密集社会工作培训后,在当地妇联、共青团、民政局等部门的支持下,刀董村被选为社工站试点。

第二节　发展型社会工作 1.0: 以基本社区服务建立与社区的关系

沧源佤族自治县的社会工作者首先接受云南连心的密集培训,学习基本的社会工作方法和营运儿童活动中心的服务方式;通过提供基本服务,进一步掌握了解儿童及其家庭的方法。培训三个月后,社会工作者开始进入刀董村工作。社会工作者首要的任务是与村委会和村民建立联系。如图 4-1 所示,社会工作者从儿童服务入手,开展了一系列儿童活动: 通过与学校合作,进行学校辅导,举办兴趣班,并通过家访了解各个家庭的情况,逐渐和社区建立了初步联系。

由于村"两委"不清楚社会工作是什么、可以发挥什么作用,因而社会工作者在工作中会配合村委会和民政助理完成一些民政事务,比如贫困户救

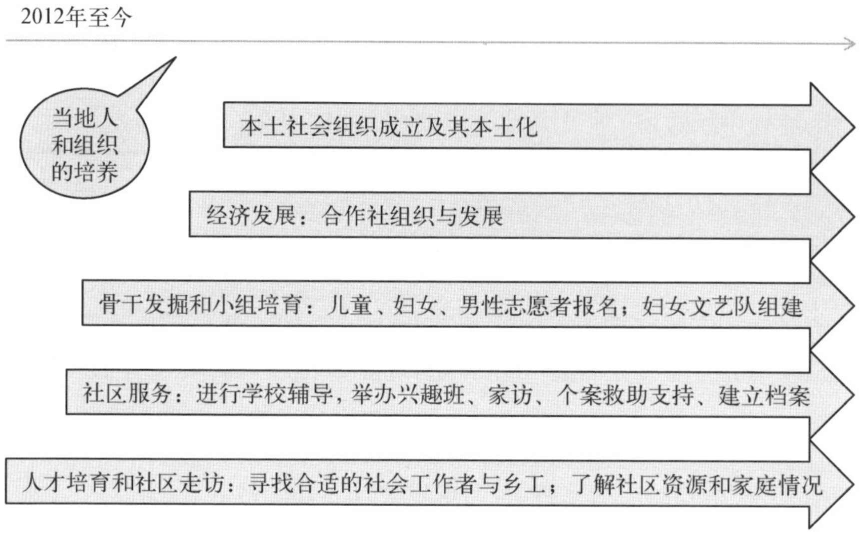

图 4－1　刀董村工作过程简图

助、建档跟踪等，在不断接触中，村“两委”对社会工作有了初步的认识。民政的工作对象有些也是社会工作者的服务对象，社会工作者协助民政助理工作，可以更好地了解有关政策资源、村寨人员的贫困情况和弱势人群面貌。村委会和乡镇政府动态地掌握了村民的详细情况和需求，为落实有关政策提供了可靠的数据和信息。同时，在这个过程中，社会工作者从社区活动和服务中辨识社区资源，从中发现和挖掘当地人才。

社会工作者在村委会工作人员的陪同下，花了大概三个月的时间走村串户，进一步摸清了村中的人际关系脉络和人文地景经济资源，并基本确定了每家每户的生计状况和需求，建立了“三留守”人员（留守儿童、留守妇女、留守老人）和残疾人档案，并进行个案救助。在关注困境群体的同时，社会工作者积极利用妇女节等大型村庄活动，不仅使佤族村民之间相互联结，也促进了村寨干部与村民之间的联结。同时，大型活动有助于社会工作者辨识表现积极的村民骨干，为以后培养社区社会组织工作队伍奠定了坚实的基础。

第三节 发展型社会工作2.0：建立社会资本，巩固社区互助网络

通过日常社区服务的开展和大型社区活动的举办，社工站不断发现和挖掘村中的社区公益“能人”（包括村干部、妇女和儿童志愿者）。2014年“三八”国际劳动妇女节活动后，几名妇女骨干提出，想要组建民族歌舞文艺队。社会工作者通过协调项目资源、资助购买部分音响设备，使妇女文艺队得以组建和自我运作，并逐渐成为周边民族村寨文化生活的重要力量。社会工作者在这个过程中，逐渐明确了“协助者”的位置，并借由文艺队，继续挖掘和培育妇女骨干，使之成为推动村寨公共事务的主力之一。

社会工作者培育的村寨互助网络与村寨公共服务相得益彰。社区互助优化了社区内的公共服务供给，让行政性的公共服务供给具有了更加人性化和本地化的色彩。图4-2展示了社会工作者参与的乡村公共事务的具体领域和内容。这些服务为社会工作者提供了抓手，使其能够接触村寨老乡，链接政策或社会资源；当资源比较缺乏时，社会工作者协助老乡进行自我服务或互助。此外，社会工作者的中介链接及其培育的互助网络使得这些公共服务变得更为实在，也更加人性化。

教育

- 1. 驻校社工站：为留守儿童和缅甸籍儿童提供课后兴趣班、假期夏令营和日常心理支持等服务，弥补学校部分科目师资不足和照顾不全面的缺陷。
- 2. 社区教育活动和社区组织培育：通过日常舞蹈小组、节日庆典等活动，利用佤族村寨公共活动共同参与的风俗，发现和培育社区骨干，将他们作为日常社区宣传教育的主要力量。

就业创业

- 1. 协助村委会组建合作社，提高社员收入水平并增加社员就业岗位。
- 2. 引导青年返乡，合作社提供管理岗位或无息创业贷款。

社会救助和优抚

- 1. 以持续家访和邻里互动的方式，对村寨的家庭建立动态档案，并与村委会商讨精准扶贫和兜底救济的方案。
- 2. 在基础兜底救济中，引入社会资源进行大病救助、儿童助学等，减轻村镇压力。

医疗卫生

- 1. 协助村民了解新农合等医疗保险政策。
- 2. 引入社会资源进行大病救助和儿童重大疾病治疗资源，补充公共卫生不足。

文化建设

- 1. 培育妇女文艺队等文化娱乐小组，提供少量必需设备，推动村民自娱自乐，丰富精神生活。
- 2. 收集当地民族文化素材，服务当地传承民族文化。
- 3. 弘扬敬老、互助、儿童社区照顾体系等优良文化，增强村寨凝聚力和自主性。

扶贫济困

- 1. 通过持续家访和驻校工作，协助村委会掌握动态贫困户信息。
- 2. 推动合作社组建，优先支持贫困户，并利用合作社利润支持无息贷款，减少贫困户参与生产的成本投入。
- 3. 引入社会资源，救助因病致贫、因灾致贫的家庭。

社会治安和法律

- 1. 顺应村寨需求和政策支持，协助村寨组织联防队。
- 2. 作为第三方力量，及时发现村寨内部矛盾并加以协调，协助村委会进行调解工作。

生态环境保护

- 1. 提供生态农业和可持续发展的相关案例给村委会参考，让村民通过日常交流和外出学习，看到生态农业的发展前景，逐步提升村民的生态保护意识。
- 2. 以老品种、生态种植/养殖为合作社重点，试点成功后让村民重视生态保护。

图 4－2　发展型社会工作的工作内容

第四节 发展型社会工作3.0：探索共建共治共享的社区经济

这一阶段，培育社会资本有助于增进社区互信，组建合作社，探索共建共治共享的社区经济。社工站通过社区服务、培养社区骨干等前期工作打下了坚实的基础，项目进展到一年左右时，积累了比较厚实的社会资本，在当地镇政府等部门的支持下，链接当地各方资源，共同组建了刀董村养鸡合作社。通过组建合作社，社会工作者形成了一连串增能赋权的干预策略。一是合作社的社员需要学习养鸡的知识与技能。二是社员需要学习合作社的运行理念与操作技巧，纠正只注重维护少数群体利益的观念，使合作社能更好地为村民服务。经过一段时间的运营和规范，合作社多次召开社员大会，民主选出了理事会。合作社最开始只有7户村民，经过不断努力和为村民服务，目前加入合作社的村民占比已达80%，将产品卖到了周边乡镇和缅甸邻邦。三是合作社与社区服务的联动。合作社中的很多家庭都是之前社区服务的骨干，因此合作社不仅在经济发展方面发挥了作用，也主动地承担了一些村寨公共事务。四是合作社赋权。合作社骨干培养和合作社经营稳定后，在新一届理事会选举中，村支书和社会工作者都有意识地退出理事会，完全从社员中选举出合作社骨干并由他们担任理事会成员。社会工作者从最初的主要推动者逐渐退居幕后，最后受托作为经理负责市场开发，让村民主导合作社的运作，强化了村民自主自发脱贫的意识，也增强了其能力。在集体资产合作经营的道路上，村民真正参与到理事会中的合作社形式，一方面提升了村民对脱贫攻坚事业的主导感，另一方面合作社部分收入作为社区发展公共基金，拉动了整体村寨村民的获得感。由于当地社会工作者在培育合作社方面成绩比较突出，因而我们特别把培育合作社的经验问题单独成章，在下一章分析社会工作者在合作社培育过程中的角色和策略。

第五章　以发展型社会工作培育乡村合作社的角色与策略

发展型社会工作理论认为，在发展中国家和贫困地区，社会工作参与扶贫或减贫的经济开发都是不能绕开的挑战。如果社会工作积极地把经济开发整合到社会工作的社区发展、增能赋权、民主参与中，就为社会工作推动社区发展提供了新的抓手和路径。虽然社工站在刀董村留守人群服务和公共服务方面奠定了扎实的社区基础，培育了良好的社会资本，但是佤族老乡和村干部认为村寨的主要社会需求是增收——提高村寨居民的收入和生活水平。社工站与社区的关系在村“两委”获得高度认同，村“两委”逐步向社工站提出合作意向，探究是否存在发展产业的可能。

根据中央提出的关于发展农村集体经济的要求和中共云南省委组织部等八部门印发的《关于开展农村集体经济“红色股份”试点工作的指导意见》精神，社工站与刀董村干部合作，提出在镇政府的支持下，决定发展刀董村专业合作社，其目标定位是强调“发展村寨集体经济”，“党员干部带头，包干带动贫困户”,“合作社是为所有村民服务的”。2014 年 9 月 24 日,沧源佤族自治县勐董镇刀董村农民生态养鸡专业合作社正式成立。

第一节　刀董村专业合作社情况简述

一、脱贫攻坚与产品开发:立足本地市场,发展生态系统产业

根据沧源佤族自治县整体发展生态旅游业和国际旅游中心的战略规划,2014 年,沧源佤山机场正式开工。在社会工作者的协助下,合作社决定以沧源佤族自治县旅游餐饮业对食材的需求为切入点,开发林下养鸡户,主要从事土鸡孵化、养殖、产品加工出售、市场信息提供以及粮食、饲料、饲草生产加工等业务,饲养方式以散养放养等生态方式为主。

刀董村采取“经济实体+合作社+农户”模式,村民自愿入社退社,每户入社缴纳 300 元入社费,作为最初合作社的启动资金,同时也是社员股份。为了保障合作社的开放和社员的平等地位,每户的入社费不得高于 300 元,避免出现垄断决策权的情况。大户会担任合作社中的小组组长等职务,同时要完成 1 个大户带 3 个小户发展的硬性指标。

从 2015 年开始,初入社的社员收入明显增加,合作社逐渐获得了村民的信任。村民纷纷加入,从而使养鸡数量大增,合作社于是结合本地实际优势资源,发展多元产业,以追求可持续发展。截至 2018 年年初,合作社从最初的 7 户发展为 222 户,共有 1 063 人,其中致富带头人 19 人、建档立卡户 187 户 635 人。

二、刀董村合作社的产业链和市场

合作社在开发产业方面，一方面依托本地原有的资源和经验，另一方面也尽量保证不同产业之间的有机联系。如图 5－1 所示，合作社利用养鸡和养猪的农业肥料，发展玉米种植，如此不仅为鸡和猪的养殖提供了饲料，也可以酿造土蜂酒。

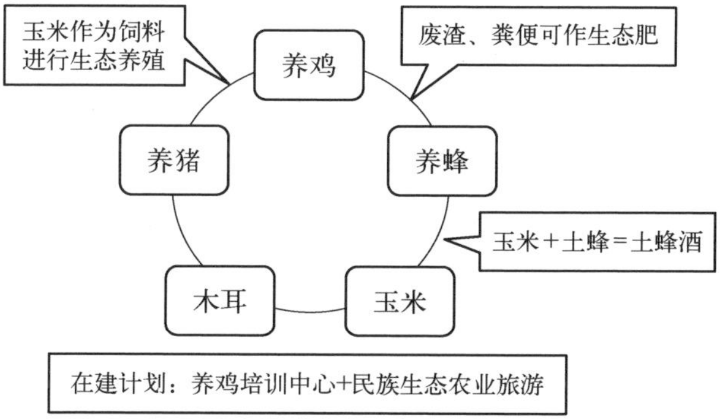

图 5－1　刀董村合作社的产业链

刀董村合作社的产品及其市场也颇有特色，如图 5－2 所示，为了保证产品的数量和质量，合作社产品不对普通农贸市场供应，主要通过刀董村合作社向镇里设立的直销店和签约饭店出售。比如合作社的土鸡主要销往村寨周边的市场，包括镇政府食堂、学校食堂、城镇家庭等。另外，缅甸佤邦的节日和仪式需求（惯用公鸡祭祀）也极其重要，具有季节性和文化性特点。除了活禽、蛋和土蜂等特色食品外，合作社后来发展的木耳等产品也通过“订单农业”的形式由社员对接老板签订订单，合作社作为中介和质量控制方进行监督。

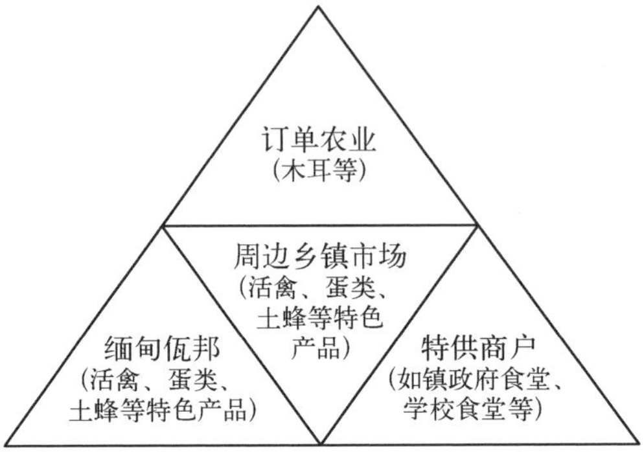

图 5－2　刀董村合作社市场及产品销路

自 2014 年年底正式运作以来，刀董村合作社的收入稳步增长。如图 5－3 所示，合作社 2015 年的年收入为 3.48 万元，2017 年猛增到 131.92 万元。截至 2018 年年底，合作社收入共计 154.23 万元，社员平均收入为 1 760.6 元，社员平均增收 560 元，村集体经济增收 28 190 元。

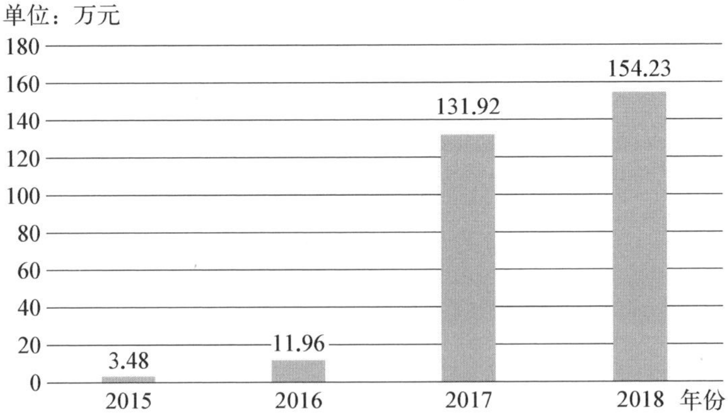

图 5－3　刀董村合作社历年收入

三、合作社管理架构和机制：落实民主机制，吸引返乡青年

运营逐步规范和稳定后，合作社召开了多次社员大会，通过民主程序选

出了理事会。合作社设有理事会成员 6 人、监事会成员 3 人，设有财务部、疾病防控部和信息部。社会工作者除了担任信息员外，也作为成员加入理事会（如图 5－4 所示）。

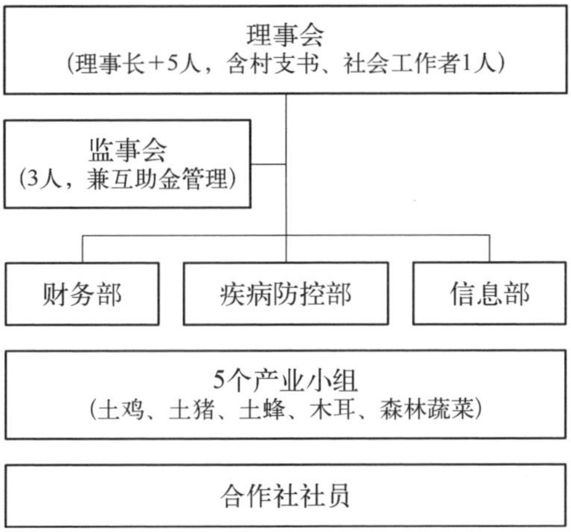

图 5－4　刀董村合作社管理框架

自 2016 年年底开始，在社会工作者的协助下，合作社理事会认识到制度的重要性，逐渐开始执行开会讨论的机制。从 2018 年年初起，合作社每月定期或不定期召开社员代表大会，建立并完善《合作社章程》，制定了疫病防控、科学养殖程序和土鸡质量把关等一系列规范制度。刀董村合作社的制度已经覆盖了《合作社章程》（实际运作版）、理事会制度、财务制度、分红及入股制度、人才培养制度等方面，制度体系已较为完备。

四、合作社的共建共享：建立互助金融，提高公共服务质量

刀董村合作社的最初建立就是为了响应中央提出的“壮大集体经济”

“发展红色股份”等号召，因此从一开始就明确了要发展村寨集体经济的目的。通过一系列讨论，合作社确定了以分红制度保障集体经济发展的路径。社员集体大会决定，刀董村合作社收入的30%要纳入村集体账户（一部分供村委会用作办公经费，另一部分用于村公共文化活动的开支等），70%的收入归合作社所有（一部分作为互助金，用于支持社员后期扩大再生产的贷款；另一部分作为合作社管理人员补贴、优秀生产小组奖励金和技术发展金等）。建档立卡户除了免费入社外，也可以享受互助金支持，并优先享受技术培训。合作社的收入分配方式如图5－5所示。

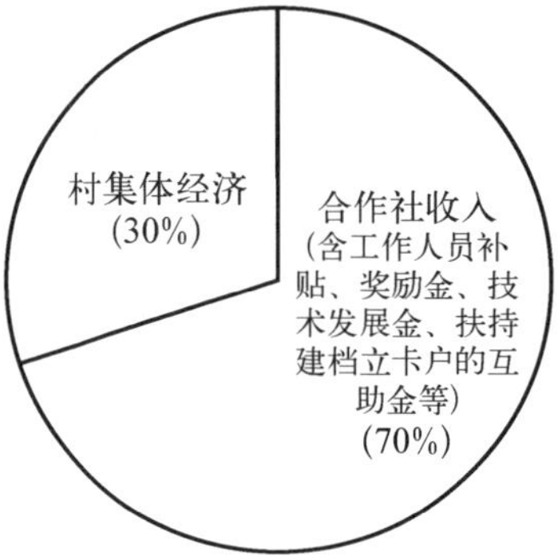

注：其中不包括代售过程直接分给社员的部分。

图5－5　刀董村合作社收入分配方式

第二节　刀董村合作社的特点

刀董村合作社具有以下特点：

第一，发挥党员带动作用，从集体经济出发。刀董村合作社从一开始就明确了要发展村寨集体经济的目标，并在制度设计中充分贯彻这一目标。首先通过党支部发动党员率先加入合作社，再以红色股份为基础，推动其他村民加入。

第二，通过制度的实施，尽量保证社员平等，规定“大户带动小户”的硬性指标。在制度设计上，为了保证社员的平等地位，每户缴纳基本的300元入社费，不得多缴来取得更大的决策权和分红份额，而且大户承担带动 3 个小户参与种植、养殖计划，提高他们的收入水平。

第三，以实践改善制度，保障合作社的民主参与原则。刀董村合作社非常注重民主参与原则，因为理事会在工作中发现，如果不让社员都清楚制度和决策的制定过程与考量标准，管理者在后期工作推进和落实中就会受到不理解制度的村民的阻碍。同时，考虑到佤族村寨还保留着长老民主议事的文化传统，因此合作社更加注重村民的公平参与。除了决策过程中的民主参与外，合作社也在实践中发现了制度的重要性。诸如合作社养鸡方式、品种保护、提成制度、合作方式等，最初并没有相关制度，而是在实践中出现各种矛盾冲突后，社员、骨干和理事会共同讨论形成了相应的制度，并结合后期实践中出现的新问题，不断调整制度来适应新情况。

第四，以本村人才培养为关键，多层次提供发展机会。刀董村合作社在人才培养上的投入很多。在资源投入上，至少收入中的 10％用于骨干奖励和技术人才培训；在制度设计上，刀董村合作社专门出台了关于人才培养和技术提升的规定，明确支持人才外出学习技术。同时，刀董村合作社还根据不同骨干的专长，设置了技术人员岗位和管理人员岗位，让本村寨的中青年能够发挥所长。

第五，在营销策略上，采取“固定收购价＋合作社提成”的定价模式和“准计划经济”式的供给模式。以相对稳定的市场优势保障社员的权益，吸引农户。刀董村合作社不急于扩大市场，而力求在当地市场中稳扎稳打，创造社区品牌。

第六，在推进产业发展的同时，发挥社区发动机的多元优势。刀董村合作社有一个突出的特点，即除了本身具有推动产业发展的核心功能外，还试图在更多领域发挥多元的社区优势。

第三节　社会工作者在合作社的不同发展阶段的作用

一、筹建成立阶段：充分发挥基层党组织和党员的作用，因势利导培育内生动力

在刀董村合作社的筹建成立阶段，社会工作者在其中扮演了政策解读、落地村寨和制度设计的重要角色。结合刀董村合作社的定位和目标，社会工作者吸取了其他合作社的大户和专业户垄断教训，参考了其他合作社的制度设计，制定了“平等入股”“大户带 3 个小户”“社员扩大生产互助金”等规则。

社会工作者从最开始就参与了合作社的筹建，并与最初的几个发起者共同为合作社确定了基本的产业方向和目标。在这个阶段，社会工作者以前期通过公共服务建立起来的社区关系为基础，通过家访、村民大会等途径开展合作社宣传和动员。在本村骨干的协助下，社会工作者得以更好地解释和传达合作社的理念，让村民本着自愿入社、明白入社的原则表达意愿。在刀董村合作社成立初期，社会工作者发现大部分村民都持观望态度，最开始时参与的成员和行动的落实者基本上是前期在社区社会组织中就比较活跃的 7 位骨干。这些社区骨干积极支持和带头，为后期合作社成员的增加和力量的壮大打下了基础。刀董村合作社最初选择养殖土鸡，就是基于部分

骨干的既往经验和大家对村寨资源的分析。事实证明，在社会工作者的协助下，带头人和村“两委”参与共同决策的过程，决定了这个合作社是“刀董村的合作社”，而不是上级要求做的任务。

除此之外，社会工作者在访谈中也表示，最开始筹建合作社时就发现村中可用的人太少，虽然最初的7个骨干中也有之前的种植、养殖大户，但在技术和产品质量上难以控制，导致最开始的孵化尝试失败了。合作社由此明白了技术和质量管理人才是关键要素，社会工作者在人才的寻找和培养方面需要发挥作用。

另外，社会工作者还承担了大部分的合作社文书工作，包括项目注册、申请资料的撰写和提交、阶段工作汇报等，这个阶段也是非常关键的政策资源对接期。刀董村合作社最初购置鸡蛋孵化器、开展技术培训等所需的首批启动资金，就是通过社会工作者向政府申请支持后获得的。

二、助力发展阶段：对接城乡市场，确立核心客户群，形成合宜的产品市场营销策略，并协助合作社初步形成民主决策的机制

刀董村合作社虽然有自然资源的优势，但缺乏市场销售的社会网络。社会工作者在这个过程中发挥了重要的社会协作作用，贴身协助合作社的市场营销、民主管理、团队组建和人才培养等各项工作的起步，并充分发挥自身长于系统性思考的专业优势，协助合作社生产合宜的产品并制定相应的市场营销策略。社会工作者在这个阶段最重要的工作就是市场营销，延伸出来的是市场开拓对接、合作社产业规划等。

对刀董村合作社来说，社会工作者的价值和能力在这个时期得到了体

现。社会工作者作为资源链接和动员的专业人员，每天往返于县城和村寨之间，充分利用自身原有的社会资本，在村委会和各级政府的支持下，逐渐协助合作社对接到单位的采购渠道。当地单位的销售较为稳定，并能够逐渐发展出个人客户。之后，社会工作者也协助合作社和一些当地特色旅游餐馆签订了销售协议，这个市场算是刀董村合作社起步的基本保证。

保证市场的产销动态平衡也是社会工作者协助的重要内容。当生产逐渐发展，尤其是订货量在节日激增时，合作社必须大幅扩大养殖规模以满足市场需求；同时也要在淡季保持一定销售量，不挫伤社员的生产积极性，这中间的动态把握基本上都是社会工作者协助理事会在推进的。刀董村合作社运转一年后，村民见到了成效，纷纷要求加入或扩大养殖规模。此时，合作社为了规避盲目扩大规模和生产单一产品所带来的风险，开始尝试发展其他产业，并引入“订单农业”资源，逐渐发展了木耳种植等补充产业。产业逐渐多样化后，社员组成了不同小组，合作社的覆盖范围也逐渐扩大。

社会工作者协助合作社初步形成民主决策的机制。在佤族原有的长老集体决策机制的基础上，社会工作者在这个阶段开始培养理事会开会和社员参与民主决策的习惯。关系到每个社员自身的问题通常都是极好的切入点，因为社员都很关心切身利益。例如，对于刀董村合作社土鸡的定价、提成、质量控制等具体问题，社会工作者和理事会都召集骨干成员及生产小组组长共同商议。虽然这个阶段的社员会议经常只是村支书和个别骨干发言，但是社会工作者在此过程中不断鼓励社员表达意见，推动社员学习民主决策运作方式。这个阶段的行为培养，为后期合作社真正实现民主治理打下了前期基础。

技术人才的挖掘和培养，也是社会工作者的职责之一。由于村寨大批青壮年都在外打工，因而刀董村合作社最初极其缺乏技术和质量管理人才。社会工作者和个别骨干一开始充当技术人员，短时间内学习了养殖技术，然后返回村寨教社员，在实践中不断累积本土经验。但社会工作者的主要工作在于培养社区本地的技术人才。除几名原有骨干逐渐成长为各个产业的技术人员外，刀董村合作社成立两年左右，吸引了几名打工青年返乡加入，社会工作者和理事会根据他们各自的专长和特点委以重任，将他们作为合作社可持续发展的重要团队力量。

除此之外，社会工作者也在解读政策、链接资源和平衡不同利益群体等方面持续发挥作用。其中，平衡不同利益群体是社会工作者特有的优势。虽然刀董村是一个纯佤族村，但村中也有老中青、妇女、贫富户、村委会干部、外来老板、乡镇干部等不同群体，在合作社发展的不同阶段，不同群体会表现出不同的利益诉求甚至是矛盾，需要社会工作者作为“不从合作社里拿工资”的第三方来协调。在这个阶段，社会工作者在刀董村合作社重点要协调的，就是大户和小户、建档立卡户和普通社员等群体之间的沟通合作。

三、自主运营阶段：协助合作社运营团队培养可持续的自主运作意识和能力

社会工作者推动理事会正常运作和民主治理。按照中央文件精神，合

作社是推动村寨民主治理的一环，理事会则是其中的关键。作为协助者，社会工作者应把握好两点：一是通过日常合作推动理事会真正发挥民主决策作用而不是理事长“一言堂”，包括协助理事长（村支书）和技术骨干在各自所负责的社员小组中收集社员意见、处理社员问题和监督生产过程；二是持续推动理事会将重大决策权交给社员代表，通过会议进行民主决策。这个阶段，社会工作者推动合作社实行民主治理，也是对社区内生动力的有益培育。

社会工作者在合作社风险监控机制的设计方面也发挥了重要作用。在刀董村合作社对养鸡市场进一步细分后，在产业多样化的过程中，社会工作者协助合作社逐渐建立了一套“准计划经济”式的市场营销和风险把控机制（如图 5－6 所示）。刀董村产品的销售渠道以周边市场为主，有利于预估大致的产品数量和需求。同时，因为大部分销售渠道是以批发、订单为主，有利于合作社预估时间、市场规模。零售渠道仅以镇上的一个直销店为主，不参与农贸市场销售。这样的市场，相比于以零售为主的市场而言，更利于控制风险。这个不同于主流合作社的市场营销思路，也是社会工作者

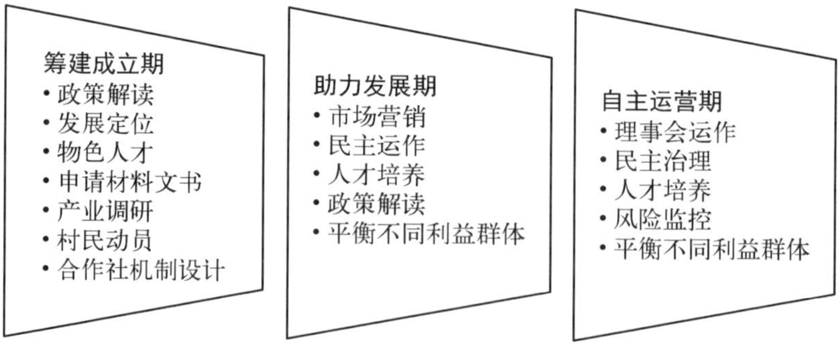

图 5－6　社会工作者在合作社各个阶段发挥的作用

借鉴了其他地区的实践经验，并结合合作社骨干在长期的实践摸索中逐渐确立的。在这套机制下，刀董村合作社对产品规模的把控始终以精准的市场需求为尺度，不至于在发展的关键时期陷入盲目扩大再生产的风险中（见图5-7）。

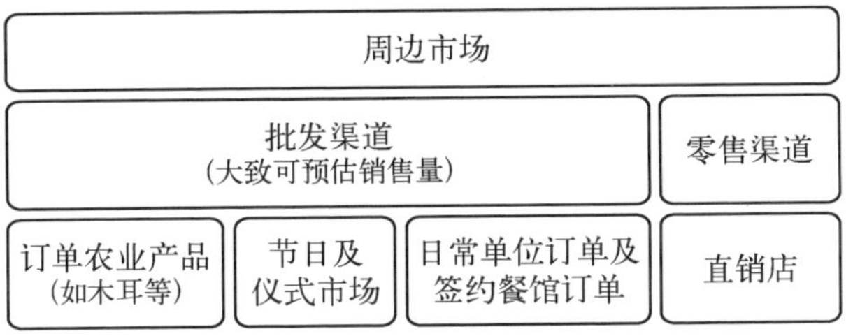

图5-7　刀董村合作社产品销售渠道

此外，产品质量的把控也是风险控制的重要内容之一，社会工作者在其中也发挥了重要作用。刀董村合作社对产品品牌和产品质量的要求，也是社会工作者协助社员集体讨论而明确订立的。在最初取得较好成绩后，个别社员开始钻空子。他们打着“刀董鸡”的招牌，自己单独售卖，或者与签约饭店用别的鸡假冒“刀董鸡”来出售。合作社发现后，立即召开大会，向社员说明了品牌管理的重要意义，并协助集体制定出一套管理品牌使用和惩罚违规者的规范，避免了品牌风险。

本阶段，社会工作者持续深入地发挥了第三方的协助功能，在平衡各方利益群体中更加重要。例如，在“订单农业”的引入过程中，若干外部例子和村民经验都显示出“老板不靠谱”。如何让老板靠谱？社会工作者一方面发挥外部优势，了解老板们的往期行为是否存在严重违约，同时协助合作社在与老板签订协议时，明确老板的责任和义务，降低违约或欺诈风险；另一方面，当确实出现订单生产问题时，社会工作者也作为第三方，协助社员和老板进行面对面协商。此时社会工作者要掌握平衡，既要让社员和老板愿意承担自己的生产责任（如有），又要让老板和社员看到合作社的力量。如此，社会工作者才能让不同利益方都看到合作的价值，同时也让社员学会如何合作，如何表达自己的意见。

四、社会工作和刀董村合作社在社区治理中发挥的作用

社会工作培育的刀董村合作社，在发展的过程中除了产业开发外，还直接和间接地发挥了人才培养、社区治理、公共服务等作用，如图 5 - 8 所示。

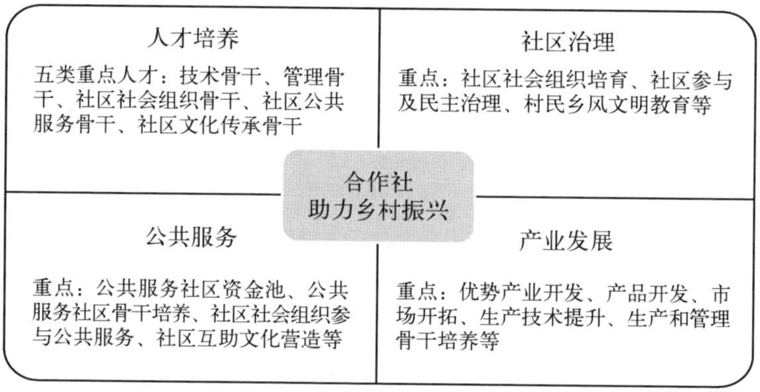

图 5 - 8　刀董村合作社的功能

人才培养是合作社从自身需求出发开展的重点工作。在合作社发展历程中，除了产业发展需要的技术骨干、管理骨干外，合作社的小组式运作方式也挖掘了很多社区社会组织的带头人。由于合作社与社区社会组织（如妇女文艺队、养老协会等）都在同步发展，因此社区骨干在一定程度上有重

合。合作社作为社区发展的重要平台，也为这些社区人才提供了承担公共事务、个人职业发展等方面的机会。通过合作社人才培养机制，刀董村培养造就了一支懂农业、爱农民、爱农村的“三农”工作队伍，为实现乡村振兴提供了强大的政治、组织和人才保障。

在公共服务提升方面，刀董村合作社通过发展集体经济和互助金制度，为社区的公共服务储备了一个“资金池”。村“两委”在集体账户中保留了一些灵活的公共服务资金，几年来主要用于支持村寨节日的文娱活动，未来还要支付社会工作服务所需的费用。另外，合作社互助金的设置也有助于营造村寨互助的文化氛围，同时通过互助金管理制度的实施，鼓励有借有还的诚信价值观，间接地传承佤族村寨的社区互助互信精神。

而云南大学社工所推动的合作社民主治理，也在农村社区基层治理方面发挥了重要作用。合作社作为社区社会组织之一，相较于其他文娱类社区社会组织，具有更强的互动性，更容易让村民们基于切身经济利益而深度参与其中。在参与互动的过程中，社会工作者有意识地协助合作社贯彻民主治理的原则，有效地培养村民理性参与村寨治理的信心、意识和能力。

除了上述人才培养、农业发展、公共服务、基层治理和组织建设外，刀董村合作社在基层党组织建设、生态环境和人居环境建设、城乡融合方面也发挥了重要的推动作用。

合作社以“发展红色股份和集体经济”为初心，明确了“党员和大户 1 户带 3 户”的帮带发展原则。该原则经过全体社员表决同意，在实践过程中得到了坚决贯彻。合作社与村寨党员经过沟通，以党员的名义申请到创业帮扶资金，纳入合作社统筹，用于产业发展，让所有社员都有机会获得支持。类似的机制设计让村支书、党员和党组织在村寨中的认同感有了高度提升，基层党组织与群众的联系更加紧密。2016年以来，刀董村再无群众上访。

由于刀董村合作社的主打产品都属于生态种植、养殖系列，因此在质量把控过程中，社员们需要严格保证生产环境的生态条件。例如，如果要保证林下养殖的土鸡的肉质和健康，就要保护好林木并保持土壤昆虫的多样性，以确保土鸡食物来源的丰富性。木耳种植也主打生态户外种植，合作社为了减少木耳菌包材料的污染，正在尝试自制玉米秆作为菌包材料的方法。类似的贯穿于生产过程中的生态理念虽然听起来并不“时髦”，但却是深入生活生产的理念。合作社的五年计划中，“发展富有民族文化特色的生态乡村旅游”也是合作社理事会和社员自己提出的想法，构建良好生态环境和人居环境的理念已经深入人心。

合作社产品的城乡公平贸易，让城镇人群通过产品质量感受到了乡村生态发展的价值。

特别需要指出的是，合作社还让刀董村出现了许多可喜的变化：刀董村的青壮年有了更多在家乡就业的机会，越来越多的人愿意返乡加入合作社发展；建档立卡户从被动参与脱贫攻坚，到主动报名参与合作社；村民从不愿意来村委会开会，到主动关心合作社乃至村寨公共事务；刀董村村民对自己的村寨重拾信心，去县城也有了底气。这些对于人心的凝聚和内生动力的培养，才是合作社对刀董村振兴最大的贡献。

第四节　经 验 总 结

一、社会工作助力农民合作社发展的定位与功能

社会工作作为一个专业的助人自助学科，有其自身的价值观和方法论。该学科认为，公益不是慈善，并不是让受助者永远只处于被动受助的位置，受助者也有自身的优势和能力，能够在双方互动的过程中被激发出来并加以培育。基于这一理念，社会工作者在参与村寨合作社助力的过程中，如案例所示，也需要一直朝着"助人自助"的方向去努力，培养村民和社区的内生发展动力和能力。因此，我们可以看到，社会工作者在刀董村合作社发展的三个阶段中的定位也一直在变化，其角色如图 5－9 所示。

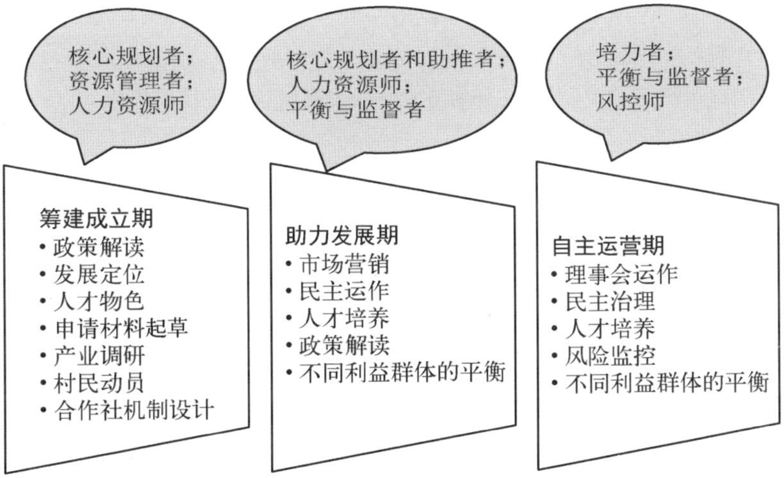

图 5－9　社会工作者在合作社发展中的角色

社会工作者在培育合作社的发展过程中，一直扮演着为合作社集体和骨干个人增能赋权的角色，并根据合作的不同发展阶段，从主导者变为幕后协助者，逐渐从前台退到幕后，从直接的组织和操作的核心参与者，逐步演变为外部支持者和第三方。几年来，社会工作者在刀董村合作社发展中的角色，也逐渐从第二阶段过渡到第三阶段。同时，这也是一个合作社和社区内生动力逐渐成长的过程。

基于这个定位，社会工作者在合作社发展过程中发挥了多样化的作用。联系专业优势，社会工作者的作用如图 5－10 所示。

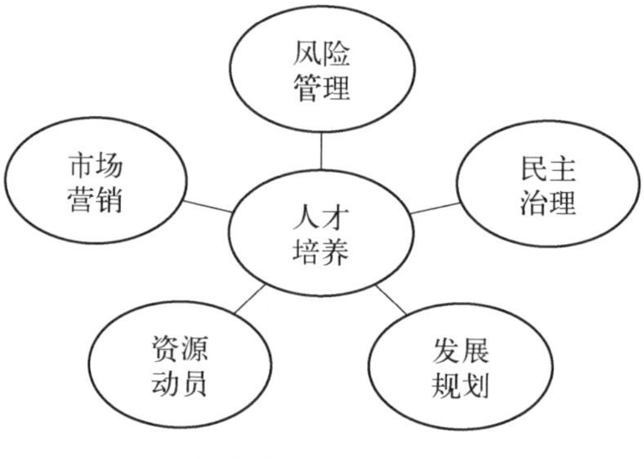

图 5－10　社会工作者在合作社发展过程中发挥的作用

二、人才培养是社会工作的核心功能

与其他力量相比较而言，社会工作者作为“以生命影响生命”的专业力量，在乡村人才挖掘和培养中，具有独特的作用。社会工作者通过与合作社的深度协同合作，不仅能够协助村“两委”开阔视野和提升基层治理能力，而且能够通过组织建设过程培养乡村骨干，塑造一批“懂农业、爱农村、爱农民”的本土乡村社区发展人才。

三、资源动员和发展规划是社会工作者的专业优势

社会工作者在挖掘社区人力物力文化力等资源中，也具有专业优势。优势视角和情境分析能够让社会工作者具有系统思维能力，从而在合作社和社区发展规划方面，为村“两委”提供有效的帮助。

四、重视市场营销

这种能力虽然不是社会工作者传统学习中需要掌握的专业技能，却是乡村发展的社会工作者都需要习得的重要能力。我们通过对其他地区案例的研究发现，绝大多数的乡村合作社都受制于视野，在市场营销方面或跟风盲动或不敢开拓，外部专家和扶贫干部也难以贴身协助。因此，社会工作者作为驻村的外部力量，更适合充当沟通内外，即联系生产与消费两端的桥梁。

五、加强风险管理

风险预估和管理是社会工作者专业学习的重要内容。虽然在合作社发展过程中的风险具有更加复杂和不可控的特点，但社会工作者可以和其他合作社骨干一起来摸索学习合作社风险管理的经验，提高合作社社员对风险的认知水平。同时，社会工作者也能协助收集更加多样的信息和经验，作为风险预估的基础，带动乡村整体振兴。

六、推动基层民主治理

合作社是基层民主治理的基础，社会工作者在协助合作社进行民主治理的过程中，也在协助合作社社员学习参与基层民主治理的知识和经验。因此，社会工作者需要具备协助合作社骨干集体开会决策、协助个别骨干增能赋权、积极承担集体权责、制定制度和监督运行等民主治理的能力，从第三方角度推动乡村合作社贯彻民主原则。

第五节　发展型社会工作的动态模型

——从社区服务治理、合作社治理到社区治理创新

通过对云南大学社工所、云南连心和源心参与沧源佤族自治县精准扶贫的分析，我们总结了下列经验。

一、党委领导、政府负责、社会协同和多元行动主体共同参与是精准扶贫的重要策略，是云南扶贫项目的重要创新

如案例中所见，云南连心与源心以民办社会工作机构的方式参与了精准扶贫工作，提供了新的扶贫思路与方法，让扶贫工作更加切实有效。云南连心与源心进一步采用“三社联动”的策略，助力村党支部培育妇女组织和农民经济合作社，培养村民在社区互助、生计开发和脱贫方面的内生动力。多元行动主体参与有助于丰富资源的种类、拓展资源获取的渠道，推动决策权力的相互制衡，聚集社会力量，创新扶贫工作模式。

二、培育社会资本是精准扶贫的核心

不少精准扶贫项目都非常直接地以个别农户增收作为唯一的经济目标。但从实际经验分析，该经济目标虽然提高了老百姓对精准扶贫的经济期望，可一旦出现增收项目不足或市场巨大变动导致挫败时，就会激化干群矛盾。将增收作为唯一的经济目标，往往会拉大个别差异，加剧社区内部的贫富差距。刀董村精准扶贫的经验并非直接奔向增收的目标，而是进行多向扶贫：为弱势群体和社区提供基本公共服务，进行民族和社区文化建设，培育社会资本和社区社会组织。

老乡①在各种小组织中建立了交错且融合的社会关系，这也增加了社会互信，丰富了农民的生活形态。小组织的活动的开展让不同的小组织之间形成了有机联系，激活了社区。社会资本和文化建设一直是与生计发展并行不悖且相互作用的重要因素。各个小组织在不同领域内发挥着作用，有的推动农业合作，有的参与社区事务，有的重新肯定老年人价值。总的来说，小组织重建了村寨文化，提升了村民的自信心，增强了村民对民族文化的信心、对社区的归属感。村寨社区的村民组织能够发挥社区自有的功能。无论是社区互助提供基本公共服务，还是进行经济合作，社会资本从始至终都发挥着基本的功能。

三、社区内生动力和社区本土资源的辨识与盘活是精准扶贫的基本前提

从案例中可以看到，社会工作者以扫描、分析和盘活社区资源为培养内

① 云南连心称社区流动人口为“老乡”。

生动力的主要策略。老乡充分利用了刀董村生态环境的优势，结合固有的养鸡经验扩大了林下养鸡的生计策略，并借用沧源佤族自治县大力开发旅游的政策条件，大力开拓市场。社会工作者通过盘活生态资源、社区历史、废弃建筑、村寨文化精神等，重新激活社区动力，培养村民的信心和行动力。同时，精准扶贫只有充分依靠社区老乡的能力，挖掘出社区自身的资源，才可以激发出内生动力。

四、打造共建共治共享的精准扶贫模式

云南连心与源心在构思精准扶贫的生计发展策略过程中，已经有意识地培养在地社会工作者和干部对不同生计开发模式的比较与思考。云南连心通过省福彩金和“三区计划”，组织各种培训和考察，为参与的社会工作者和干部提供了专业户、公司＋农户、合作社、农民协会等不同的经济组织形式参考。在条件成熟后，社会工作者才开始协助村干部成立农民合作社。在合作社的筹备和组织过程中，社会工作者提前谋划，为不同阶段可能出现的问题做好了相应的应对措施。成立三年后，合作社由开始时的 7 户发展到村民中的 80％均参与，打破了其他地方合作社普遍由大户把持的困境。当合作社的治理走上轨道后，村干部和社会工作者逐步撤离，由社员承担治理的责任。部分原来的社区服务骨干参与合作社的管理工作，把部分社会服务职能带到合作社，同时也把合作社的部分收益用于回馈社区。

通过对上述社会工作助力精准扶贫案例的分析，我们看到了发展型社会工作对深化精准扶贫策略的意义。图 5－11 揭示了发展型社会工作深化精准扶贫的实践模式。

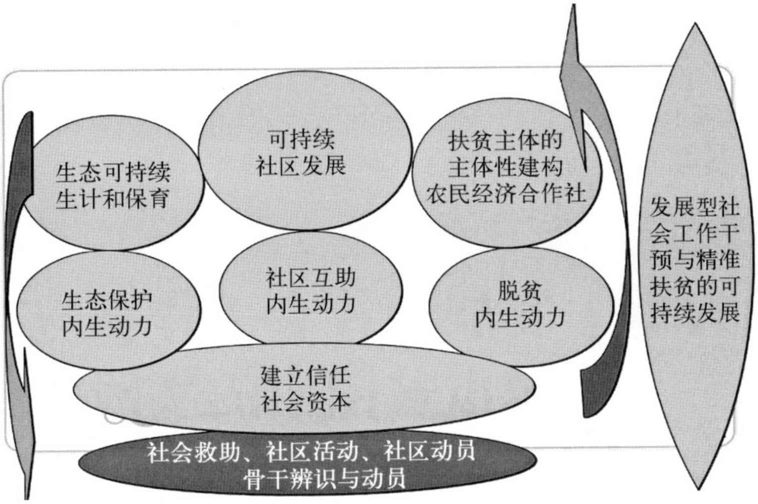

图 5－11　发展型社会工作深化精准扶贫的实践模式

刀董村的案例有力地说明，发展型社会工作为精准扶贫提供了专业平台，在不同层级的减贫主体之外，协助贫困居民塑造他们的主体性，培育他们的内生动力，为脱贫攻坚的可持续发展提供了坚实的保障。

第六章　发展型社会工作在应对城市贫困中的实践探索

第一节　发展型社会工作的起点：流动人口社会工作

《中国流动人口发展报告2018》统计数据显示，2018年我国流动人口数量高达2.44亿人，大量流动人口提供了充足的人力资本，使扩大生产与广泛贸易创造了巨大财富，从而大大加快了国家现代化发展步伐。自2000年以来，伴随着工业化发展，流动人口剧增，城乡二元体制和户籍制度挂钩的系列公共服务差异导致了大量流动人口问题，引起了社会的广泛关注。因此，作为关注弱势人群、促进社会公平的社会工作开始在改善流动人口生存状况、减少社会排斥、保障有关权益等方面进行系列探索，也催生了大量以服务流动人口为主要任务的社会工作机构。

云南连心自2005年成立后，扎根社区，与流动社群同行，积极联系社会力量，合力改善社群生计，促进社区互助合作，一直致力于帮助流动人群实现有尊严、有价值、有保障的劳动和生活。由于昆明进行了大规模的城中村改造运动，云南连心从2006年开始为五家堆村开展流动人口服务，经历数次搬迁后，自2010年起深入王家桥社区尝试通过发展型社会工作建设包容性社区，整合不同力量，发掘社区内生力量，以服务促赋权，以组织抗风险，改善流动人口的生存状况，扩大其社会权益，促进共融发展，走出了流动人口社区治理的新路子。

一、服务社区概况

王家桥社区隶属于普吉街道，位于昆明市西北部。普吉街道办事处下设8个社区居委会，其中3个涉农。区域内有云冶、云南省交通职业技术学院、云南武警三支队、云南金马机械厂、昆明轻机厂等公共单位约130家。2010年，王家桥社区面积为30.72平方千米，总人口为5.6万人。王家桥社区是一个厂村结合、工农交融的城郊接合部，辖区内本地人口有4 281人，流动人口超过5万人。该社区交通便利、生活设施完善，因而吸引了大量流动人口在此生活和工作。社区居民以汉族为主，还有众多少数民族，如布依族、彝族、苗族、哈尼族等。这里的流动人口主要从事小生意、装修、零工、建筑、废品回收等工作，而当地居民的经济来源主要靠征地赔款和房屋出租等。

王家桥社区属于流动人口为主的混合型社区，存在人口总量多、差异大、需求广的特点，在社区治理方面存在多重困境。首先，社区基层组织以行政办事和监管为主。居委会人力和物力资源有限，在工作中承担各部门行政安排、政策落地的窗口紧缺，加之工作人员在政策解读与执行上缺乏综合应用的能力，只能维持基础的行政功能，难以回应复杂的社区治理问题。其次，社区群众类型多，包括本地农转居居民、流动人口、少数族群，他们面对不同的问题及困境，存在不同的利益诉求，在同一个空间内多方互动，难以避免各类矛盾与问题的发生。再次，根据现行政策和实际落实情况，流动人口难以参与到社区公共事务中，但该群体数量多，问题突出，往往是社区治理的主要对象，因此造成了一些误解或冲突。最后，以居委会为主的治理主体在公共服务提供上的“服务”意识弱，在社区问题的处理上柔性不足。在此情况下，云南连心作为社会组织，其服务对象从王家桥社区流动人口逐渐覆盖到社区全体居民，与居委会深度联动，结合混合型社区的特点与难点，从包容性社区建设的角度来实现社区有效治理。

二、流动人口社区背景分析

对于混合型社区而言，流动人口数量多，但在社区参与和社区治理过程中却常常缺位。在王家桥社区，流动人口占社区人口总数的比例很大。调查后发现，当地居民经济状况良好，大多在本市里购置了房产居住，而社区的自建房多租给了流动人口，人户分离的情况较多。当地居民因为征地拆迁矛盾突出，农转居后社区关系受到冲击，社区居民分散、社区文化瓦解使得社区较为松散，凝聚力不强，居民参与度有限。云南连心着眼于服务流动人口，逐渐得到居委会的信任。在社区治理困难较多的情况下，云南连心作为外来的社会组织参与其中，其工作弥补了居委会社区服务有限的不足，并解决了现实中的一些治理困难。

为保证服务的有效性，切实回应流动人口管理服务中的有关问题，云南连心在前期调研工作中发现该群体的主要问题有以下几个方面。

（一）经济贫困

王家桥社区流动人口的生计来源以从事非正规就业为主，打零工是较为普遍的一种就业方式，其形式为根据雇主的需求临时性地到工友聚集的地方请工。主要工作内容包括搬运、绿化、拆迁、建筑等劳动力强、危险性高、普通市民不愿意从事的脏累差的工作，工作报酬为80～200元/天。除此之外，废品回收也是该社区部分流动人口主要的经济来源。但该行业价格受全球市场影响波动较大，同时以家庭为单位的拾荒通常存在产量不稳定的问题，并且难以抵抗回收商的压价。总体而言，非正规就业作为一种灵活的就业方式虽弥补了劳动力不足的问题并降低了用工成本，但对于流动人口而言有工做就有收入，没工做就没有收入，具有极强的不稳定性。因此，贫困成为他们生活的常态。基于此，在王家桥社区存在大量因父母忙于生计而缺乏照顾的儿童。云南连心在刚进入社区工作时，碰到了数起儿童意外死亡的事故以及一些流动儿童阶段性辍学和大量食用垃圾食品等状况。

（二）社会保障缺失

非正规就业无劳动合同、雇主流动性大、工头层层转包、缺乏法律知识等，导致流动人口经常面临劳资纠纷和工伤赔偿无门等缺乏劳动保障的情况。此类案件往往较为复杂，存在多个涉事主体，但涉及金额不多（以1 000元以下为主），从而使得维权异常困难。对于流动人口而言，普通人认为不高的劳动报酬却是他们家里的主要收入。因此，在面对这些状况时，他们的行为容易过激，有时会采取斗殴、堵路等方式来进行抗争。同时，在云南连心接触的大量个案中，因伤致贫或大病致贫的情况尤为突出。由于在城市里生活缺乏医疗保障，一些流动人员看不起病，生了病往往就到小诊所简单处理，其中一些流动妇女甚至因为无钱支付医院费用而选择在家分娩，增加了生命风险。而老乡们面临城市生活支持体系不足的困难，遇到问题时通常会进一步地陷入贫困与无助之中，造成个人和家庭的失能。

（三）遭受多重排斥

除了主流社会对流动人口的区隔之外，王家桥社区的当地居民对流动人口也存在一定的排斥现象。例如，个别房东对租客有一些过分要求，态度恶劣，孩子在院子里打闹被房东责骂，在租期未满的情况下房东却要求搬走等。在连心儿童活动中心里玩耍的流动儿童较多，所以当地居民大多不允许自己的孩子到那里玩儿。同时，流动人口之间也存在彼此排斥的状况，主要体现为工友之间因竞争工作机会而发生冲突，延伸到日常生活中。此外，不同流动社群之间也存在排斥的问题，例如布依族老乡从事回收工作，被污名为“捡垃圾的人”或“小偷”，而他们的生育文化因注重男孩，存在普遍超生等情况，因而被嘲笑、指点或孤立。在社区公共治理方面，流动人口大多是被忽视的对象。云南连心曾遇到布依族老乡被取缔住所而求助的情况，他们因需要存放回收的物品而很难租到房屋居住，因此大多聚集在破败的院子里，堆放大量物品，存在安全隐患。因昆明市出现过社区火灾的情况，王家桥社区加强了基层安全巡视及相关工作，避免类似事件发生。从类似案例可以看出，流动人口在社区生活中处于极其弱势甚至失语的状态，他们的需求难以被正视。

（四）生活空间有限

流动人员租住的房屋条件相对较差，他们通常以家庭为单位租一个单间，面积为10～30平方米，一个房间承载家庭所有活动功能。这种房子是本地居民的自建房，一般是房东住顶层，其余的租借给外来人口，一栋房子至少有6～8个家庭租住。房东为了尽可能获得更多的租金，将有限的空间改建成房屋，因此这里人口密度极大、采光透风条件极差，存在很大的安全隐患。近年来，由于城市建设，大量城中村被拆除，因而房租上涨，租户还面临不断搬迁的问题。除了居住空间外，社区公共空间也较为有限。此类社区多为农转居居民宅基地重建或转建，缺乏规划设计，但人口众多，原有空间不能满足居民的需要。同时，因城市建设和规划用地的需要，原来的一些公共空间也逐渐消失，辖区内流动人口的生活空间进一步减少，进而限制了其日常休闲。

（五）精神生活贫瘠

因为社区公共服务缺失且支持体系有限，所以该社区的人们大多通过电视、手机上网来消磨闲暇时间，精神生活几乎是空白的。很多人的生活较为单调，白天找活儿干，晚上回租处休息，生活压力较大且缺乏休闲活动，结束工作后大部分人会一起喝酒、打牌。在站工市场，时常会有一些人员通过动物骰子、猜铅笔、猜蚕豆、扑克、象棋等进行赌博，其间有些不法分子蓄意通过诈骗手段，利用老乡缺乏休闲娱乐的情况，诱使其几天内输掉上千元钱财。

（六）性别不平等及家庭暴力

王家桥社区流动人口家庭的妇女不仅需要照顾孩子和承担大部分家

务，还要在外工作赚钱。为了同时照顾家庭，很多妇女无法从事固定时间的工作，只能在零散的时间从事工地小工、保洁等灵活工作。但这些工作往往是同工不同酬，一般男性工人每天可以得到100元，而妇女每天只能拿到80元。经济压力和社会空间挤压使得流动家庭中男性容易酗酒、赌博，出现家庭矛盾和家庭暴力问题。云南连心有关调查显示，流动家庭中，男性经常酗酒甚至要酒疯的占13.9%，男性经常赌博的占17.1%，流动家庭经常吵架的占14.7%，经常或偶尔看到邻居和亲戚家庭发生争吵的调查对象占45%。① 此外，社会工作者在工作中时常会遇到一些女性在产后或生理期因拒绝性生活而被打骂、伴侣拒绝使用安全套致使女性多次怀孕而做人流、女性不能生育被扫地出门等个案情况。

第二节 流动人口发展型社会工作模式1.0：从服务到培力

云南连心在第一个阶段主要采用传统社区服务工作模式。首先，以问题和需求为导向，根据流动人口社区的需求，提供相应的服务。社会工作者是社会服务的供应者，他们尝试满足不同群体对社会服务的需求，同时在这个过程中与不同群体建立关系，更深入地了解他们的需求、能力和社会支持情况。其次，云南连心通过为流动儿童提供服务而与其家庭和社区建立密切联系。针对流动儿童缺乏安全活动空间和文体活动的情况，云南连心通

① 云南连心2010年承接云南省妇女联合会关于城市社区妇女基本生存状况调查课题研究。

过社区活动中心提供功课辅导、乒乓球培训、图书借阅、玩具借用等，提供基本的安全活动空间。同时，儿童中心还组织了儿童兴趣小组，先后组织了摄影小组、手工小组、游戏小组等。再次，云南连心还积极建构适合流动儿童成长的空间，让他们学习人际交往、心理健康和性健康知识。最后，云南连心与王家桥社区的民办学校一起建立学校社会工作站，建立教师小组与学生小组，开展学校教师能力培训，对学生进行成长辅导和青春期教育。

通过开展流动儿童服务，云南连心逐渐与已生育的流动妇女建立了联系。云南连心举办了流动妇女之家，提供亲子教育课堂、健康与法律讲座，组建舞蹈团，开展社区文艺晚会和运动会等。在与流动妇女建立联系的基础上，家暴问题逐步浮现，进而使反家暴的社会工作逐步介入，建立了从反家暴的宣传教育到热线咨询和法律援助的工作机制，并与省妇联建立社会工作干预与法律援助无缝衔接机制。

考虑到王家桥社区的流动人口多是从事非正规就业的零散工且劳动法律保障意识不足，云南连心建立了农民工维权站，提供劳动法律咨询和援助服务。维权站平常为打工人员提供相关知识学习培训机会，开办计算机和手机技能学习班，后来培训工作得到区总工会的支持，在普吉街道成立了外来工联合工会。

王家桥社区流动人口中少数民族人员占到三分之一。他们除了要面对一般流动人口共有的压力外，还要在语言、职业、受教育程度和生活方式等方面承受更大的歧视。尤其是一些流动妇女，主要从事垃圾分类回收，所以无论是工作场所还是聚居环境，都给所在社区的其他居民形成“脏乱差”的印象。因此，云南连心开展民族社会工作，改善其居住环境，丰富其文化生活，逐步培养其自助能力，及时回应其实际需要。

云南连心不同团队在原来提供服务的过程中也产生不少困惑和新认识。首先，团队感到流动人口群体的需求很多，而工作人员的能力和资源有限，没有办法提供那么多不同的服务。其次，流动人口的流动性大，团队担心骨干成长后若返乡或流动到其他地方则是一种损失。但是在服务过程中，云南连心的社会工作者逐渐看到了服务对象自身的能力和服务他人的精神。

这些优点在流动儿童身上体现得更为突出。很多孩子从小就要帮助父母料理家务和照顾弟弟妹妹，所以他们很愿意作为“儿童之家”的儿童志愿者，负责管理中心的图书和玩具借还等日常服务。他们甚至可以自己申请和组织集体活动，担任节目的表演者或节日活动的组织者。流动儿童服务的模式由云南连心的社会工作者负责活动组织逐步变为培育的流动儿童骨干可以挑起担子。

云南连心也学习链接社区外部资源，从而应对流动人口社区内部资源不足的问题。云南连心在儿童服务过程中开始接触那些缺乏家庭照顾的困境儿童。由于这些困境儿童更需要大量人力来提供不同形式的陪伴和照顾，因而云南连心发起了专业志愿者的家庭陪伴计划。通过接受系统的培训，大学生志愿者的社会工作能力和辅导技能水平得以提高，他们也学会了应对一般的儿童心理和行为问题的知识。

云南连心的社会工作者最初主要是巩固和发挥流动少数民族妇女舞蹈网络的主体性，逐步使妇女网络从舞蹈组织发展到关注自身的居住环境和日常需求。后来这个妇女舞蹈网络发展成为儿童互助小饭桌，保障儿童的午餐营养和卫生活动。

云南连心的社会工作者逐步掌握了应对城乡社区欠缺社会服务状态下的发展型社会工作原则：

第一，社会工作者需要做好为社区不同群体提供基本服务有关策略的思考和实践准备，不能简单地以社会工作只是提供服务、没有资源、工作已经很繁重为由，而否定提供服务的重要性和社会工作的意义。

第二，发展型社会工作不是简单地为提供服务而提供服务，为链接资源而链接资源。社会工作可以把提供社会服务转化成一个平台和载体，从社会工作介入的策略角度培育小群体互动和信任的社会资本策略，从增能赋权的策略角度促进服务使用者的个人和小群体在意识、信心、能力、合作和视角领域的成长。

第三，发展型社会工作需从整合需求为本视角、资产为本视角再回到需求为本视角的辩证策略，或资产为本视角的迂回策略，以个人、小群体或社区资产发挥服务使用者的能动性，响应小群体或社区关注的服务议题。

第三节　流动人口发展型社会工作模式 2.0：从社区就业到群体充权

一、开拓社会经济：绿工坊与互助店

从昆明王家桥社区的流动人口看，大部分来到昆明打工的云贵地区农民，其原籍所在农村地区自然条件较差，完全依靠农业无法获得持续的生计

保障。由于王家桥社区是少数靠近市中心的城乡接合部，房屋状态较差，房租相对便宜。在这里居住的进城务工者，包括男性、双重劳动的妇女、辍学青少年等群体，首要面临的是就业和生计问题。少数民族人员由于不谙汉语和有关技术，社会资源较少，生计问题更为突出。

原来云南连心在就业培训和提供社区就业方面还比较犹豫。首先，提供社区就业的压力来自妇女骨干的反复要求，而且有些妇女骨干由于经济压力需要找工作而流失。但是要开办社会企业或合作社提供就业，云南连心也担心社会工作者是否做好了心理准备，能否应对社会企业或合作社带来的一系列对社会工作意识、价值、策略和技能的挑战。

其次，云南连心认为还是值得走出第一步，尝试拓宽流动人口的就业改善生计途径，以及发掘社会工作介入社会经济策略的潜力。云南连心探索以绿领平台为切入点，通过开设社区二手衣物互助店、研发和销售绿色手工坊产品、开设相关的技能培训班，提供社区就业和创收机会。社区互助店以低廉价格销售社会和企业捐赠的二手衣物、家居用品和日常生活用品，一方面可以减少流动人口家庭的生活成本，另一方面可以为社区居民提供社区就业机会，打造妇女骨干与社区群众沟通交流的平台。绿领平台通过对期待就业的流动妇女进行技能培训，推广旧物改造项目，开发少数民族流动妇女手工艺特色产品并进行市场销售，改善了妇女生计，使妇女骨干不断增强自助、自我管理、互助的意识和能力。

当然，和其他地区的社会工作、社会企业所经历的微妙关系一样，云南连心也需要认认真真地处理其中的复杂关系。在社会企业中，社会工作者与妇女骨干的关系正在改变，容易从陪伴者变成管理者和被管理者的关系。

尽管云南连心努力尝试加强参与式管理和民主参与，逐步把社会企业引向合作经济发展，但深受社会主流层级雇用关系影响的社会工作者和妇女骨干，很容易有意无意地进入这样的层级关系或滥用民主参与和自律。加上社会企业要处理外部的销售和成本控制等生存问题，与民主参与、集体管理和增能赋权等策略容易产生矛盾，但是传统社会工作的介入缺乏意识、策略和技能，需要云南连心社会工作者在面对挑战时探索发展型社会工作模式。

在培育社会企业的过程中，云南连心的社会工作者需要学习开拓市场和控制成本，以达到回收成本乃至带来盈余的管理目标。社会工作者需要学习跨领域合作，学习与商业伙伴沟通合作，尤其是学习流动妇女骨干增收特点、规律与商业模式的兼容性。同时，社会工作者又不能完全照搬工商管理系统中权威的管理模式，需要借用、转化或发明与社会工作价值和策略相近的管理与团队建设方法。

云南大学社工所和云南连心对社会工作介入生计问题的思考如下：

第一，发展型社会工作需要打造好社区就业、社区经济的基础。从云南连心的经验来看，扎实的社区基础对辨认社会经济发展需要、加强居民骨干的参与、扩大社会资本或增强社区互信，以及发挥社会经济在社群或社区发展中的作用，都是非常重要的。

第二，发展型社会工作需要做好意识、策略和技能的准备，应对社会企业或合作经济带来的新型关系，以及传统社会工作与服务使用者关系带来的冲击。

第三，由于主流社会的雇用与管理的层级关系根深蒂固，无论是社会工作人员，还是服务使用者、雇员、伙伴，都无法摆脱主流社会习惯的束缚。特别是当前主流的社会企业思潮受美式商业管理模式影响较深，社会工作机构和社会工作人员容易认为，只有主流社会的商业管理体系才是有效的，很容易把社会工作机构当成老板，把服务使用者变为雇员，造成新的劳资关系矛盾，并带来服务使用者的去权、边缘化甚至被剥削。

第四，社会经济其实包括一系列经济—充权增能（培力）的社会经济模式，有主要借鉴商业营运模式的社会企业、强调参与式管理的社会企业、合作经济和团结经济等不同的模式。发展型社会工作需要采取各种社会经济形式的目标、策略，为解决各种模式潜在的张力和矛盾做好准备，设计相应的小组和个案工作对策。

第五，社区就业和社区经济所提供的平台，能够加强服务使用者之间的互动，并提供增能赋权的机会。增能赋权的范围包括职业技能、人际沟通合作技能与精神、社群与社区互助合作能力和精神。服务使用伙伴在参与社区经济的过程中，可以逐步扩大其参与权利。

第六，社区就业方面个人、群体与社区的互动，有助于改变服务使用者、少数民族人员和弱势群体被忽视与被歧视的处境。

第七，主流社会企业论者对在社会企业或社区经济中叠加增能赋权的目标的异议比较大。他们认为，这些目标可能与商业性营运产生矛盾，会增加社会企业的成本负担。这些异议有一定的道理。就发展型社会工作而言，我们需要考虑的问题是搞清楚原来营办这些社会企业或发展社会经济的目标，增加的成本由谁承担，是极大化盈余还是优化商业和社会工作这两个目标。

二、开拓探索性社会服务

过去十几年里，云南连心处于初始发展阶段，在有限的资源条件下，虽然看到很多新涌现的弱势群体的需求，但是不敢轻言应对。面对这种资源和信心的困境，云南大学社工所与云南连心沿用云南大学的服务学习模式，尝试设计先导性的项目，进行创新和总结，评估推动常态化的可能。在探索社区就业方面，云南大学社工所推动云南大学设计系利用设计创意协助流动妇女实现社区内就业，改善生计。面对昆明流动儿童在小学升初中过程中遇到的困难，云南连心和云南大学社工所通过行动研究为流动儿童提供升学辅导，并记录有关问题和障碍；对进入初中的流动儿童进行跟踪和辅导，深入了解流动儿童在初中阶段的适应、歧视、辍学等问题，探讨相应的干预模式。团队通过国家社会科学基金对乡—城循环流动的研究，进一步了解乡—城流动人口的流动、家庭散聚形态，从而对流动人口社会服务模式进行深入分析和设计。

云南连心鼓励各部门进行社会服务创新，开拓新资源，推广新服务。以布依族公益小饭桌的项目开发为例，云南连心鼓励社会工作者以支持布依族妇女舞蹈网络为基础，鼓励她们逐步参与院落环境的改善、社群互助金的管理，再到应对布依族学生家长普遍头疼的孩子午饭问题。最后，通过云南连心链接相关资源提供的启动资金，由布依族学生家长成立集体管理和营运的公益小饭桌。

以困境儿童家庭陪伴的“专业社工＋专业义工”服务开发为例，原来儿童团队接触了不少贫困、单亲或父母不在身旁的流动儿童，儿童团队初步找了一些志愿者进行小规模的家庭陪伴，发现效果不错，但是缺乏持续的资源跟进。云南大学社工所和云南连心刚好看到民政部与李嘉诚基金会启动了大爱之行项目，于是鼓励儿童团队申请。由此儿童团队获得了云南省青少年发展基金会的配套基金，让这个“专业社工＋专业义工”的困境儿童家庭陪伴计划得以进一步发展，并且逐步走向规范化和专业化。在困境儿童家庭陪伴项目的基础上，云南连心开发了更深入的困境儿童辨识框架、儿童社区饭堂，以及其他针对困境儿童的更为精细的服务策略。

第四节　发展型社会工作开发社会倡导策略：普惠和精准的特惠服务模式

云南连心从2006年就开始从事流动人口社区服务，但当时政府对流动人口的政策比较模糊，有关政府部门、群团组织和媒体对云南连心工作的态度比较谨慎。云南连心认为，流动人口权益的均等化应是大势所趋，所以当时社会工作服务的目标建立在基本社区社会服务的基础上，也希望逐步协助流动人口参与社区治理，通过政策研究桥接流动人口的诉求与公共政策制定的过程，协助政府完善社会发展政策，维护弱势群体的发展权利。

2010年，在云南省妇女联合会（以下简称“云南省妇联”）的委托下，云南大学社工所与云南连心开展了昆明市五华区普吉街道王家桥社区流动妇女基本生存现状研究，并形成了研究报告和政策咨询报告，直接影响了政府制定流动妇女相关政策的决策过程。随后，云南大学社工所与云南连心将流动人口居住保障、流动儿童生存安全、城乡接合部社区基本公共服务体系建构与社区就业等议题形成提案，最终引起政府对问题的重视，推动了制度的改变。在创新政协委员提案的方式上，云南大学社工所与云南连心尝试参与式政协提案，加强流动人口群体的声音与政协委员提案的衔接。在“政协委员进社区”考察开始前，云南大学社工所和云南连心与流动妇女、儿童群体进行沟通，通过参与式的焦点小组商议，提出了流动儿童安全活动空间和升学机会等诉求，希望在流动妇女就业和创业方面获得支持。在“政协委员进社区”活动中，团队将这些需求向政协委员反馈，并对政协提案草案进行联合提案。

随后，政府在保护流动人口的合法权益和改善公共服务等方面的态度更为明确，对流动人口的服务模式从社会管理创新发展到社会治理创新、为流动人口社区提供服务、关注困境儿童和反对家庭暴力等。在云南省妇联的支持下，云南连心在原来儿童服务中心兴趣小组（儿童摄影小组）活动的基础上，举办了流动“同在蓝天下”儿童摄影展，展出流动儿童自己拍摄的照片，并由他们自己向参观者介绍照片。随后，受云南省妇联的委托，云南连心与云南省福利院进一步合作，撰写“流动妇女之家手册”。云南连心以流动人口社区服务的妇女服务模式为原型撰写手册，推广云南连心流动妇女工作的经验。

第七章　以发展型社会工作建构包容性社区发展：云南连心流动人口社区发展模式3.0

2010—2015年，云南大学社工所和云南连心在王家桥流动人口社区工作的五年间，基本实现了从流动人口社区发展模式1.0到流动人口社区发展模式2.0的升级，即从针对不同流动人口群体提供不同服务的模式，逐步转向为社会工作人员、组织志愿者和服务使用者的参与等进行服务的供给。通过建立社会服务关系，同时辨识流动人口中的骨干，协助他们进行组织、互助和服务的自我供给。流动人口社区发展模式2.0有助于改变原有服务模式中服务使用者的被动参与状况，解决服务过程中的不平等问题，有助于增强服务使用者自身的能动性。通过这五年的经验沉淀，云南大学社工所和云南连心的社会工作者也增强了信心，能够对流动人口社区更深层的张力和矛盾进行干预。

流动人口面临着多维度的社会排斥问题。除了在第六章中提到的问题外，社会工作者还发现，流动人口社群的分化和矛盾也很大。不同民族之间的语言、职业、经济收入、生活方式等造成了人们之间的隔阂与成见。聚居在王家桥社区的少数民族群体有布依族、彝族、苗族、白族等，虽然大多为非正规就业和低收入家庭，但他们之间也存在小摊贩、打工、临时工、捡废品等职业层级的差异，且与民族的社会和经济关系重叠。比如，彝族以在站工市场等待临时工招聘者居多，布依族多从事废品回收。各少数民族人员之间的交往不多，有相互漠视甚至歧视等现象。

社会工作者在以往的工作中发现，流动人口与本地社区居民的关系也存在诸多张力和矛盾。虽然当地居民都是房东，拆迁也可能带来可观的经济补偿，但是拆迁和补偿也会激化居民之间的矛盾，导致社区的传统文化和关系被侵蚀，居民的社区归属感被削弱。传统的居委会都是由当地居民选举产生的，流动人口仿佛只有被管理的身份，没有参与社区治理的空间和机会。

从发展型社会工作的视角来看，促进流动人口的社会发展权利已经从流动人口社区发展模式 1.0 的提供基本社会服务、流动人口社区发展模式 2.0 的培育社区自组织，发展到流动人口社区发展模式 3.0 的组织社区经济，扩大了跨社群的社区参与，大家参与社区治理，减少社会排斥，从而共同构建包容性社区的发展。

第一节　连心流动人口包容性社区发展模式 3.0：文化资产整合式社区发展模式

针对王家桥社区由流动人口分化和当地居民形成的社会排斥问题，云南大学社工所和云南连心尝试推动文化资产整合式的社区发展，建构流动人口与当地居民社会融合的包容性社区发展模式，如图 7－1 所示。其一，文化资产策略是王家桥社区不同社群间资产和组织联动的整合机制。其二，文化资产策略可以辨识社区内不同社群的文化资产和动员潜力。其三，文化资产策略可以强化原来的社区服务和社区经济基础，以文化资产加强各社群内部的社会资本，强化社会信任以及内部的文化认同。其四，文化资产策略促进社区内部不同社群间的认识、互动与合作，增强居民对社区的认同感和归属感。其五，文化资产策略可以通过转化和创新，提高各社群的社区参与水平、赋权社区社会组织，以及创造新的社区文化，包括公共、公益、共建、共享、共治等价值观念和实践方式。

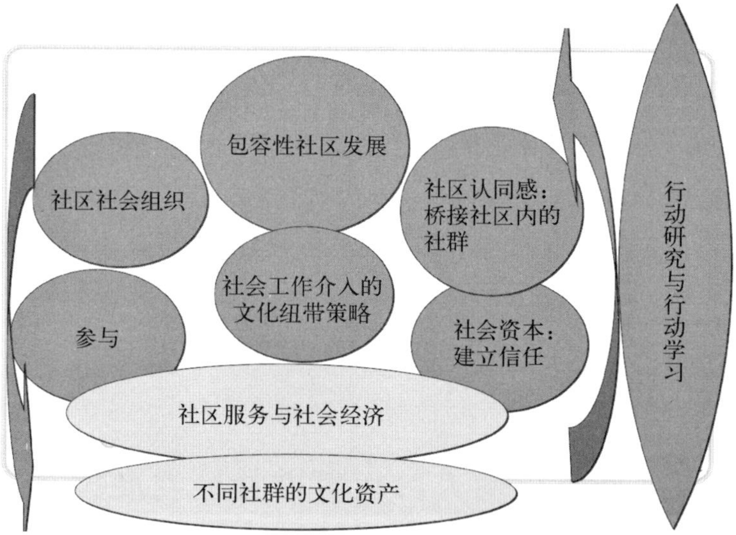

图 7－1　包容性社区发展模式

由于文化资产策略进入了新的社区治理领域，云南大学社工所和云南连心以行动研究的方式将文化资产策略整合到整个包容性社区发展的社会工作介入过程中：一方面，促进了社会工作者在工作过程中的反思、创新和成长；另一方面，也加强了对文化资产策略和包容性社区发展的理论与实务模式的建构和修正，为其他社会工作同行提供了理论和实务参考。

文化资产策略作为资产为本社会发展的重要组成部分，是对发展型社会工作的拓展。该策略通过文化资产激发流动人口社区不同群体的动力，建立群体内部和社区其他群体的社会资本，促进不同群体之间的互动和信任；在社会资本的基础上，推动社区组织建设、社区经济开发，进而促进社会资本的深化，减少社会排斥，加强社区发展对流动人口的社会包容，为深化发展型社会工作模式作出尝试。

在发展型社会工作模式的开发过程中，无论是开拓新服务领域，还是跨部门进行合作，出现问题和不确定性都是正常的情况。整合式的行动学习和行动研究促使一线社会工作者为应对新问题、解决新议题提供了思想与行动的支持，行动研究促进了一线社会工作者和二线研究者对包容性社区发展进行反思并为其提供知识建构的路径。

第二节　文化资产整合式社区发展策略、工作方法与成效

一、策略一：社区文化资产盘点和社区动员

社区文化资产盘点和社区动员策略是通过开展社区地标收集与标注，包括收集社区居民口述史和组织社区节日庆典等活动，重建本土社区居民和流动人口对聚居地与集体归属感的群体记忆，以更好地满足不同社区居

民之间的交流和理解，增加社会资本，增强居民的社区参与感和归属感。

（一）社区地标收集和标注——社区动员对社区历史的认识和归属感的建构

改革开放后，昆明的工业化和城市化发展迅速，王家桥社区的巷道扩大了，但许多巷道一直未命名，给居民和访客带来很多不便。社区地标收集和标注工作由本地社区居民、外来居民和社区居委会参与，对王家桥历史和典故进行整理，对社区地标和巷道进行命名、标示，重建本地记忆的同时强化了居民的群体身份认知。

社区居委会和居民进行社区地图绘制。居民通过参与式的巷道命名会议为巷道命名。大家提出建议后，再和居委会进行协商，最后对王家桥社区11条巷道进行命名并标注，并在社区设立三个社区地图指示牌。社区居委会和居民对此普遍反映很好，这一行动为亲戚朋友来访、送快递餐饮等都带来了很大的便利。此外，云南连心社会工作者对王家桥掌故进行调查，了解到北伐名将范石生将军曾在王家桥居住，因此与王家桥居委会一起为范石生故居挂牌。后来传出王家桥拆迁的消息，为了避免资源浪费，社区地标标注工作暂停。

社会工作者动员社区居民进行王家桥地标历史和掌故的收集，就巷道命名工作召开了协商会。对近代名人故事的掌握，对社区地貌和社区地图的了解，增强了居民对王家桥社区的归属感。居委会把讨论的地名报到民政部门地名办，对这些巷道正式命名。居委会为了感谢云南连心在这方面的工作，还专门把云南连心社区服务中心所在的巷道命名为连心巷。

（二）当地居民村庄口述史收集——社区居民的相互认识

收集关于社区当地居民家庭和宗族口述历史的活动，重建了本地记忆，增强了居民的集体认同感。策略是首先针对 50～90 岁的人群进行深入访谈，记录他们讲述的关于王家桥村的历史文化故事，把整理出来的村庄历史故事制作成海报，通过外展让社区居民反复确认和修改补充，最后绘制成 20 多幅村庄历史生活图并在社区中心展示。

基于社区即将拆迁的现实，云南连心社会工作者为了收集居民对拆迁的看法和记录社区最后的影像，发起了以“拆迁”为议题的当地居民村庄口述史收集活动，讲述他们对搬离王家桥的不舍和对未来的期待。

（三）流动人口口述历史——流动人口参与的意识、发声和行动

社会工作者向流动人口收集口述史，重建他们对王家桥作为聚居地的集体记忆，增强他们对王家桥的归属感。后来社会工作者发起了以“拆迁”为议题的口述史收集活动，收集流动人口对拆迁的看法，他们对拆迁后的生活都比较担忧，尤其是担心孩子上学的问题。

社会工作者还收集、整理了王家桥流动职工的生活故事，举办了三届以流动职工生活现状为主题的“随手拍摄影大赛”，鼓励工友拍摄工作现场的照片，收集到了 50 多名流动职工的生活故事。举办摄影评比和社区展览，让社区居民更多地了解了王家桥流动人口的职业现状和他们对城市建设的贡献。

（四）王家桥社区文化交流和展览——流动人口和当地居民的相互认识

王家桥社区开展了社区地图绘制、村庄口述史展览、社区历史绘画展、社区图片展览等活动，也发放了社区历史文化手册，编辑和印发了社区报等，在节假日（如端午节、中秋节、重阳节等）和民族节日（特别是布依族的六月六和彝族的火把节等）还举办了有关庆祝活动。通过对这些社区

文化资产的盘点，社区文化带动了社区动员，文化流动活动刺激了本地居民和流动人口的参与、发声的意识和行动。这些社区文化交流活动也促进了流动人口与当地居民互相来往，增强了王家桥邻居之间的情感联系。

二、策略二：建构文化整合式的纳入式社区服务和参与机制

（一）包容性的参与式绿化策略

流动人口社区普遍存在当地居民与流动人口的隔阂与成见。本地居民对流动人口有成见，认为流动人口缺乏社区归属感，不注重环境卫生，缺乏维护社区卫生的意识。因此，进行包容性的参与式绿化首先需要发动当地居民和流动人口参与社区的绿化，促进当地居民与外来人口的交流，在此过程中组建起一支人数达 25 人的社区居民志愿者小组。

在公共空间社区绿化的基础上，社会工作者推动社区居民在院落和屋顶种植花卉或蔬菜，从而提高个人的积极性；举行屋顶种植的相互评比和观摩活动，加强当地居民和流动人口的互访与交流。

在社区参与的基础上，社会工作者推动以屋顶种植参与者为主的社区管理小组的工作，为参与屋顶种植的居民提供服务，提高居民参与社区活动的积极性，逐步形成居民议事的协商机制。

2016—2019 年，社区绿化组织了上百次活动，参与家庭超过 41 个，接近 1 000 人次。在此基础上，云南连心发现流动人口对农田种植很感兴趣，积极性很高。因此，社会工作者协助以流动人口为主体的农田种植小组，租用了社区闲置的农田，由农田种植小组分配给小组成员耕种，参与成员达 99 人。

种出来的菜除自给自足外，部分还定期配送给社区的困境人员，进一步推动了社区互助网络的形成。

（二）营造社区闲置空间的策略

社会工作者与社区合作营造的社区闲置空间，是社区居民开展活动或有关服务的场所。2017 年，云南连心在原来与王家桥派出所和街道片区党委合作的基础上改造了闲置警务室，成立了流动人口党群活动中心，成为社区人气旺盛的活动空间。活动中心从周日开到周五，主要服务内容包括社区活动宣传、电影放映、政策咨询、社区绿化种植、工会组织工作等。活动中心开放期间开展了 200 多次活动，有上千名社区居民参与。后来由于基层政府部门的合作关系较为复杂，因而活动中心就停止使用了。

在街道总工会和社区居委会的支持下，2018 年王家桥流动人口站工市场建立了以服务流动职工为主的“茶歇小屋”，为流动职工工会服务提供了稳定的活动场所。“茶歇小屋”于每周周一到周五日常开放，每年组织活动大概有 200 次，服务人数达上千人。

在街道办和社区居委会的协调下，云南连心获得了廉租房小区一个闲置多年的门面房的使用权，将它命名为“睦邻坊”，以此作为社区居民的交流活动空间，两年间开展了近百次活动，有近千人参与。

（三）社区组织工作

包容性社区发展工作强调服务使用者通过社区治理小组参与社区自我管理。社区治理小组包括流动职工电影放映志愿者小组、居民卫生治理志愿者小组和农田种植志愿者小组，在社会工作者的支持下，小组骨干和成员共同推动有关社区服务。

1. 联合工会组织的建设与发展

在昆明市总工会授权下，云南连心获得成立普吉街道流动职工联合工会的合法权利。联合工会为流动人口创建了新的参与平台，并促进了纵向与工会系统和基层政府的合作。流动职工联合工会的服务对象以王家桥为中心，服务周边的四个社区。云南连心的社会工作者通过联合工会把王家桥分散参与社区环境、卫生、治安和综合治理的流动人口社区骨干协调组织起来，促进流动职工之间的合作与互助，工作重点包括性别平等、法律个案支持、公共筹款、工会的民主协商治理等。

2. 工会以社区文化娱乐活动推动工会组织和社区组织发展

联合工会推动了工会骨干为社区提供恒常的社区服务，比如固定的社区电影放映，在传统节日和民族节日组织节日庆典。在昆明市总工会和普吉街道的支持下，云南连心的社会工作者与联合工会组织了工会成立一周年庆典、流动职工职业技能大赛、“为农民工撑起法治的蓝天”大型公益宣传、“家务劳动男女共分担”大型公益宣传非正规就业纪录片拍摄等活动。在组织培养工会骨干方面，社会工作者通过工会组建流动职工文艺小组、举办流动职工随手拍摄影大赛等，以此为抓手培养工会骨干，积极开展有关宣传。工会骨干也积极以志愿者身份参与社区服务，如绘制关注儿童安全的社区墙绘、参加儿童节关爱活动等。

3. 联合工会个案维权服务工作

王家桥流动人口主要参与非正规就业，普遍面对欠薪、工伤、民事纠纷等问题，加上受教育程度有限，缺少法律认知。云南连心的社会工作者通过联合工会提供法律咨询，尽量在法律的框架中帮助求助者，减少其由于缺乏法律保障而产生求助无门的孤立情绪。在法律咨询的基础上，社会工作者和联合工会的骨干协助需要进入司法程序的求助者，为他们提供个案服务。服务内容包括：与案主共同探讨如何解决当前问题，提供有关法律信息，对接律师和陪同出庭，定期组织小组案例培训和交流活动，强化流动职工的法律意识。

通过三年的服务，云南连心在城中村社区挖掘了一批社群骨干，培育了若干社区组织，在日常服务中基本上实现了骨干和社区社会组织为主、社会工作者协助的服务形态。虽然因拆迁而难以实现社区自我服务的可持续性，但仍在一定程度上实现了社群赋权。社会工作者从挖掘培养骨干和搭建骨干参与平台两个层面，推动了居民社区参与的逐渐深入。这些社区骨干在社会工作者的外部推动下组成了流动职工工会委员小组、电影放映志愿者小组和居民议事协商会议小组等不同类型的社区管理小组，这些小组成为社会工作者推动社区服务的主要力量。

三、策略三：在流动人口社群建构以文化整合的社区经济

王家桥流动人口多参与非正规就业，存在普遍的不稳定就业和收入情况，社会工作者在社区文化建构的基础上，通过社区动员和联结，建构潜在的社区经济，包括成立互助合作组织，组织集体购买活动，开展社区推广和宣传活动、社区微小创业者能力和社区货币建设，形成社区市集等。

社区生计和就业支持继续营运绿领平台的“二手衣物互惠店”和“绿工坊”，支持 6 名妇女骨干的社区就业，通过向流动民族妇女购买刺绣品，惠及 100 多名流动妇女，奠定了流动妇女间的深入联结和互助互济的基础。

至于集体购买，社会工作者原来期望组建社区互助消费合作社，减少社区居民的生活成本。虽然发动了联合工会会员和社区居民开展集体购买，但参与的持续性和效益不好。面对这个困境，社会工作团队通过行动研究和学习，对流动人口特点与集体购买行为进行了深入分析，具体内容在后文予以阐述。

后来，复杂的社区关系导致“睦邻中心”的场地被收回，绿领平台没有场地继续开展工作，不得不停止活动。流动人口社区充满了流动和拆迁的挑战，威胁到经济乃至社会关系的建立，侵蚀着社会经济或团结经济的基础。

四、策略四：培育纵向桥接社会资本

推动包容性社区发展，除了建立流动人口社区的联结性社会资本外，培育桥接性和纵向的社会资本也是题中应有之义，这也是建构与转变昆明社会大众和政府部门对王家桥流动人口的态度的突破口。在原来社会爱心人士、高校志愿者资源和人力参与的基础上，包容性社区发展特别强调社区企业、居委会和基层政府部门的参与。

第一，云南连心社会工作者联动基层各政府部门、街道和社区居委会，争取免费的服务场地，比如党群服务中心、睦邻坊、爱心驿站、社会创新中心等，开展有关流动人口服务项目。以党群服务为党建的核心，关爱流动人口等弱势群体成为党群服务的核心，加上中央和地方政策开始逐步关注基层社区治理创新，为推行包容性社区发展的理念和模式提供了实践的路径。

第二，建立多部门跨社区的公共治理参与平台“普吉路以东党建联盟”。经过云南连心一年多的推动，在街道党委和四个社区的支持下，“普吉路以东党建联盟”于2017年5月成立。普吉街道办事处首次以联盟的名义，向云南连心购买预算为10万元的流动人口社区服务项目。该联盟自建立以来，每月定期开一次联盟会议，由四个社区和社会组织轮流收集会议议题并主持会议。截至2019年年底，该联盟召开了近30次会议，街道、社区和社会工作者参与者近百人次，搭建起多部门跨社区公共治理参与平台，推动了包容性社区发展的服务工作。平台的建立不仅有利于社会工作者整合政府资源投入社区社会治理工作，也有利于推动整个街道四个社区对相关政策的执行，减少政策排斥，加强对外来群体被排斥者权益的维护。同时，社会工作者通过平台及有关会议，扩大了自身在公共治理中的话语权。

五、策略五：整合性行动研究与学习

包容性社区发展强调通过整合性的行动研究与学习（具体实践流程如图7－2所示），及时促进社会工作者对有关理论进路、介入过程和修正方案的调整，以及对包容性社区发展模式的开发。在包容性社区发展的过程中，云南连心和云南大学社工所组织了“社会排斥与包容”“社会团结经济”“民族社会工作”等一系列工作坊，邀请国内社会工作学者与资深社会工作者交流相关的工作模式和经验。

同时，行动研究与学习工作坊协助一线社会工作者定期开展行动研究项目经验研讨会，提升社会工作者的细节观察能力、阶段性反思能力和学习能力；总结项目经验并推广复制，还与其他地区的社会工作同仁交流项目经验。

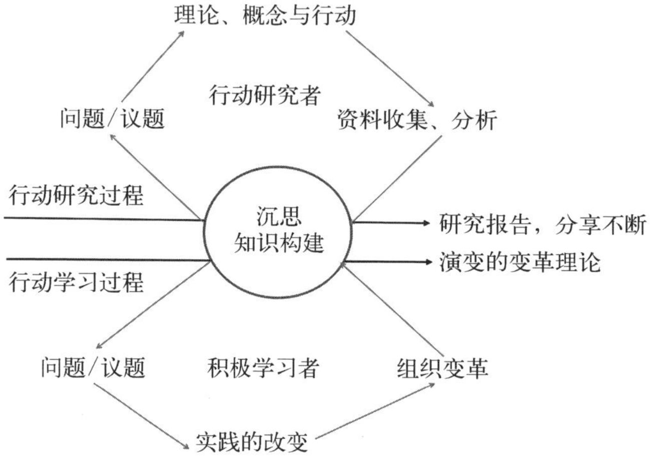

图 7-2　社会工作者行动研究与行动学习实践流程

自项目推进以来，团队一直坚持将行动研究、实践优化和政策倡导紧密结合。在机制上，除了保证定期的行动研究工作和集体督导外，团队也在积极尝试将经验用到实践中。行动研究与学习工作坊协助社会工作者对特定社会工作介入情境进行回溯，对所在情境过程进行澄清；结合情境中的情绪和行动反应进行对话，辨识后续的行动研究策略，从而通过行动学习探索解决方案。

在包容性社区发展的介入过程中，行动研究与学习工作坊对社会工作介入过程中的一些议题进行了深入探索：

（1）组织集体购买的困惑与流动人口社会经济的可能。消费合作的挫败给社会工作团队带来相当大的打击，在一段时间内团队士气低落。后来团队痛定思痛，通过行动研究反思“集体购买和社区市集”在流动人口社区行不通的原因。首先，由于流动人口租住的空间较小，收入结余不多，因而购买时还是持“实时用，实时买”的心态，与当前城市居民的团购消费心态不同。其次，流动人口中不乏小商贩，因此各自多有购买便宜货品的渠道，集体购买的渠道没有价格优势。最后，加上收入和地域差异较大，口味的差异也大，难以形成集体购买的共识。

(2) 社会工作组织与基层政府部门合作社区营造过程的张力和矛盾。过去云南连心与居委会的合作不多，在与居委会合作发展包容性社区的过程中，逐步暴露和激化了社会工作组织与居委会的张力和矛盾。其一，云南连心社会工作者计划通过与居委会合作来推动流动人口和当地居民参与的社区绿化，逐步改变居委会和当地居民对流动人口的态度。但在推进过程中，社会工作者无法接受居委会把云南连心和社会工作者的地位边缘化的现状。居委会干部并非平等地参与和合作，而是处处突出对他们自己的宣传。其二，居委会会议都是重视形式的社区动员大会，不重视活动与居民组织的联动，特别是对流动居民较为轻视。其三，由于居委会书记一直比较认可云南连心的社会工作成效，在社区干部面前不断强调“两三个连心社会工作者都完全可以取代你们的工作”，刺激了社区干部对云南连心社会工作者的抵触和竞争心理。其四，更复杂的张力与矛盾出现在多部门参与的区域党建党群活动中心的过程中，社区治理创新的政绩需求驱动了更多部门参与社区治理，加剧了对宣传工作的争夺。在建立党建活动中心的过程中，原来只是居委会和派出所邀请云南连心合作，后来街道的介入使关系变得复杂。

行动研究与学习工作坊协助社会工作者如何面对自身在这些不同合作处境中的沮丧和情绪，包括以换位思考的同理心探索基层社区和政府干部在政绩竞争格局中的困境，理解其在工作烦琐情况下的粗放工作作风等问题。社会工作者需要思考自己如何应对与基层政府部门的互动之道。云南连心与基层政府的合作经历了从“讨好型关系”到“博弈平等”，再到“合作共赢”的转变。每一次转变，双方都付出了艰辛的努力，尤其是社会工作者，也因为有包容性发展社区项目的成效，社会工作者才有谈判底气，才能一步步走到今天。虽然政府购买服务依然不多，但是社会工作团队成了普吉街道和各社区开展社区服务的智囊团。街道和社区经常邀请社会工作者做社区服务规划和方案。在这一过程中，基层政府经常承诺加大对社区服务资源的投入，社会工作者经历了反反复复的欣喜和失落，几次受挫后才慢慢抓住合作点。三年与基层政府的磨合之路，让社会工作者更坚定地相信“资源再怎么紧缺也要保持独立性，社群关系和服务实力是基础”。

(3) 面对社区拆迁的策略调整。王家桥作为城中村待拆迁社区，不仅给居民也给项目团队带来了不稳定性，导致项目服务持续性受到影响。这种不稳定性主要体现在机构的服务中心被迫不停地搬迁，三年内共搬了三次，项目结束后再一次面临搬迁。因担心被拆迁破坏，原先计划的社区地标标注工作只能停留在收集历史故事层面，建造性的标注不敢去做。行动研究与学习工作坊特别针对拆迁的议题，协助社会工作者应对居民与自身面对拆迁的不确定性。后来，社会工作者调整了工作策略，结合口述故事访问了流动人口和本地居民，了解了他们对拆迁、搬迁的忧虑和感受。

第三节 结　语

在社会排斥的视角下，贫困是多维度的贫困，流动人口面对的不仅是收入低下和工作不稳定的问题，还面对社会发展权利不足、社会歧视、社会隔阂以及社区参与不足的困境。包容性社区发展是云南大学社工所与云南连心针对流动人口服务模式的升级版本，在 1.0 版本提供基本社会服务和 2.0 版本自组织赋权的基础上，提升到 3.0 版本的社区经济、跨社群的社区参与和社区治理参与，从而共同促进包容性社区发展。通过文化资产激发流动人口社区不同群体的动力，建立群体内部和社区其他群体的社会资本，促进社会互动和信任。在此基础上，推动社区组织建设、社区经济开发，进而减少社会排斥，促进社区发展对流动人口的社会包容，为深化发展型社会工作模式作出尝试。

整合式的行动学习和行动研究促进了一线社会工作者为包容性社区发展和发展型社会工作模式的新问题与议题的解决提供了思路和行动的支持，行动研究为一线社会工作者和二线研究者反思包容性社区发展和发展型社区发展提供了路径。发展型社会工作为云南大学社工所和云南连心应对“贫困的流动性”的多维度贫困，以及经济贫困、社会发展权利的不足、社会歧视、社会隔阂以及社区参与等不同维度的贫困之间的联动提供了“在流动中行动”的视角和干预策略。

第三部分

发展型社会工作的实务案例

引言　新时代社会主要矛盾对发展型社会工作提出的理论和实务的挑战

习近平同志在党的十九大报告中指出，由于中国特色社会主义已经进入新时代，我国社会主要矛盾已经转化为人民日益增长的美好生活需要和不平衡不充分的发展之间的矛盾。从美好生活的角度看，人民追求的已经不再是基本的生活需要，而是多维度的民生福祉、获得感、幸福感、社会公平正义感。过去曾片面重视经济增长而忽视社会发展，形成了贫富悬殊和发展不均衡等突出问题，诸如城乡差距、区域差距，不同社会群体特别是困难群体和脆弱群体与其他群体间的差距尤为突出。

中国共产党第十六届中央委员会第三次全体会议以来，党和政府开始采取积极的社会政策，要打造一支宏大的社会工作队伍，应对改革开放以来急速的社会转型带来的一系列问题，如城市化、工业化、贫富悬殊、乡—城流动衍生的城乡家庭和社区关系的改变、留守儿童和留守老人照顾、基本社区服务不足等。当前的任务包括：积极动员社会工作助力脱贫攻坚，提升基层政府的公共服务能力，提升民政在社会救助和其他社会福利服务方面的能力，助力乡村振兴等。

党对当前人民日益增长的美好生活需要和不平衡不充分的发展之间的矛盾的定位，正是中国发展型社会工作专业使命的重要的理论基础。

结合社会工作全球定义中的核心任务（如推动社会变迁、社会发展、社会凝聚、人民的充权和解放），社会工作是一个以实践为本的专业和学术领域。社会工作理论认为历史、社会经济、文化、空间、政治及个人等因素互为关联，从而衍生障碍或机遇，影响人类福祉的发展；结构性的障碍令不公平、歧视、剥削和压迫持续出现。社会工作应采取基于种族、阶级、语言、宗教、性别、残疾、文化等的批判性反思，通过开发行动策略以面对上述结构性的障碍。社会工作专业的目标是团结弱势社群，致力消减贫穷，让边缘群体和受压迫的人员得解放，以及推动社会共融和社会凝聚。

社会变迁的要求是基于当前的个人、家庭、小组、社区或社会情景可以改变并需要改变，驱使力是来自勇于挑战和改变那些造成边缘化、社会排斥及压迫的结构性情况。社会变迁行动说明，人们的主观能动性可以推动人们重视人权、经济、环境和社会公正。社会工作专业同时致力于维持社会稳定，然而维持稳定的前提是不会对任何人造成边缘化、排斥或压迫。

正如发展型社会工作所强调的，社会发展的概念是指能达到最终期望境况和政策架构的介入策略，包括一般熟知的补救式和制度性的框架。社会发展是基于生理、心理、社会和灵性的全面评估及介入，从而超越宏观微观之分、整合多层次、跨界别和跨专业合作以达至可持续发展。它可协助厘定社会结构和经济发展的优先次序，而不会接受经济成长是社会发展的先决条件的传统观点。这与南非发展型社会工作的前提是相呼应的。南非发展型社会工作强调了扶贫的使命，强调除补救型方法外，把个案工作放回到社区发展的脉络中。因此，社会工作可以加入农业开发、基础公共设施建设、识字文化班、初级卫生服务中，通过参与这些基本经济活动和公共服务来增强民众参与服务和改变环境的意识。

全球社会工作定义中的社会发展视角和发展型社会工作的视角，为我们在不平衡不充分发展的主要社会矛盾中开展社会工作提供了很好的思路：

(1) 社会发展权利为本。我国从 20 世纪 90 年代开始，立足国情，逐步与国际接轨，为少数民族、妇女、儿童、老年人、残疾人、贫困者等人群制定和公布相应的发展纲要。这些根据国家法律和政策所制定的权利、指标和措施，都是发展型社会工作的法律与政策依据。在当前的社会发展目标中，不同群体的公共服务均等化都是基本的社会发展权利。

(2) 社会发展、经济发展的和谐互动。党强调把社会发展放到优先位置。社会工作助力政府促进社会发展权利的均等化，同时社会工作在促进经济发展机会的均等化、减少贫困与经济不平衡等问题上也可以发挥一定的作用。社会工作也为助力教育、技术培训和微型企业创业等社会投资方式提供了新思路。

(3) 生态、社会与经济的可持续发展。科学发展观和生态文明的大政方针彰显了可持续发展的重要性，强调社会发展的发展型社会工作同时支持生态保护的可持续发展。城乡的贫困和经济不公正，往往与生态环境的不公正结合起来，共同加剧了贫困，也造成了经济不公正。生态环境的不公正也是发展型社会工作需要应对的一环。

（4）人民的内生动力、民主和参与的理念和价值。发展型社会工作为国家在脱贫攻坚中强调贫困群体的参与、主体性和内生动力提供了具体的策略与办法，以服务使用者为中心，充分激发他们的主体性，通过充权、赋权、培力等，赋予他们积极参与规划、执行和评价的机会与权利。

（5）社会发展的多元治理和整合。正如党的十九大报告强调的，要建立共建共治共享的社会治理平台，发展型社会工作强调社会发展是政府、民间、非正式组织（家庭、朋友、族群等）和商业部门的共同创造，在实践中建构跨部门协作的问题解决策略和方案。

（6）社会发展需要整合微观到宏观的社会工作介入策略。发展型社会工作采取个人、家庭、社群、社区或社会的介入策略，协助服务对象获得最合适的服务策略、预防性的服务策略，采取政策所倡导的策略与行动。

本书收集了发展型社会工作关键实践案例，围绕社会群体的不充分和不平衡发展、共建共治共享的社会治理平台，将发展型社会工作分为四种类型。

（1）扶贫、赋权与社区发展。第一个案例是源心整合留守人群的社区照顾和农民合作社，推动贫困社区发展。第二个案例是云南连心的绿工坊，为流动妇女提供社区就业和增能赋权，与流动人口社区打造社区互助、发展社区经济。

（2）社会救助、社会投资。第一个案例是成都市爱有戏社区发展中心的义仓，构建推动社区成员参与的社区互助体系，为社区的弱势群体提供社区救助。第二个案例是针对流动儿童健康成长、把流动人口社区建设成对儿童友善的社区。第三个案例是云南连心流动职工工会，通过协助少数民族流动职工加入工会，提升他们适应城市工作和劳动维权的能力，在流动人口与社区原居民之间加强社会资本的流动，促进两个群体的相互了解、信任与合作，实现流动人口社区的社会包容。

(3) 城乡社区治理。第一个案例是有关河南登封的周山村发展型社会工作的。周山村重视乡村妇女组织工作，推动修改村规民约中原有的巩固社会性别不平等的部分，为形成社会性别平等的社区治理局面建立了典范。第二个案例是发展型社会工作介入农转居社区，协助农转居居民适应城市社区参与的环境，桥接原来的乡村文化和城市文化，打造新型的社区治理模式。

(4) 打造区域性的社会工作生态。我们分析了三个案例，分别从机构方面分析云南连心的组织发展策略，从社会工作组织培育方面分析区级层面的培育策略，从社会工作人才培养方面分析如何具备发展型社会工作所需的技能、协助返乡社会工作者建立应对各自家乡的社会发展议题的社会工作模式。

第八章　脱贫攻坚、社区经济与社区发展

第一节　源心社区互助与合作社案例

我国中西部农村地区的贫困问题甚为普遍，因此协助贫困农户改善生计或增加收入是绕不开的目标与介入策略，是发展型社会工作的核心工作目标。社会工作可以把改善贫困户的生计或增加其收入视为目标，也可以把它们作为策略。增加收入是重要目标，社会工作者必须考虑运用一定的策略达到符合社会工作价值的目标。

第一，增加收入一般牵涉经济资源投入和利益的分配，容易带来参与者的竞争，产生精英俘获，即由拥有权力资源者占用资源和利益，偏离原来覆盖贫困户与一般农户的目标。因此，发展型社会工作的增收策略不一定要一步到位，首先需要做好社区的铺垫工作。正如下文介绍的刀董村案例，在采取增收策略前培育好社区的社会资本，社会工作者以资产为本的社区发展模式为框架，通过提供社会服务来辨识社区骨干和社区资产，同时建立社

区的信任，为未来经济合作做好准备。

第二，生计改善或增收的目标存在不同的策略选择，譬如农户单干、公司＋农户模式，或是农民自身的合作经济。每一种模式都有其优点和缺点，都有社会工作介入的重点和策略。源心社会工作者选择和村“两委”共同推动合作经济模式，更能彰显社会工作的价值。合作经济可以更民主和平等地解决参与和利益分配的问题，避免垄断和分配悬殊的问题，还可以培养村民分工合作和议事决策的能力。

源心社区合作与互助时间脉络如图 8－1 所示。

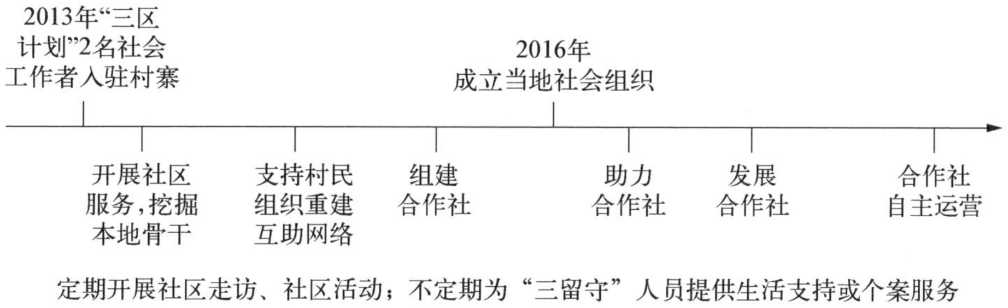

图 8－1　源心社区合作与互助时间脉络

一、背景与需求分析

前面已介绍过项目村寨——刀董村——的社会经济情况，这里就不再重复介绍其人口和贫困情况等。

刀董村的社工站与云南连心参与“三区计划”项目的社会工作者派驻有着密切的关系。为实现项目目标，社会工作者需要通过社区走访、调研、评估等，与村民、村委会、镇政府等建立信任合作关系。对村民详细情况和需求的把握，有利于社会工作者设计和开展社会工作服务，为后期深入推动当地发展奠定基础。在掌握社区（村落）的情况和需求之后，不同层面的社会关系网络的建立和维持，一方面能够丰富社工站在当地的社会资本，另一方面能够通过不同的社会关系网络，为社会工作者的工作开展联络资源。合作社成立后，对合作社成员的增能赋权成为社会工作者的工作重点。为推动合作社发展，合作社成员不仅需要掌握养殖的专业知识和技能，还需要学习管理理念，并通过实际行动吸引更多的村民，发挥合作社的社会经济功能。同时，合作社成员之间也需要通过民主议事的方式实现合作社的自主运营。

在社会工作者进驻之前，尽管在传统的村社生活中有一些文化元素和传统习俗能够帮助村民获得一些社会支持，但综合来看，当地的公共服务、文化建设、生态保护、社区教育等内容相对缺失，村民对自身拥有的资源也不能很好地认识和利用。社会工作者协助村民进行社区资源盘点的过程本身就是一个重新认识社区、塑造社区发展动力的过程。在公共服务和文化建设等方面，挖掘本地的人力资源，培育妇女文艺队等文化娱乐小组，推动村寨自娱自乐，丰富村民的精神生活；收集当地民族文化素材，协助民族文化传承；发扬民族敬老、互助、儿童社区照顾体系等优良文化，增强村寨凝聚力和自主性。在社区教育方面，留守儿童和缅甸籍儿童面临学校师资不足及课后照顾不全的情况，需要社会工作者在课后和寒暑假提供服务。同时，社区公共活动或教育活动的缺乏使得传统佤族的文化难以深入人心，一些政策法规的宣传也难以使每个人都能接受，因此发展适合社区的公共教育和文化宣传组织也成为社会工作者开展社区活动的重点。在社区生态保护方面，村民的生态保护意识还较为薄弱，社会工作者需要提供生态农业和可持续发展的相关案例给村委会参考，并通过日常交流和外出学习，让村民看到生态农业的发展前景，逐步强化居民的生态保护意识；以老品种、生态种植和养殖为合作社重点，试点成功后让村民看到生态保护的价值。让他们认识到，社区资源不仅是指资金等物质资源，也包括生态环境、生物多样性、社区历史、族群文化、生产生活技术和人力资源等非物质资源。

从政策来看，从中央到地方的政策，开始要求在现有基础上不断创新扶贫开发的思路和办法，当前脱贫攻坚的策略目标是聚焦深度贫困地区和特殊贫困群体，突出问题导向，优化政策供给，下足绣花功夫，着力激发贫困人口内生动力，着力夯实贫困人口稳定脱贫基础，着力加强扶贫领域作风建设，切实提高贫困人口的获得感。社会工作为边疆地区精准扶贫工作提供了重要的专业支持。

二、社会工作者在社区开展社会工作的过程

2013 年，为满足“三区计划”项目需求，源心派驻了两名当地的佤族社会工作者进驻刀董村，开展社会工作服务。2013—2015 年，社会工作者根据当地村民的需求，分不同阶段为其提供社会工作服务。2015 年 5 月，“三区计划”的项目支持结束后，社会工作者在政府、基金会和其他社会组织的支持下，于 2016 年 6 月注册成立了本地社会工作机构。

在社会工作机构成立之前，派驻社会工作者的工作大致可分为三个阶段。第一阶段，在当地共青团、妇联、民政局等支持下，社会工作者在村中从儿童服务入手，通过家访了解各个家庭的情况，逐渐和社区建立了初步的联系。社会工作者通过举办妇女节活动等大型村庄活动，辨识骨干，为筹备农

民合作社做好人力资源准备。第二阶段，社会工作者在社区大型活动和日常社区服务中，不断发现村中“能人”，包括村支书和武装干事、妇女和儿童志愿者，将他们培养成社区人才，作为推动村寨公共事务的主力之一。在当地乡政府等部门的支持下，村委会和社工站共同发起，联系当地各方力量，正式成立了刀董村养鸡合作社。第三阶段，以合作社为抓手，培养村寨各类建设人才，推动村寨社区社会组织参与社区治理。

社会工作机构成立后，社会工作者的主要任务分为两个方面：一是助力合作社发展，帮助合作社实现自主运营。社会工作者需要协助合作社对接城乡市场，确立核心客户群，形成合宜的产品市场营销策略，并初步形成民主决策的机制。在合作社发展的过程中，社会工作者协助合作社运营团队形成可持续的自主运作意识和能力。二是继续进行社区走访，开展社区活动，不定期为“三留守”人员提供生活支持或个案服务。

三、发展型社会工作的特点

社会工作者进入社区开展工作是对社会工作理论和工作方法整合的过程。在不同阶段，社会工作者会根据社区的需求选择不同的理论方法和分析视角，以便更有效地理解社区和支持社会工作服务的开展。在项目运营的不同阶段，社会工作者也会随着本阶段的工作任务和重点对所采用的理论与方法进行选择、调整。发展型社会工作的理论视角与工作方法并不一定适用于项目过程中的所有环节，但是其所提倡的理念和方法对于在边疆民族地区开展以精准扶贫为主要目标的工作十分有效。

在社会工作者进入社区到与社区合作的阶段，其主要任务是与社区内外部建立联系，盘活社区资源和内在动力，整合社区优势，推动社区发展。以发展的眼光看待社区内外的人和事，依据发展型社会工作的模式，协调社会与经济均衡发展，鼓励多元治理。从微观到宏观等不同层面介入社区中的个人、家庭和群体，以提供最合适的服务策略。社会工作者在社区工作中的角色也因此丰富且多变。在这个过程中，社会工作者是服务提供者、支持者、资源链接者，也是倡导者。

发展型社会工作的理论和方法在合作社从筹备到运作的过程中的运用十分必要。社会工作者的主要任务是推动和协同促进合作社发展。在合作社组建阶段，社会工作者的角色是资源挖掘者和链接者，帮助村民认识和理解本地资源及其优势，因势利导培育村民的内生动力，解读政策，动员村民，完成产业调研。在助力发展阶段，社会工作者的角色是推动者也是管理者，对接城乡市场，确立核心客户群，形成合宜的产品市场营销策略，并协助合作社初步形成民主决策的机制，平衡各方利益，减少贫困与经济不平等。在自主运作阶段，社会工作者的角色是协助者和倡导者，主要协助合作社运营团队形成可持续的自主运作意识和能力，包括理事会运作、风险管理和预判、制度规范等，使项目的参与者享有参与规划、执行和评价的权利。

四、项目成效

发展型社会工作在刀董村实践的经验是社区内生动力和社区本土资源的辨识与盘活，目的是打造共建共治共享的社区发展模式。在发展合作社的过程中，社会工作者并非直接奔向增收的目标，而是通过为弱势群体和社区提供基本公共服务，进行民族和社区文化建设，培育社会资本和社区社会组织。村民在各种小组织中建立了交错且融合的社会关系，增加了社会互信，丰富了生活方式。简单来说，就是形成了不同关系程度、领域和人群的组织，并让每个组织都能在整体社区的系统中运作，相互之间形成有机联系。村寨社区的农民组织能够发挥社区自有的作用，无论是社区互助提供基本公共服务，还是进行经济合作，社会资本从始至终都发挥了基本的作用。

在发展型社会工作的实践过程中，社会工作者以“外来社工组织＋本地社工组织＋乡村社区小组”为主要力量，培育了多个层次的社区社会组织，作为未来乡村发展的主要抓手。以“三社联动”为基础，链接了省市县多级资源，让未来可持续发展有了更多支持。挖掘和培养了“人”，提高了社区公共服务的精准性、专业性和持续性。以民族文化作为工作切入点之一，社工站得以更快融入社区，并通过民族文化建设，增强了社区内生发展动力和凝聚力，向外展示了民族文化的优势。在项目实施过程中，社会工作者注重对当地民政部门领导和社区干部的能力建设，项目辐射到周边村寨乃至全县，推动了当地在其他村寨设立社工站，使区域内扶贫发展工作中的专业性扶贫产品依托社区本身优势；并坚持村民自主性，以合作社形式组织生产，提升村寨整体发展能力；以本村人才培养为关键，多层次提供发展机会；在推进产业发展的同时，发挥社区发动机的多元作用，以实践改善制度，保障合作社的民主参与原则。

第二节　绿领平台、社区经济与流动妇女赋权

贫困不是农村独有的现象，城市贫困也是发展型社会工作需要应对的

重点之一。虽然城市相对来说经济发达，工作机会较多，但流动妇女往往要照顾孩子、承担家务，加上时间零碎等，难以外出工作，无法建立家庭以外的社会网络，所以她们面临经济和社会的双重孤立。

云南连心的发展型社会工作也是被"逼"出来的。一些流动妇女骨干往往由于经济压力而外出工作，不能参与社区活动。流动妇女的工作或增收确实也是她们面对的现实难题。

当时云南连心考虑可以结合为流动妇女提供社区就业机会，协助她们改善生计，同时职场也可以承担妇女骨干的赋权和其他社区妇女互动的枢纽功能。因此，绿领平台兼具三重目标：一是通过经济活动和旧物回收改造，改善流动妇女的生计；二是通过妇女骨干培育和组织建设，推动妇女参与社区公共事务，建立流动妇女之间的支持网络并增加妇女的社会资本；三是通过倡导旧物利用和宣传民族文化，推动社区社会减少对拾荒群体与少数民族的偏见和歧视。流动妇女绿领平台时间脉络如图 8 - 2 所示。

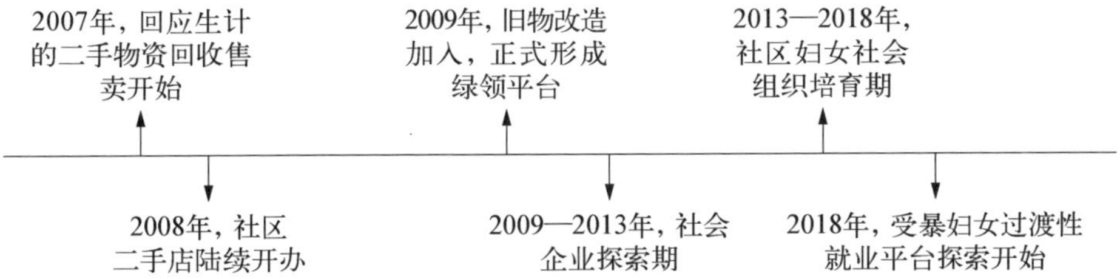

图 8 - 2　流动妇女绿领平台时间脉络

一、背景与需求

项目点位于昆明市西北部的王家桥社区，该社区是典型的城郊接合部，集合了传统工业工厂、农转居、大量流动人口居住。在这个社区中，社会工作者辨识出流动妇女是弱势中的弱势，造成流动妇女弱势的因素如图 8－3 所示。

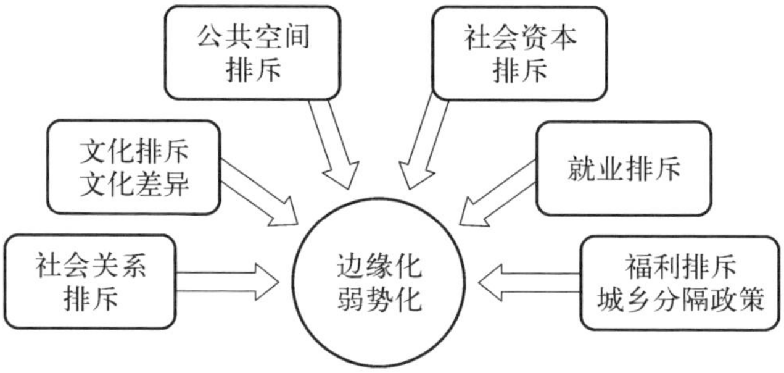

图 8－3　造成流动妇女弱势的因素图

发展型社会工作在分析社群处境时，尤其吸纳了社会排斥理论和交叉分析的视角。王家桥的社会工作团队看到，在城乡分割政策和传统社会性别意识的双重作用下，妇女因从夫居或跟随丈夫流动，离开了原有的社会支持网络。文化差异（城乡、族群）造成的社会排斥和非正规就业导致她们随时处于一种“流动”的状态，很难在现有社区中建立有效的社会支持系统，如邻里关系、同事关系等。王家桥社区的公共空间有限，也使这种隔离和弱势的状况更为突出。经济方面，流动妇女因生育和养育责任繁重，大多难以找到有稳定收入的全职工作，或只能担任无薪酬的全职妈妈，因此在经济上呈现出“依附男性”的状态，一旦发生家庭暴力等问题，女性通常因生计所迫而无法自主选择。

发展型社会工作强调从政治经济的角度来看待人际关系，认为经济活动和经济关系也是为弱势群体培力的一种方式，意即社会工作也可以通过经济关系尤其是交换关系来推动弱势者的社会支持网络的建立和重塑。因此，在面对流动妇女的现状时，王家桥社会工作团队尝试从社区经济的角度出发，从经济活动入手，贴合她们对于生计的需求，如此推动了社群互助网络乃至社群组织的培育。绿领平台正是在这个背景下诞生的。

二、目标

发展型社会工作强调，权力结构相对弱势的群体需要的不仅是自身能力的提升，更需要建设其社会支持网络等"社会资本"。正如上文所述，云南连心以发展型社会工作的视角辨识出，流动妇女的困境有很大一部分在于因性别、政策等隔阂而缺乏城市社区的支持网络，抗逆力弱。因此，云南连心的流动妇女工作主要目标设定为，在社会性别视角和多元文化视角下，根据流动妇女的各种需求，经由个案服务和小组工作，提升个体及其家庭的抗风险能力，建立个体之间的互助网络和自组织，并共同倡导社区共融，推动公共服务的均等化。在这个妇女工作的大目标下，绿领平台的目标演变经过了一个较长的探索和反复的过程。由上文可知，绿领平台兼具多重目标。然而在探索多年后，机构逐步弄清了个别目标过于理想或过于宏大，因此2014 年后，云南连心逐渐聚焦于流动妇女赋权，尤其是关注骨干培养和组织培育的工作。

三、工作过程

（一）2009—2013 年：生计回应与平台搭建阶段

2010 年，云南连心刚刚进入王家桥社区时，以传统的常规社会工作方法为主，即通过儿童服务进入流动人口家庭后，逐渐开始与儿童父母建立关系，之后结合社区外展进行妇女的招募和兴趣小组活动。在经过妇科体检、亲子关系培训、舞蹈小组举办等工作的反复尝试后，云南连心发现既往的农村妇女工作方法在城中村流动人口社区中难以达到社区动员的目标。表现在：不只是社区宣传时难以找到活动参与者，即使是接受过团队儿童服务的母亲们也迫于生计压力而难以持续参加团队组织的活动。例如："要克（去）找钱，哪里有时间来参加活动?"另一批经常来参加活动的幼童母亲（因承担主要照顾责任而难以外出就业）也逐渐在失去新鲜感后流失。加上流动家庭本身受工作地点、儿童就学地点、租房关系等因素影响而时常搬迁，社区妇女工作不断被打回到"原点"。为了探索更加符合城市和流动人口需求的工作方法，云南连心经由持续跟进的布依族拾荒社群的启发，同时看到香港社区经济的若干尝试，决定开始从成立二手衣物回收店开始，逐步探索社区经济吸引流动妇女参与社区发展的道路。2008 年，云南连心建立了互助店雏形，2009 年在基金会项目的支持下，结合旧物改造和少数民族妇女手工训练，正式形成了绿领平台。

（二）2013—2016 年：聚焦妇女骨干培育和明确工作目标阶段

2013 年，云南连心开始尝试通过工作整合的策略，逐渐将"妇女之家"重新定位为连心妇女工作的平台，而绿领平台只作为其中的核心骨干培养的部分。2015 年 3 月，绿领平台基本上明确了以支持流动妇女社区自组织为主要目标。2016 年年底，参与绿领平台的妇女骨干基本上实现了"自己赚的钱够自己花"的财务目标。

（三）2016—2018 年：妇女组织培育和社区公共参与期

所谓社会企业"自负盈亏"，其实是指社会企业实现了基本补贴可以自已赚，但对外学习和社区服务等活动仍然需要公益项目补充。绿领平台也经历了这个过程。在成立后的两年内，二手店和绿工坊的盈余互有补充，能够让整个平台独立运作。同时，负责的社会工作者通过申请一些小额基金来组织妇女骨干外出学习，并逐渐形成了内部的民主决策机制。但妇女骨干因社区拆迁、家庭出现一些特殊情况等，仍然有一定的流失率。围绕妇女骨干，绿领平台形成了相对固定的社区社会组织后，社会工作者一直在推动妇女骨干参与更大的社区公共事务平台的活动。例如，流动职工工会、社区公共卫生参与式治理平台等，让流动妇女能更多建立自身在城市的社会资本网络。

四、过程中的困难、挑战及应对

工作人员公认，绿领平台在运转过程中是“最难做”的一项工作。其困难体现在以下四点：

第一，原有社会工作教育中未涉及经济活动，团队在涉及经济的关系中缺乏可以参照的工作模式，且人员更替时没有进行较好的经验整理和传递。云南连心对“社区经济”的想象仍然是以香港基层社区的蓝本为基础，希望在经济交换的基础上促进社区互动，推动互助网络的搭建。但云南连心后来反思发现，流动人口社区经济面临的主要挑战仍然是“流动”状态形塑的“难以建立信任关系”的人际互动。即使通过经济关系去深化骨干妇女之间的联结，也是一个非常缓慢又微妙的过程。这导致妇女骨干之间、骨干与社会工作者之间的关系张力不断磨损着彼此的关系基础，并对社会工作者原生和专业的分析与行动能力构成了挑战。在充满挑战的工作中，不同社会工作者的更换过程也没有进行过经验的整理，导致关系与经验经常中断。

第二，社会工作者对“社会企业”的认识和理解，存在有待探索的模糊地带，不利于明晰地确定工作目标和侧重点。最初，云南连心也希望绿领平台能够成为“社会企业”，从而实现“赚钱来提高工资”，但“社会企业”如何运作又不断挑战社会工作者的专业训练和原则。在上述绿领平台的挣扎过程中，云南连心内部最大的争议就在于“投入”与“产出”的计算问题。从投入资金的总额来看，始终无法实现“自负盈亏”，导致妇女骨干的补贴需要申请基金会支持来持续支付。而对于骨干身份的定位也十分尴尬，介于工作人员和普通服务接受者之间，责任和义务模糊。因此，云南连心内部反复讨论过流动妇女服务如何才能够扩大覆盖面，或绿领平台究竟应该发挥什么作用。这些问题不断出现，导致绿领平台一直在“企业”“社会服务”“妇女自组织”等关键词上来回移动。

第三，社会性别视角本身是一个充满张力和批判性的视角，社会工作者在结合流动妇女赋权的工作中，不仅需要解构自身原有的社会性别观念，也需要探索如何与妇女共同重构新的社会性别结构。如果社会工作者没有相对丰富的性别平权工作视角和经验，就很容易陷于“搞关系”的泥潭中，难以找到日常工作的价值，久而久之工作热情就减退了。

第四，因为传统社会工作中缺乏对经济活动的分析，对于流动妇女、社会工作者和机构来说，较难找到产品定位和市场定位；产品无论是滞销还是畅销，都较难在经济活动与组织工作之间找到平衡点。在一个本身并不公正的商品市场中，人们很容易受到外在压力的影响，被迫二元对立地进行选择：是先保证生产和产品质量，还是先保证组织的价值？哪怕是在探索“公平贸易”或“团结经济”的团体，也不得不先保证一定的市场量，才有可能在稳住生产者的前提下，开展循序渐进的意识提升工作。

五、发展型社会工作的特点

第一，发展型社会工作强调社会与经济的密不可分。绿领平台看似以经济活动为主，实际上是在通过经济活动来建设流动妇女群体的社会资本，并推动其在城市社区的参与，建立自我服务的网络，同时争取合理的公共资源。云南连心通过社区经济的尝试，开展基层妇女组织和骨干的培力工作，并逐渐将之纳入社区公共事务（在妇女之家的日常活动中，骨干担任后勤和组织工作；在流动职工工会中，骨干成为女工和少数民族工会代表；在工会日常工作中，骨干承担小组组织工作等）中，提高了若干妇女的家庭地位和社区可见度。在人员流动的情况下，如何通过社区经济的推进来不断深化外来群体尤其是妇女的在地感的建立和归属感的深化，同时提高流动妇女在社区中的可见度和参与度，将是未来中国社区营造实践的重要部分。

第二，发展型社会工作根据发展中国家的现实处境，提出需要释放出社会本身的组织力量，在基层社区中培育自组织，以推动更大范围内的政策制度创新。而在城市基层流动妇女的社区社会组织中，如何能够从文化群体发展到合作组织，也一直是城市流动人口社区和妇女工作的难点。通过社区经济和社会服务结合的组织工作，如何将妇女进一步凝聚起来，形成合作和互助的组织，使其参与到社区公共生活中，推动基层政策改善，云南连心的一些经验可供参考。

六、结语

在内地社会工作专业教育中，涉及流动人口和城市社区服务的内容较少，对经济活动在社会联结中的重要作用的分析和应用较少，对经典案例的研究更少。现有的社会工作案例大多集中在农村妇女工作和产业女工工作上。“社会企业”在近年来更加流行，但云南连心的艰难探索可能是很多怀有过多期待的社会组织都可能经历过的。云南连心的经验表明，过多的目标设定反而会造成实践中的障碍。实践中，如何深化“社区经济”“社会企业”等新兴工作方式的落地化实践经验，如何真正在经济联结中创造“社会的联结”，都是发展型社会工作需要持续探索和行动研究的重要议题。

第三节 家政工为主体的社区经济探索①

一、北京家政工现状

随着经济的发展、社会的进步、家庭的小型化，以及城市化水平和城乡居民收入水平的提高，家政服务市场需求旺盛，我国家政服务业实现了快速发展。据不完全统计，截至 2016 年年底，中国从事家政服务的人数为 2 542 万人②，在北京的从业者为 40 万～60 万人③，家政服务业的发展为城镇下岗

① 作者：李健，北京鸿雁社工服务中心社区经济项目负责人，2002 年开始在社会组织中工作，关注环境、公平、女性和青年人成长议题；梅若，北京鸿雁社工服务中心主任，从事社会工作服务十五年，2014 年发起创办了专门为城市基层劳动女性服务的机构。

② 数据来源于中国商务部《2017 中国家政服务行业发展报告》。

③ 厦门市家庭服务业协会：中国家庭服务业协会第四届会员代表大会第三次理事(扩大)会议在江苏省扬州市召开，http://www.xmhsa.cn/hydt/show.asp?id=40，访问日期：2021 年 8 月 16 日。

失业人员、城镇灵活就业人员、农村进城务工人员提供了大量就业岗位，有效缓解了我国就业压力。此外，大力发展家庭服务业，对于改善民生、扩大内需、调整产业结构亦具有重要作用。

然而，在众多的劳工中，家政女工普遍处于弱势地位。其一，家庭服务的特殊性，包括工作场所隐私性、工作内容模糊性、法律关系不确定性等，使家政工长期被排除在有关劳动保护范围之外，在法律上缺乏权益保障。其二，家政工群体大多是农村进城务工者或中小城镇的下岗女工，文化程度普遍不高，缺乏社会资源和发声渠道。其三，由于所从事的工作属于分散的个体工作，因而家政工们难以形成稳定的互动支持网络，社会资源动员能力不足，一旦出现问题，难以得到及时救助。以女性为主的工种，性别权力结构又让家政工们更加脆弱。在就业方面，家政中介公司追求利润的性质使固有的家政工很难换工作。① 其四，在职业健康方面，由于承担清洁工作，家政工长年接触大量消毒除垢的化学品，影响健康。②

除此之外，今天的中国社会仍有人将家政工视为女仆、女佣，认为这类工作是低下的，没有劳动尊严。通过对家政新闻简报的整理和观察媒体报道，北京鸿雁社工服务中心（以下简称“鸿雁”）发现，媒体对家政工的新闻采写超过八成是负面报道，如各地的保姆偷盗雇主的钱财、杭州保姆纵火案

---

① 中介公司都是一年单次收取家政工服务费一个月工资的20%～30%，不会重复计费。这就导致如果家政工中途解除雇用关系，相比于新来的家政工，很难二次上户，中介公司不愿意推荐。

② 例如，洗衣服是不是一定要用手洗，如果用手洗，可不可以戴手套等都没有规定，一般情况都是看雇主的要求。因为长期接触洗衣粉、消毒液等含有化学添加剂的清洁用品，大部分家政女工的手都会不同程度地被腐蚀而出现伤口。此外，雇主对家政工在吃的方面也有限定，部分雇主不允许家政工吃家里的水果、鸡蛋，一些雇主是老年人的，甚至对家政工吃饭的量都有规定。

等，家政工的负面议题往往能攀升成为全国的热点新闻，正面新闻则鲜为人知。

二、家政工需求辨识和鸿雁的工作方式

鸿雁发起于 2014 年 9 月，2016 年 5 月 18 日正式在北京市民政局注册为民办非企业单位，目前主要服务于北京望京地区的家政女工，为其提供日常活动和技能培训，协助处理家政女工在城市生活、工作中面临的问题。机构的宗旨是以尊重、友爱与务实的态度，为基层社群、社区提供有针对性的专业服务和支持，助力基层人群获得体面工作，增进社群福祉，促进社区发展与社会融合。

至今，约有 3 000 人次的家政工参与鸿雁的社区活动，鸿雁从中发展出 20 多位家政工骨干，建立了稳定的互助支持网络和社群基础。

鸿雁的工作方式分为三个层次。

（一）提供基础服务，满足社群的日常需求

建立社群关系，服务尽量多的家政工是鸿雁的工作基础。目前，鸿雁通过外展活动扩展社群服务面，活动形式包括与家政公司或家政服务中心建立合作关系、举办周末街头外展活动等。

同时，鸿雁通过在周末及节日开展丰富多彩的活动来吸引社群。在鸿雁的活动室里，家政工可以唱歌、跳舞、聊天、休息。这样，一方面可以回应家政工周末无处休息的需求，另一方面鸿雁会在周六、周日的下午结合社会性别、合作互助等议题开展相应的主题活动，保护家政工的自尊心，改善她们与家人、雇主和家政公司的互动关系，使她们能够意识到哪些是自我发展

的责任，哪些是社会结构造成的压迫。除了这类具有教育和主题性的活动，鸿雁一直以来还开展手机、电脑、英语等技能方面的学习活动，以满足家政工适应城市生活的需求。

在日常活动中，鸿雁会有意识地发展个案，通过个案支持协助解决家政工的具体问题，如家庭暴力、劳资纠纷等。

通过上述基础方式，鸿雁广泛地与家政工建立尽可能深入的良好关系。一方面，社群发展工作需要鸿雁与家政工保持良好互动的关系，以协作者的身份协助家政工发展和解决问题；另一方面，多样的基础服务和良好的社群关系，是鸿雁甄别和发展社群骨干、推动社群自组织建设的基础条件。

（二）社群骨干赋能，发展自组织小组

所谓社群骨干，是指积极并持续参与鸿雁组织的日常活动，并且协同鸿雁工作团队，参与外展和日常活动，承担部分基础服务工作的家政工。目前，鸿雁的社群骨干有 20 多人。

鸿雁相信家政工的发展潜能，从优势视角出发，整合社群自身的资源能力，相信社群通过学习、合作能够相互支持，回应自身的需求和所遇到的问题。一方面，鸿雁通过基础服务有意识地发现社群里的积极分子，为这些积极分子提供培训和深度交流学习的机会，并有意识地组织她们与工作团队一起开展外展、春游和周末活动等基础工作；另一方面，鸿雁从 2017 年开始进行社区经济探索，2018 年进一步通过“种子基金”鼓励更多的骨干发起更具主体性的自组织服务，2019 年通过《鸿雁社区报》推动社群的多元参与，这些都是鸿雁作为发展型社会组织，以不同方式发展社群组织进行自我服务，并在这一过程中协助社群尝试提升能力和社会意识。

（三）链接社会资源，倡导社会融入

“倡导”作为鸿雁的重要工作策略，是扩大议题社会影响、回应社群社会融入需求、链接社会不同资源的重要方式。

2017 年，“百手撑家”作为鸿雁的第一个倡导类项目，动员了北京、上海、济南、天津、西安五地的十几家非政府组织共同参与，在资源收集和后续传播中发挥了重大作用。

从 2018 年起，鸿雁在社区经济项目中尝试引入倡导手法，在议题传播和动员资源方面有所发展。

综上所述，较之传统的服务型社区工作，鸿雁力图成为一家服务于家政工社群的发展型社群机构。这就需要鸿雁在基础服务的基础上，回应和解决家政工看得见的需求，包括对周末公共活动空间以及进行有关的社交、放松娱乐活动的需求，维护自身合法权益的支持性需求，与融入大城市有关的知识技能（如智能手机的使用等）的学习需求，被社会接纳和认可（主要是指劳动者身份被尊重）的需求。

此外，鸿雁还要注重社会过程和结构改变，注重人的发展和赋能。这类需求包括：

(1) 个体发展的需求。家政工市场的诸多规律中，年龄是重要的指标之一，超过 50 岁的家政工很难找到收入稳定的工作。这些年过半百的妇女，大部分身体健康，希望能自食其力，在 50～65 岁的年龄段继续储备自己的养老金：不给子女“添负担”，在子女或自己的父母需要时可以施以援手。但北京市场对家政工年龄方面的挑剔、北京对外来流动人口的限制政策，以及日益增加的生活成本，使她们难以在北京安身立命，但是返乡又面临如何获得生

计来源的问题，因为县、乡镇的工作机会对这些劳动女性更加不友好，大多数家政工返乡后只能带(外)孙子女。如何在50岁以后保持经济独立，自给自足，是她们较为明显的个人发展需求。

(2) 与他人形成良好互动关系的需求。对于小组成员和其他家政姐妹在鸿雁平台上互动时而发生的张力，工作团队通过不断辨析，意识到家政工与雇主、伴侣、儿女、其他家政姐妹在鸿雁的互动存在着某些具有共性的习惯，如直接且暴力的语言表达，在冲突面前的回避模式或暴力回应的模式。家政工无意识，或认为这就是“自己的脾气”，但这些问题又使她们无法和亲人、伙伴良好互动，形成个人内在需求与习惯间的冲突。

(3) 在健康环境中工作的需求。家政工在每天的工作生活中都要接触大量的清洁用品，如长期使用市场上主流的清洁用品会对其健康造成影响。但现实情况是，家政工从经济和身体的角度期待能有健康的身体，但为了保证工作效率，满足客户要求，又习惯于使用主流的清洁用品。

三、家政工社区经济学习及行动试验实践

家政工骨干在2016年参与了一系列环保手工制作、合作社案例分享的活动，部分社群骨干在2016年下半年向鸿雁提出了她们的个人发展需求，即能否由鸿雁支持她们成立一个合作小组(社)，既能补充她们在北京的生计，又能支持她们未来返乡后的创业。

在社群表达了这样的发展意愿后，鸿雁在原有的骨干赋能方式中，启动了社区经济项目，进一步通过社群骨干开展更为深入和更具挑战的经济合作，发展社群合作互助的能力，丰富鸿雁骨干赋能的方式和经验。同时，这

也是探索从乡村到城市打工的、具有很强流动性质的劳动女性如何走出一条新的以合作为基石的路子。这条出路不是靠政府养，也不是靠老板给机会，而是通过自助合作，由这些劳动女性发展的一条可以安身立命又相互依靠的路。对这条道路的探索可以分为三个阶段：

（一）第一阶段（2017 年 2—6 月）：招募、学习、制定小组规则与合作形式、确定合作社主题

由于《中华人民共和国农民专业合作社法》（以下简称《合作社法》）只对农民专业合作社做了相关规定，也就是说，城镇居民与在城镇工作、生活的外来流动人口不受《合作社法》保护，只能以公司、民办非企业或社团名义开展业务活动，因此家政工合作的主体，目前是一个合作小组，是一个没有正式注册的团队。那么，如何确定团队的成员身份？鉴于在社群的日常活动中，随时进入活动、随时退出活动是常态，工作团队认为，既然是一项自我负责“真枪实弹”的合作实践，就应该明确主体身份，只有这些具备主体身份的人在一起，才可以制定合作小组的计划和管理措施。但是，家政工对这个合作未来是一个怎样的走向、做什么、怎么运转均不了解。为了让大家能够有初步的体验，再决定是否正式加入，工作团队不急于一开始就搞生产，而是计划用几个月时间进行团队学习和团队建设：一方面学习什么是合作社，弄清合作精神的价值；另一方面，建立参与合作小组，增进彼此间的相互信任。

需要说明的是，虽然鸿雁起初只面向二三十名家政工骨干招募合作小组成员，他们之前也参与骨干团建等活动，但是参与团建活动不固定，难以保证所有人都能同时参与，而且社区经济合作超越以往合作的经验，需要更

为深厚的关系。

2017年春节过后，鸿雁面向家政工骨干招募合作小组成员，这些成员属于“合伙人”角色，要在未来的小组生产、销售、管理中起决策作用。当时有十余名家政工表示感兴趣。在近半年的学习和团建过程中，鸿雁组织大家学习合作社的知识，了解资本主义和全球化对劳动者及环境的影响，也走访北京较为成功的工友之家合作小组，了解工友之家合作小组对工人合作社的理解程度。

这半年时间里，工作团队协助参与者讨论合作小组主体身份界定、小组决策机制形成、小组未来“业务”发展的方向确定，即面向何人，提供什么产品或服务。解决这些问题，是培养家政工的主体意识和参与讨论、决策能力的开始。

为了区别参与主体，确定“合伙人”身份，经过骨干的讨论，决定正式成员每人投入500元启动资金。只有正式成员才能投票决定小组的发展。确定这个标准后，共有7名家政工投入启动资金，形成了规模为7人的合作小组。

经过这7名正式成员的讨论和表决，为保证积极充分地进行沟通，他们形成了以下意见：在万不得已的情况下，采用少数服从多数的原则作为团体决策方法，并保证每两周活动一次，每个月至少进行一次小组工作进展总结，共同决策重要事项。

根据上述决策方法，在最初提议的三项业务中，成员们各自明确选择一项业务作为深入钻研和生产的产品。成员们共同提出的三项业务包括家政清洁小组、社区厨房小组、环保清洁品小组。在对外咨询、交流和内部讨论后，大家考虑到精力投入、成本风险等原因，最后投票表决，合作小组开展的主要业务为环保清洁品（如废油家事皂、皂液、护肤皂、防晒霜、唇膏等）的生产、销售和宣传。

在这个过程中，工作团队以协作者的角色，向合作小组介绍外部资源，讲授经验、教授环保清洁品的制作方法；协助小组讨论决策，增加团队发展动力。工作团队不以鸿雁的立场和角色优势引导合作小组作出决定，而是考虑家政工个人的想法，鼓励大家兼听并学习集体决策的方法。在工作团队的想象中，合作小组未来会遇到各种困难，尤其是劳动女性没有经历过合作方面的训练。她们在惯常的生活环境中，要么受到女性身份和资本市场中体力劳动者身份的约束而受制于人，服从家庭、丈夫、老板、雇主的要求，甚至要忍受无理暴力的批评指责，要么被环境所逼而磨砺出强悍的性格，以辞工、离家出走等决绝的方式反抗。但合作小组需要一种双赢的合作能力，不仅关乎未来对接市场，与那些不了解合作小组及其产品的人们合作，更关乎合作小组内部的团结——每个成员都有自我生长的脉络，对事情的理解和表达方式均不相同。在市场化的训练中，合作小组除了维护正常的营收，更是实践和倡导反对资本主义利益交换的模式，探索人与人和谐相处互助的新模式，这就更加要求具备平衡自我需要与他人需要的能力。在创始之初，工作团队通过制定合作小组规则、合作模式、业务主题等，让合作小组成员体验集体商议与传统“听命于人”的不同。

（二）第二阶段（2017 年 7 月—2018 年年底）：生产技术能力提高、与城市居民进行教育互动、应对内部冲突和形成新机制

确定业务主题后，工作团队牵头定期组织合作小组成员开展生产和定

期集体会议，根据从中发现的问题以及成员反映的需求，工作团队会介绍有关资源提供方来协助合作小组解决具体问题，包括制作环保废油皂和皂液的原材料问题、财务和库存管理的需求、手工皂无法成形的问题等。这些需求和问题仍然以合作小组成员为主体提出，由工作团队配合解决。

2017 年下半年，合作小组表决通过了其产品的品牌“靓阿姨”，在对外宣传方面有了统一响亮的名称。

2018 年，除了完成常规生产外，靓阿姨合作小组还接到北京其他非政府组织的邀请函，到社区和居民中分享环保家事皂的制作与环保清洁方法。与此同时，靓阿姨合作小组也开始主动寻找社区资源，在北京朝阳区南湖社区、双桥社区、金泰大厦社区青年汇和东城区东环社区、工体社区免费开展上述环保清洁品制作及宣讲活动。经工作团队介绍，靓阿姨合作小组与北京有机农夫市集形成了合作关系，参与北京有机农夫市集的周末赶集活动，与消费者交流环保家事皂的使用窍门和家政工劳动中的故事。

在生产模式方面，为了进一步发展靓阿姨合作小组的主体性，同时解决家政工每周只休一天、鸿雁不同项目活动重叠、家政工参与不同项目左右为难的问题，由工作团队提议、靓阿姨合作小组表决通过了新的生产模式，即不占用双周集体学习讨论的时间，由小组成员自发组成两人及以上的生产小组，不定期进行生产。这满足了部分家政工对工作时间的灵活需求，使他们发挥自身有更多时间参与生产的优势。同时，为了兼顾靓阿姨合作小组的集体性，尽量避免个体化生产，工作团队又规定了必须形成两个人的合作，以相互配合，促进合作关系。

在赋能发展方面，2018 年年初，工作团队提出轮值小组长模式，即每位靓阿姨合作小组成员可以轮流担任两个月的小组长，小组长负责召集小组生产活动，协助工作团队组织小组定期会议和生产活动，能够针对个体状态提供陪伴和支持，协助成员增强社会意识、主动意识、责任意识，提升组织能力。

2018年6月，因家政工骨干网络中的成员对公共资源使用规则产生了分歧，靓阿姨合作小组成员全部在家政工骨干网络中，因此靓阿姨合作小组成员也产生了关系张力。在多次沟通后，有1名靓阿姨合作小组成员于2019年年初退出了合作小组。

（三）第三阶段（2018年年底至今）：合作社扩大、项目整合、经验整理、绿色家政工品牌创立

在2017—2018年的实践探索中，靓阿姨合作小组逐渐提升了生产、培训技能；开拓了部分销售渠道；在“三社联动”方面积累了初步的经验；赋能发展的自我管理和自我发展也在挑战中逐渐形成了对合作精神的共识，合作能力稳定提升。在此基础上，靓阿姨合作小组决定面向鸿雁家政工社群进行招新和小组扩大。一方面，这是小组发展的需求。随着北京城市人口规划的变化，外来务工人员的生活空间逐渐外移，部分靓阿姨小组成员不能经常参加生产活动，以至于2018年出现小部分人在交货前疯狂赶单的情况。靓阿姨合作小组希望通过增加成员数量来解决生产不及时的问题。另一方面，也是更为重要的方面，社区经济的社会价值之一包括要组织、影响更多的人参与合作互动与可持续生活的变革。项目开始之初，鸿雁担心参与者如果不能志同道合，就会让合作小组难以起步。但经过几年的实践摸索，靓阿姨合作小组已经有足够的能力吸引并发展更多伙伴，将社区经济的社会、

环境意义普及给更多家政工和社会人士。

同时，鸿雁工作团队根据过去几年的经验和自我学习，在实践中丰富社区经济的内涵，不断协助家政工和靓阿姨合作小组成员认识到劳动者合作的好处。同时，靓阿姨合作小组成员在一次次面对消费者、可持续生活践行者和社区居民的过程中，更加意识到生产、销售和使用环保清洁品对人与环境的好处；理解和认识到，社区经济不仅是有利于基层劳动者的实践道路，也是回应、解决环境污染和资源浪费问题的有效尝试。

靓阿姨合作小组的成绩和影响力，使鸿雁相信劳动女性合作发展是可行的道路。因此，2019 年年底，基于靓阿姨合作小组过往的实践经验，鸿雁提出将“靓阿姨”的影响扩大化。环保清洁只是生活中的一部分，“靓阿姨”可以成为更综合的绿色家政工品牌。经过讨论，小组成员均同意将“靓阿姨”打造为中国绿色家政工的品牌，“靓阿姨”不仅可以有环保清洁小组，还可以建立健康烹饪小组、垃圾分类小组等。不同合作小组之间形成合力，培养绿色家政工，既为城市作贡献，也通过增强意识和提升能力，使城市尊重、认可家政工群体。

四、工作成效

（一）在市场化和个人主义的大趋势中，赢得社区经济的一席之地

发展型社会组织如何看待贫困，看待个体在社会结构中所处的位置和发展潜能，如何动员社会资源创造发展机会，探索可持续生活的道路，是鸿雁在社区经济实践过程中不断反思的问题。

社区经济不仅应该满足家政工个体层面的经济发展需求，更应该回应

其在社会结构、文化影响方面所受的局限和压迫，并实践出一种不同于主流价值观的新生活。社区经济看重“人的改变”，为家政工提供实践新生活的机会和平台。由社区经济项目支持的靓阿姨合作小组，其成员不仅是来鸿雁放松休息的家政工，也是家政工合作发展的领路人。社区经济激发了她们的发展潜能，让她们被社会主流人群看到并获得社会的认可，她们有信心有能力带动更多家政姐妹寻找新生活。通过合作生产、集体决策、小组长培养等多种培力方式，靓阿姨合作小组成员的社会视野更加开阔，合作能力、发展动力和公共精神均显著提升。社区经济这颗小小的种子，在这 7 名家政工心里扎下了根，也在这几年来与她们发生互动的社会组织、消费者、社区居民中扎下了根，继而为绿色家政工的发展奠定了坚实的基础。

（二）“三社联动”与社会资源整合的新尝试

鸿雁是一个民间的草根社会组织，其年度筹款中，国内外基金会的比例较高，直接获得政府购买服务的比例不高。但鸿雁仍积极寻找面向社区、与基层政府机构合作的空间。作为一家专业的社会组织，鸿雁通过靓阿姨合作小组，找到了既能回应家政工社会融入需求，又能满足社区居民可持续生活需求的路径，形成了社区、社会组织、专业社会工作者的联动经验。

同时，鸿雁积极开展多边合作，与其他社会组织、媒体、行业专家和高校教师、学生形成紧密的伙伴关系，不仅在议题方面有意识地启动社区经济与城市劳动者合作小组的行动研究，也通过不同资源，为靓阿姨合作小组的销售、城市互动等提供支持，确保靓阿姨合作小组不断地有发展和创新的空间。这也不断刺激着靓阿姨合作小组成员的行动动力和信心，提升了家政工体面劳动的劳动尊严。

（三）在劳动者阶层创造可持续生活的新面貌，为劳动者降低了生活成本

“手作”和“可持续生活”已成为某种文化符号，像“健身”“跑步”一样，与中产阶层关联起来。鸿雁认为，每个人和每个阶层的人们都有权利享有健康、可持续的工作和生活环境。家政工在劳动中使用含有害物质的清洁剂，对劳动者和环境均产生伤害。社区经济应关注打造健康环境的成本和代价，倡导生态与经济的公平性。然而，主流的“有机”“手作”虽然品质优良，但价格无法为家政工所接受。靓阿姨合作小组的出现，则回应和解决了这一问题。其销售对象除了城市居民，还包括其他家政工。靓阿姨合作小组为了照顾家政工使用由她们生产的环保清洁品，不仅在鸿雁平台上开展宣传体验活动，为家政工提供免费的试用品，还为家政工特殊定价，家政工如购买“靓阿姨”系列产品，均享受市场价的五折优惠。

同时，靓阿姨合作小组于 2017 年年底讨论决定，小组成员均可免费使用小组产品，使得部分小组成员既能够在自己的生活中使用环保清洁品，又降低了她们的生活成本。

（四）初步形成了一套社会组织以协作者身份促进城市合作小组发展的经验

赋能培力是鸿雁的重要工作方式。一直以来，鸿雁是以协作者的角色，协助和培力家政工在参与靓阿姨合作小组的过程中，具备个人意识，提高对自我的觉察和反思，也培养其公共意识、学习合作互助的能力。家政工的个体意识和公共意识不是一下子就能改变的。这需要鸿雁能够辨识家政工的文化脉络，并在靓阿姨合作小组的实践过程中，抓住机会进入与这些脉络的对话中，从而对人产生影响。鸿雁在两年多的实践中意识到，关系是合作小

组能否继续向前、以怎样的面貌继续向前的关键要素。而关系是在对话和行动中建立起来的，两者缺一不可，既包括鸿雁与靓阿姨合作小组每个成员的关系，也包括成员之间基于行动和对话发展出来的关系。鸿雁需要在关系发展受阻时创造对话的空间，并协助家政工提高对话的能力，这样才能使合作互助的行动走得更远。

除此以外，社区经济一直是鸿雁培力赋能方式的实践项目之一。鸿雁在2019年尤其重视使不同项目形成合力，使项目与项目不割裂，以更为整全的视角看待社群需求和行动空间。当靓阿姨合作小组成员容易受制于主流价值观影响，小组成员出现竞争和追逐名利时，社区经济项目开始与鸿雁其他项目合作，在周末日常活动中开设关于反思主流文化的系列活动①，为个体如何认知和反思自己的“惯性”创造学习条件。

五、困难与挑战

（一）社群在结构性压迫影响下形成的个体习性为合作实践带来挑战

社区经济在一定程度上带有经济合作的特征，关乎人的经济投入、利润分配。这种紧密的合作关系超出了原有家政工骨干已形成的关系距离，形成了一种人与人相关性更强的关系距离。鸿雁通过对靓阿姨合作小组成员的观察，尤其是观察她们在意见不一、关系不和时的反应，认为家政工的合作实践需要循序渐进，因为她们身上因主流文化造成的个体习性和痕迹非

① “美在2019”系列活动具体包括“身体美”“关系美”“空间美”。鸿雁希望从个体、关系、环境三个方面，能较为整全地协助家政姐妹认识自己、照顾自己，营造群体相互支持帮助的文化氛围，并营造慢和美的文化感觉，使家政姐妹意识到要慢下来，体会自己在劳动中和在与人互动时的感受与情绪，学习细致地面对自己和他人。

常明显。

鸿雁发展社区经济，希望实现三个对社会图景的想象：一是对自主美好生活的想象。期待家政工可以活出一种生命的美感，不受主流价值观、经济观念的绑架，懂得平衡身心，在日常生活选择中可以平衡自身需要与环境、他人需要的关系。二是对合作实践的想象。期待相对处于社会边缘的家政劳动者可以互助团结，在经济上通过互助减少对主流消费的依赖，提升合作互助的能力。三是通过参与社区经济发展，让社会看到家政工的尊严和价值。

鸿雁希望在实践上述三个图景的过程中，能够以家政工为主体，不发生为了参与而参与的情况，希望这是一个相互陪伴、协力前行的过程。

在现实的行动过程中，鸿雁体会到这里有一种“以小击大”式的艰难。随着对她们所处社会位置的了解，社会工作者看到一个家政工每周工作六天，愿意用仅有的一个休息日与鸿雁在一起，而在家政工的本能需求中，她们未必能感觉到这种自我成长的需求。但是，社区经济的实践却需要每个成员在其中突破自我的局限。因为社区经济需要“利他”的价值观，需要“积极的沟通方式”，需要家政工勇于形成对美好生活的想象，并理解对于未来的想象与今日行动的相关之处。但家政工未曾体验过被非血缘社群温柔以待，而“利他”是无法用培训或语言传授出来的。同样，家政工更为熟悉的沟通方式是否认、指责或冷暴力，因为其自身缺乏安全感，不被肯定和认可，所以她们更加渴望在鸿雁的活动中找到存在感和价值感。这种愿望的积极一面是她们愿意尝试新事物，比如参与社区经济可以得到社会认可，并有别于其他妇女；消极一面是如果在行动中别人或自己否定了自身价值，她们就会通过习以为常的暴力沟通方式去应对。这种烙在家政工个体身上的痕迹，给组织工作推动合作、推动关系发展带来了一定挑战。

（二）鸿雁自身条件的有限性

鸿雁辨识出家政工身上带有制度性压迫的痕迹，在有限的条件下，尝试组织多种活动让家政工活出一点不同的精神样貌。所谓有限，是指家政工参与活动的时间非常有限，针对家政工的活动不能太抽象复杂，要满足其放松和休息的需求，又要起到教育意义，这对团队的挑战较大。

社区经济是一种全新的组织手法。过去经济小组常遇到关系和管理上的问题与瓶颈，在极为有限的时间条件下，工作团队大多采取组织小组会议讨论的方式，协助组员表达和共同解决问题，并尝试在会议过程中渗透一定的态度、理念和价值的教育。我们发现，脱离生活、身体经验的教育工作收效甚微，在相似问题出现时，困窘的个体仍会按既有的模式习惯来作出反应。真正的出路必定是新的文化性经验的创造，这必将是一个极为细致和缓慢的社区教育实验过程，只要走对了路，就是捷径。

（三）国内缺乏相似的实践经验与案例

中国的合作社经验较为集中在农村，城市合作则少之又少，具有流动性的劳动女工合作的经验则更少。鸿雁协助靓阿姨合作小组时，能够参考的经验和案例非常有限，工作团队缺少与开展类似工作的前辈、同行相互学习和对话交流的机会与渠道。

六、总结

以家政工为主体的社区经济几年来的实践是对鸿雁组织工作的巨大考

验。鸿雁从传统服务模式转向一种着眼于人的整全发展的路径，从一般意义上的文娱技能支持到紧密合作的社群伙伴关系的发展，从社群的生计需求出发，分别从文化、价值观、思想等多维度探讨她们的处境和现实条件，不断调整组织策略和工作方式，来共同探索一条新的社会工作的实践道路。

鸿雁的“靓阿姨”社区经济试验是中国城市基层劳动者实践合作经济的一次努力尝试，7个家政姐妹是近3亿打工群体的一部分。置身于市场经济的大潮中，基层劳动者在资本挤压下被分散在城市的最底层，计划经济时代的集体合作价值体系被瓦解，面对日益见涨的城市生计成本以及疏离、紧张的人际关系，缺少资源的边缘劳动者需要一种可持续的合作发展模式，才能重建生活和工作的基础，让身心得到安放，创造更自主和有尊严的生活。

中国近3 000万的家政工正在成为城市社区可持续发展的重要力量。现代家庭的日常生活和照料服务都离不开家政工，而这些基层劳动者在谋求生计的同时，却长期处于缺失社会保障的条件下，处于不被尊重劳动价值的社会环境里。靓阿姨合作小组以一种经济联结、情谊互助的方式把人们联系起来，在资本压制的缝隙里寻找一种生活的可能。这群家政工以一种先进的姿态从原有的生活秩序里启程，这对于中国生活在边缘、缺乏资源的更多的社群来说，具有深刻的引领作用。

第九章　社会救助、社会投资与发展型社会工作

第一节　爱有戏义仓

——参与式互助体系探索

礼物经济其实是传统礼物相互交换的互惠互助行为与慈善经济不讲求回报的结合。从发展型社会工作视角看，礼物经济是一种资源动员的过程，可以整合社会工作价值和介入策略，比如资源接受和捐赠者在个人与群体的增能赋权，以及社区层面的互助与社会包容。成都爱有戏的义仓就是在构建参与式的社区互助体系。义仓是在社区里成立的爱心仓库，倡导社区居民持续和定期捐赠旧物资、食品、生活用品和志愿服务时间。义仓的目标主要是在贫困社区搭建社区参与式互助平台，帮助弱势家庭缓解生活困难。通过培育社区社会资本，动员更多的社区居民参与社区互助类活动；发掘社区领袖，建立社区互助类组织，从而建构社区参与式互助平台。义仓——参与式互助体系时间脉络如图 9－1 所示。

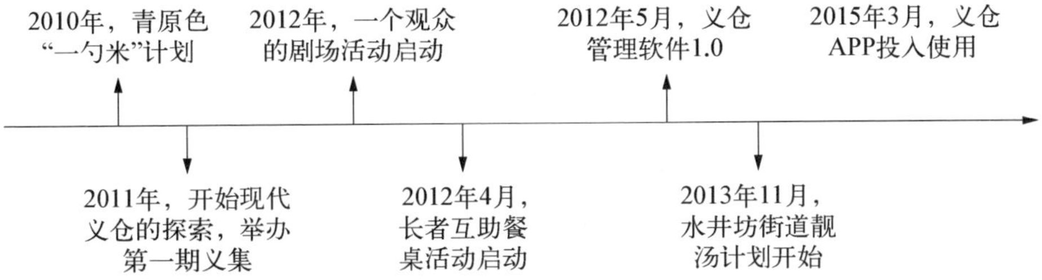

图 9-1　义仓——参与式互助体系时间脉络

一、背景与需求

随着社会的工业化和住房的商品化，传统意义上邻里守望、鸡犬相闻的社区在现代城市中几近消失，取而代之的是现代意义上的商品楼住宅和邻里之间“画地为牢”式的生活方式。“陌生人”“解体”“碎片化”成为形容现代城市社区人际关系颇为传神的词语。这意味着传统意义上的社区不再存在，剩下的只是一片建筑物、一个地域，机构称之为“小区”。一个小区内，可以有不允许陌生人进入的门禁，可以有周到的物业服务，但却只是一个小区，而不再是一个社区。从功能上讲，小区已经退化为一个仅供人住宿的“睡城”。人与人之间的关系呈原子化状态，信任缺失、横向纽带薄弱成为现代社区的常态，人们甚至相互提防，担心过多的信息透露与亲密交往会让自己的安全遭受威胁。于是，机构不得不面对这样一个事实：社区社会资本不仅缺失，而且已经跌入“负值”的境地。国际经验表明，社会资本的提升，需要政府的支持，更重要的是要依赖社区内横向纽带的发育，而这正是社会组织的特长。

成都市原水井坊街道办事处辖区面积为 1.06 平方千米，2010 年居民有

1.2万户，人口有3.1万人，管辖四个社区。[①] 2010年年初，水井坊街道办事处按照锦江区委、区政府的要求，开始着力培育和发展社会组织。地方政府认为，社会组织是党委、政府工作的延伸，街道应当“立足特色挖资源，筑巢引凤求发展”，培育和发展一批特色鲜明的社会组织。

2011年4月，在水井坊街道办事处的积极支持下，爱有戏进驻水井坊街道辖区，开始了其工作的第一步——社区需求调研。在调研过程中，爱有戏发现了大量社会问题，最集中的体现便是社区贫富悬殊、互助网络匮乏、社区人际关系冷漠。在所调研的2 586户中，困难家庭有567户，其中需要经济和物资帮助的有158户，除了政府和亲戚提供的一些极为有限的救助外，他们几乎得不到来自社区的救助。能力和社会网络等方面的局限使得孤、残、病家庭的生计艰难，有的家庭甚至一个月才能吃上一顿肉。

加上城市老街区改造、租住户数量激增等原因，传统社区中的熟人关系逐渐瓦解。尽管生活在同一社区，但是各个家庭之间不仅关系冷淡，而且还相互提防，居民（尤其是中青年）对公共事务的态度更是“不屑一顾”。即便是社区的老居民，其社区参与也大多只停留在对于政府政策的服从和执行上。因此，与其他地方一样，辖区内的社区也面临着社会资本严重缺失的问题。

二、工作过程

（一）建立义仓：社区互助资源流动的“计划调控”阶段

建立义仓是构建参与式社区互助体系的第一阶段。前文已经述及“义

① 2019年成都市撤销合江亭街道和水井坊街道，设立锦官驿街道。锦官驿街道辖原合江亭街道、原水井坊街道。

仓"的定义，质言之，义仓就是一个在社区中成立的爱心仓库，它倡导社区居民持续、定期地捐赠，捐赠物品包括旧物资、食品、生活用品和志愿服务时间。那些愿意捐赠时间的居民可以以社区志愿者的身份将代表社区邻里爱心的物资送给困难家庭。

由于义仓既接受物资捐赠也接受时间捐赠，因而其爱心家庭和受助家庭没有绝对分界，无论贫富，只要有一颗友爱之心，都能成为义仓的捐赠者。比如，贫困家庭也可以通过时间捐赠成为义仓的志愿者。因此，与传统的救助理念不同，这里的施与受不是截然分开的。爱心家庭在帮助别人的时候，自己也有诸多受益，比如保持一份清净、慈爱、互助的心境，满足自我实现的需求，给予下一代积极的价值观教育。对于接受帮助的家庭而言，既没有因为外界的援助而损害自尊，更没有养成"等、靠、要"的习惯，而是通过志愿服务，甚至有时也进行实物捐赠来表达对社区的感激、关心社区其他需要帮助的友邻。

此外，爱有戏对义仓的管理规范、透明。工作人员将每一份爱心捐赠的来源和使用情况均进行详细登记，在尊重人们隐私的前提下，定期在博客和布告栏上向全体居民公示。2013 年 1 月，义仓物资管理软件正式投入使用，极大地提高了物资管理的科学性和透明度。义仓管理软件经过多年的更新发展，现在已经有了手机版本的义仓 APP，与电脑版本的义仓管理软件同时投入使用。管理软件保证了每一件物资去向的可追溯性，捐赠者可以随时在网络上查询到捐赠物资在什么时候由谁送到了谁的家里。

通过义仓项目，社区互助资源及其承载的友好、关爱与尊重在社区居民之间流动起来并传播出去。随着时间的流逝，原本冰冷的社区开始解冻，社区社会资本开始回升。

（二）建立义集：社区互助资源流动的“市场运作”阶段

义集，顾名思义，是立足社区，用定期集市的方式，为社区居民搭建以互助和公益为主题的二手货交易市场。第一，政府为义集提供活动场地、安保，爱有戏则进行活动的策划和组织。第二，社区居民可以在义集上申请公益摊位，将二手货卖出，所得收益由捐赠人自主地按不低于一定比例或者全数购买成生活物资，捐给义仓以帮助困难群体。当然，社区居民、个体户或者企业也可以选择直接捐赠生活物资到义仓的方式。第三，困难居民也可以申请摊位出售自己并不需要的“被捐赠”之物（如一些来自政府的慰问品），或者出售自己在批发市场上购买的货物，赚取利润，同时向义仓捐赠一元钱的物资。第四，为保证义仓的严谨性，捐赠给义仓的物资不能随意进行买卖。但是，捐赠给义仓的物资中比较难以联系到受益人的，工作人员动员捐赠人直接到义集去售卖。第五，义集中所有公益资源的流动均公开透明，接受社会和政府的全过程监督。

（三）建立义坊：帮助社区贫困家庭构建生计发展网络的新尝试

义坊是一个希望为困难家庭提供持续稳定生计而发展的平台，具体做法是：在政府的支持下，爱有戏在临街的公共场地上建一些格子铺（小商品买卖摊位）。如果有困难家庭希望通过租用格子铺做买卖获利，就可以向爱有戏申请。申请通过后，贫困家庭象征性地缴纳极少的租金，便可以成为铺主，在格子铺做买卖。

当然，做买卖是需要本钱的，而贫困家庭往往拿不出来，于是便由爱有戏帮其寻找爱心人士来捐赠，爱心人士被称为“爱心股东”。除了资金，做买卖还需要一些好的经验、渠道，这也由爱有戏去寻找一些经验丰富的个体户或商户为这些新的铺主提供无偿志愿的辅导、咨询或培训。由于没有税务负担，又有大家的帮助，因而有的贫困家庭通过义坊的商铺做买卖一个月就能有 3 000 多元的纯利润。对于贫困家庭来说，这是一笔较为可观的收入。当然，也有一些铺主因为懒惰或经营不善，出现了亏损而最终退出的情形。

（四）综合性互助关系：衍生其他互助项目的生发

义仓、义集、义坊的实施，为社区互助搭建了一个参与式平台。在这个平台上，社区逐渐衍生出更多的项目，比如"一个观众的剧场""靓汤计划"等。

"一个观众的剧场"来源于义仓的时间捐赠。在义仓物资的派送过程中，工作人员发现，社区中还存在这样两类人群：一类是活跃在社区中的广场舞大爷大妈们。他们刚刚退休或者全职在家，精力旺盛，又热爱社区文艺活动。另一类是高龄、独居等老年人。出于身体原因或自身意愿，他们宁愿长期一人在家，缺少陪伴。志愿者们看到这种情况后，就主动到这些高龄、独居老人家里为他们唱歌跳舞。剧场里的观众是那些老年人，表演者是社区文艺爱好者们，所以称之为"一个观众的剧场"。在项目开展过程中，唱歌跳舞是一种表现形式，最重要的是陪伴。在这种陪伴中，他们之间形成了一种区别于物资帮扶的新型互助关系。

"靓汤计划"同样聚焦于高龄、独居等老年人。汤，在中国文化里是一个温暖的、有营养的符号，但是对一个人居住的老年人来说，熬一锅汤可能需要耗费很多时间、精力，甚至根本不可能完成，"靓汤计划"由此产生了。社区志愿者在自己家里熬好各种美味营养的汤，分装、派送到老年人家里。一碗汤拉近了社区居民的情感，让社区中需要关怀的人体验到了邻里之间的善意和美好。

此外，还有“长者互助餐桌”“长者生日会”等互助类活动，都是在义仓这个大平台上产生的。所有这些项目共同构成了爱有戏在原水井坊街道所辖社区中实施的参与式互助体系。

三、过程中的困难、挑战及应对

（一）居民的不理解和不信任

在义仓相关工作开展过程中，物资的捐赠、派送，都是摆在工作人员面前的大问题。参加第一批物资捐赠、第一次义集摆摊的工作人员中没有普通居民，他们是爱有戏工作团队的成员和政府工作人员，而街道工作人员和社区基层干部的家庭成了第一批爱心家庭，其中有的家庭一直持续捐赠到现在。

刚开始时，居民不愿意参与，也不信任社会组织，甚至有居民认为，爱有戏团队是传销团队，爱有戏工作团队经常遭遇谩骂、白眼等。居民以旁观者的角色，冷眼看着工作人员，同时也关注着事情的发展。要解决这种不参与和不信任的问题，只有不断坚持走访和采用公开透明的工作方法。打“野招呼”、大张旗鼓地“招摇过市”、见谁都是笑脸相迎的态度、不断降低项目设计的参与门槛，让爱有戏赢得了居民的信任，居民开始愿意参与其中。

（二）居民从不参与到浅层次参与停留

用社区内部的资源解决社区内部的问题，是义仓的核心要素，也是发起参与式互助体系的关键所在，那么居民的参与就是至关重要的。在义仓发展过程中，居民从最开始的不理解和不信任到逐渐理解和信任，再到愿意参与，但参与大都停留在浅层次上。比如，一些爱心家庭愿意进行持续的捐赠，但是当工作人员提出一并进行物资派送时，居民却拒绝了，所以最开始的派送都是由工作人员进行的，但这种状态不符合参与式互助的精神内核。如何动员居民不但成为物资的捐赠者，也成为时间的捐赠者进行物资的派送，并且愿意关心身边事务、愿意参与社区公共事务，成为需要解决的大问题。在这个过程中，义仓秉承“看见是最好的教育”的理念是应对的唯一方法，让居民看见身边人的现状，让居民不断看见别人、看见自己的能量，逐渐接受并激发内生的动能。

（三）居民价值观的内化

人的改变，是社区发展过程中最为重要的工作，但是要一个已经成年的人进行改变，谈何容易？成年人价值观、人生观的形成，受各种综合因素的影响。如何让大家秉承社区互助“平等、尊重、分享”的价值观，不带有“我来帮助了你”的道德优越感和傲慢，是工作中需要解决的问题。

“社区教育”成为开展项目活动所必需的要件。派送物资之后的分享、日常的集中学习交流、志愿者准则的讨论制定等，都是社区教育的内容和方式。在这个过程中，爱有戏团队让大家完成了对自我的教育，实现了价值观的内化。正是社区教育的发展使爱有戏发展出了专门针对社区开展教育的品牌项目——友邻学院。

四、发展型社会工作的特点

（一）义仓主要采用有特点的社区动员方法

在社区工作开展过程中，社区居民动员是关键。义仓的社区居民动员采用打“野招呼”、蹭会、当居民的小喇叭等方式，在项目开展中取得了较好的效果。不管遇到的是谁，不管认不认识，工作人员碰到了都热情招呼，并主动介绍自己，这是建立关系和刷存在感的第一步；利用社区现有的各种机会，在不同的社区居民面前展现自己。

（二）义仓以社区教育贯穿参与式社区互助平台的建构

爱有戏在社区教育工作中，从原来的社区骨干培训班到现在的友邻学院，逐步完善并形成自己的逻辑和体系。在课程研发上，从知识、技术和价值观三个方面入手，开发了以志愿精神、认识社区、公共精神等为代表的着眼于人的价值观方面的课程，以社区互助、社区地图、社区环保等为代表的专业、及时的课程，以及以认识公益组织、认识公益项目为代表的知识类课程。在形式上，有集中培训、社区实践、社区参访交流等，让社区骨干在做中学，通过实践巩固所学，再将所学带回到所在的社区工作与社区服务中。除此之外，陪伴机制是社区教育中的重点，友邻学院会对每一个参加学习的社区骨干进行个案辅导，以补充集中培训的不足，通过项目陪伴成长，进一步为他们赋能。

（三）利用内部资源解决社区内部问题

社区的问题需要动员资源来解决，而内部资源往往是持续性地解决社区问题的保证。义仓项目没有依赖外部资源，而是激发社区内部的良善力量。这些良善力量虽然微小，但却有穿透坚固墙壁的能量。

五、项目成效

（一）从不信任到信任公益组织，再到信任社区的逐步演变

社区信任的变化是衡量社区社会资本变化的重要方面之一。经过爱

有戏、政府、居委会和社区积极分子的共同努力，在原水井坊街道所辖的社区中，我们可以明显地看到从社区信任缺失到对公益组织产生信任，再到对整个社区信任增加的演变过程。L大叔从与社区居民的关系紧张转变为主动服务社区、被社区接纳，就是明显的例证。L大叔是一个残疾人，脾气很大，经常与人争吵，邻里关系紧张。以往，每当居委会或政府工作人员去送温暖时，都少不了挨他一顿骂。于是，社区居民都避而远之，不愿与他交往。经过爱有戏的持续努力，L大叔逐渐被社区邻里与公益机构的真情关爱所感动，他的脾气逐渐改善，并表示要尽自己的努力去改善家庭经济状况。他对爱有戏的工作人员说："社会组织关心我，社会关心我，政府关心我，我也应该尽我的力量去创造价值，不能像原来那样了。"现在，这位大叔已经成为爱有戏社区工作的积极分子、街道社区工作的组织者之一。

在义仓中，人们除了实物捐赠，也可以用志愿服务的形式进行时间捐赠。许多受助家庭都成了义仓项目的志愿者，积极主动地参与社区的物资配送。虎娃是一个智障孤儿，也是义仓的受益人，每个月给社区贫困家庭分发物资的时候，他都按时来帮忙义务运货。

（二）社区规范的变化

在爱有戏工作的社区中，社区规范变化最明显地体现在社区居民公益参与和社区公共事务治理的意识和行为的改变上。

参与式互助体系的构建过程也是一个社区公众公益理念教育和公益行为动员的过程。以往，社区居民对公益的认知往往体现在以下三个方面：一是功利主义论。"在现代这个物欲横流的时代，没有凭空掉下的馅饼，公益的背后往往是功利的。”二是道德制高点论。“公益是一种居高临下的施舍，对受助者而言，施助者是高尚的且应当被感恩戴德的。”三是富人或圣人论。“公益行为是那些有钱人或者大公无私的圣人才有资本（格）去做的事情。”但是，在义仓和义集中，公益参与的门槛很低，人人都可以贡献自己的力量；公益捐赠既包括物资捐赠又包括时间捐赠，受助者也可以成为施助者。正所谓赠人玫瑰，手有余香，施助者在帮助他人的过程中也享受了自我价值实现的幸福。此外，义坊更是体现了社区贫困家庭自立自强的宝贵精神。因此，在互助体系构建的过程中，更加贴近人本身的公益理念不仅被提出而且被设计进项目的具体运作里，于是社区居民如果参与其中，就会不同程度地被引导和教育，从而改变自己对公益行为的认知，改变自己的行为方式。

（三）社区网络和横向纽带的生长

在爱有戏工作的社区中，社区网络和横向纽带开始生长。一是社区互助网络初步构建。在原水井坊街道辖区，自 2011 年 11 月至 2018 年 12 月，爱有戏共募集物资 20 534 件，发放物资 19 019 件，参与志愿者达 1 462 人次，志愿服务时间为 10 947 小时，开展义集 80 多期，邻里互助中心内长期的社区内部志愿者有 30 多名，每个月帮扶社区困难家庭近 80 户。二是社区自组织得到培育。2011 年 11 月至今，爱有戏在原水井坊街道辖区动员并建立的社区社会组织共有 50 个（其中，互助类组织 6 个，包括邻里互助中心、“一个观众的剧场”志愿服务队等），积极分子近千人，定期开展社区志愿服务工作。此外，爱有戏还帮助成立了 3 个社区内企业志愿服务队（东方广场物业、索菲特万达酒店、时代豪庭物业），其中物业公司成立的志愿服务队积极开展活动，对改善物业和业主的关系起到了很好的作用。

（四）建立社区的交流沟通平台

社区中缺少有效的沟通交流平台，将导致很多信息不能得到及时的反馈和回应。社区参与式互助体系通过公众性的活动和参与式互助体系平台上的沟通，建立起了有效的社区沟通交流平台。

（五）探索多元参与的社区治理模式

政府、社会组织、社区、居民、辖区企业等社区治理主体都能参与义仓、义集或者义坊的某些活动，各自承担不同的职责、发挥不同的功能，参与式互助体系有助于最大限度地动员和发挥各种资源的效能，从而实现多元主体参与社区治理。爱有戏希望通过参与式互助体系项目的运作，探索适合中国城市社区治理的模式。

（六）积累社区社会资本

随着城市的发展、商品房的普及，社区原有社会资本的断裂，新的社区人际关系得以重建。爱有戏希望参与式互助体系项目能够在社区中逐步构建起新的社区人际关系网络，增强社区成员之间的互助与信任，从而积累社区社会资本。

第二节　益心青少年事务社会工作服务中心针对流动儿童发展的社会投资案例

从补救型社会工作模式来看，儿童福利主要从法律权利、经济保障和社会心理辅导等社会救助方面维护儿童的安全、温饱和教育等基本生活需要与权利。发展型社会工作模式则建议在社会救助的基础上推动社会投资。儿童福利的社会投资观点包括直接提高儿童的营养健康、基础教育水平，注重性格培育、能力建设、潜力发展等，加强家庭就业协助、家庭经济支持、家庭应对问题能力的提升、亲职指导和社会支持等家庭服务。这些针对儿童和家庭的社会工作服务，不只是社会服务，更是社会投资，主要是通过对儿童、家庭能力的提升和对社区环境的改善，扩大对儿童福利的影响。就中观和微观的干预策略而言，困境儿童、单亲家长或家庭都有一定的能力和潜力，通过个体和群体的增能赋权，建立相互支持的网络，以及在社区和社会层面建设对流动儿童、困境儿童友善的资源网络和政策环境。昆明市五华区益心青少年事务社会工作服务中心（以下简称“益心”）采取的流动儿童服务策略（见图 9-2），正是发展型社会工作模式的写照。

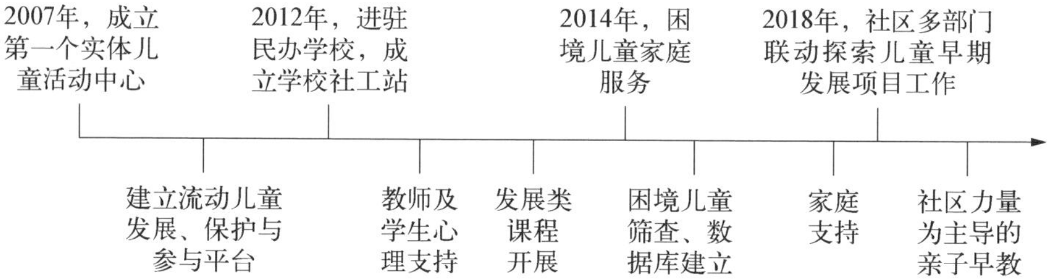

图 9-2　益心流动儿童服务时间脉络

一、背景与需求

（一）背景

王家桥村是典型的城乡接合部城中村社区，地处昆明西北部边缘，基础设施差，缺乏规划，房子密度大，基本上为彼此紧密相连的“握手楼”。由于月租金低廉，15～20 平方米的单间租金为 250～350 元，因此备受低收入的外来务工人员的欢迎。很多家庭是一家几口挤在不到 20 平方米的既是卧室也是厨房和起居室的单间里，居住环境比较差。

与到其他大城市打工的外来务工人员情况稍有不同的是，社区居民以来昆明打工的云南籍农民工为主。以王家桥社区所在的普吉街道片区为例，2010 年当地居民有 30 581 人，流动人口有 5.6 万多人(街道办数据)。大部分居民以站工(打零工)、从事服务行业或是做小生意为主要谋生手段，经济收入水平较低且不稳定。以一名外来务工女性站工为例，其日收入为 100～120 元，每月能做 15～20 天的工作，月收入为 1 500～2 400 元。这些农民工的受教育程度比较低，且缺乏一技之长，普遍来说，收入水平是相对较低的。

进城务工的农民工不断来到昆明，随之而来的还有他们的子女及其他家庭成员。普吉街道的流动儿童约有 2 万人。也有一些农民工的子女，出生和成长在流入地，只有逢年过节的时候才有机会回到家乡。在接下来的章节中，我们统称这些孩子为流动儿童。

流动儿童家庭主要有三种常见模式：核心家庭、单亲家庭和隔代抚养家庭。在流动人口社区中，常见的隔代抚养的原因是父母一方服刑，另一方离开原有家庭、放弃抚养孩子；或是父母双方皆放弃家庭，离家出走。无论何种原因，孩子的祖辈不得不负起抚养、照顾和教育儿童的责任。在核心家庭中，常见的问题是子女较多的家庭经济负担重，或因重病致贫，照顾者忙于生计，对儿童的教育和陪伴不足。单亲家庭与隔代抚养家庭的经济负担重，儿童照顾、代际沟通和家庭教育等方面的问题较为突出。

（二）需求

1. 家庭经济收入需求

大部分农民工来自农村，受教育程度较低，缺乏较为专业的谋生技能，只能从事体力劳动类的工作，收入低而且不稳定，如果家庭还有较多的子女入读民办学校，经济负担就更为沉重。对于一些隔代抚养的家庭来说，祖辈年纪较大，在劳动力市场上难以与年轻人竞争，只能从事电动车拉客、保安、垃圾回收或是保洁类的工作。这类工作收入非常有限，对于需要支付房租、医疗费和家庭生活费的祖辈来说，是捉襟见肘的。在单亲家庭中，照顾者经济负担重，常常需要花很多的时间忙于活计（工作），因此家庭生活质量、对孩子的陪伴和照顾都是有限的。

2. 享受发展资源的需求

儿童的发展资源包括学校教育和综合发展资源。就公办学校教育资源来说，过去由于大部分居住在城中村社区的流动儿童没有流入地的户口，因此无法享受当地的福利政策，诸如九年义务教育、最低生活保障等。近年来，随着教育政策面向外来务工随迁子女开放，如果家长能够按照政策①要求上网申请并递交资料，流动儿童就有机会进入公办学校接受九年义务教育。在目前益心服务的家庭中，有几个原因导致流动儿童未能进入公办学校就读：一是家长没有送孩子进入公办学校学习的意识；二是一些隔代抚养的家庭，祖辈不会使用网络或是不知道如何申请；三是政策要求准备的资料不齐全，较为突出的是没有户口的儿童只能选择到民办学校就读；四是过去

① 昆明市教育体育局：《昆明市外来务工人员随迁子女义务教育阶段就学管理办法（试行）》，http://jtj.km.gov.cn/c/2014-02-10/3340682.shtml，访问日期：2021 年 8 月 16 日。

在家乡小学就读，跟随照顾者在流入地生活后，再申请学校的，由于学籍在老家，很多只能选择民办学校。

流动儿童对综合发展机会的获得也存在很大的需求。由于流动人口家庭经济收入不稳定且城市生活负担重，因而一些家庭没有条件让孩子参加兴趣班或陪伴孩子外出游玩。城中村内缺乏适合儿童的休闲康乐设施，无法为儿童提供兴趣养成和学习的平台。

3. 儿童安全和受保护的需求

（1）安全需求。城中村环境复杂，照顾者长期忙于生计，儿童常常缺乏照顾者的照看，常结伴外出在村外游荡，在公路上骑车或是流连在黑网吧中，安全方面存在隐患。另外，部分孩子存在被校园欺凌和被社区内不良青少年勒索威胁的情况。

（2）免受虐待的需求。流动儿童曾遭受身体暴力和言语暴力的占比为2%～3%，还存在成年人对儿童进行性侵害的情况，且隐蔽性强，难以被及时发现，无法采取介入措施。

4. 辍学青少年就业与替代教育

有一些流动儿童从小学习基础薄弱，或是照顾者未能协助孩子养成良好的学习习惯和学习兴趣，当孩子进入中学阶段，学习任务更加繁重的时候，往往因为无法跟上学业而变得自卑，心理压力大，久之会产生厌学心理，继而发展到辍学。未满 16 岁的辍学青少年，因未到法定工作年龄，迫于生计只能在小店里打工，工资收入非常低。社会上目前几乎没有适合辍学未成年人的替代教育计划，对这部分青少年的服务几乎是空白的。

5. 不良行为青少年的教育

流动儿童中常见的不良行为主要有旷课、夜不归宿、打架斗殴、辱骂他人，强行向他人索要财物以及偷窃、故意毁坏财物等，其严重者可能触犯法律，需要承担法律后果。出现这些行为的原因有多种，其中家庭、学校和朋辈是三个重要影响因素。一是部分流动儿童的照顾者忙于生计，往往对孩子的教育和监管不甚重视，甚至放任不管。二是儿童本身缺乏法律意识和自控能力，学校方面虽然有法制教育的要求，但因学校教学任务重，法制教育往往流于形式，缺乏适合儿童的法制教育形式和内容。三是团体融入、渴望被认可和接受等朋辈间的压力。针对出现不良行为的青少年，单是对孩子的介入与矫正是远远不够的，需要在孩子的生活环境的不同方面（家庭、社区、朋辈关系、学校教育）进行预防与介入。

二、目标

流动儿童的发展与保护为核心工作目标。在机构服务开展的初期，儿童服务的目标是通过建立社区儿童活动中心，为流动儿童提供一个安全的学习、玩耍和交友的空间。随着机构服务的不断深入、对流动儿童及其家庭问题认识的加深，益心加大了在家庭和学校里的工作投入力度，主要工作目标是形成“家—校—社”工作平台，围绕儿童发展与保护的工作目标，在不同的工作场景中设立分目标。家庭服务方面，通过运用专业的社会工作方法，提升家庭解决问题的能力，为家庭构建社会支持网络，协助儿童及其家庭走出困境。学校方面，确立学校是儿童发展与保护的重要工作场域，通过为教师和学生提供支持、合作开展发展类课程和困境儿童筛查，加强跟学校间的合作与互动。社区方面，充分利用社区儿童活动中心，使之成为社区儿童发展、保护和参与的平台。近两年来，在原有工作的基础上，益心主要进行两个方面的尝试：一是探索社区多部门联动，社会工作组织与社区内相关部门（如居委会、司法所、派出所、学校等）一起搭建工作平台，各部门之间形成有效的联动与合作，在流动人口社区探索有效的青少年犯罪预防、发现、介入和跟进工作机制。二是通过流动儿童早期发展项目的开展，发展幼儿在各个领域的能力，重点在于丰富家长在育儿知识、亲子沟通方面的知识，增强家长的社会支持网络。

三、工作过程

益心前身为云南连心的儿童部。2006—2012 年，云南连心通过儿童活动中心建立了一个儿童发展、保护和参与的平台。2006 年，开始为流动儿童服务时，社会工作者与志愿者们骑着三轮车，把书本、玩具和游戏带到附近几个城中村，以外展的形式为流动儿童提供服务。2007 年，第一个实体的儿童活动中心建立起来，该中心提供图书借阅、玩具、游戏、功课辅导和运动器材等基础服务，以社会工作者为主导，社区骨干负责日常运营，定期举办各类专业小组、主题活动和工作坊，为流动儿童的成长提供各类资源，弥补其在发展资源上的不足。在中心发展的过程中，益心社会工作者探索出中心会员管理制度、儿童自组织管理制度等以儿童参与为主题的中心运营策略。2018 年，益心梳理过往服务经验，形成了《儿童活动中心操作手册》。

在流动儿童服务中心正常运营的基础上，益心探索了以儿童为中心的参与式摄影小组。2012年，机构所在的城中村里接连发生了几起儿童被拐卖的事件，儿童的安全事故在村中也时有发生。为了让孩子、家庭和社区增强儿童安全问题的意识，益心社会工作者决定募集一批二手相机，把孩子们聚集在一起，组建了一支流动儿童摄影小组，突破了外来专家或摄影师的传统拍摄视角的局限，参与式影像把摄影发声的权利交到儿童手上。在社会工作者和志愿者的带领下，孩子们用相机去发现和记录他们赖以生活的社区、学校、家庭，用相机拍摄社区可能发生的拐卖现象、安全黑点和生活中的点点滴滴。流动儿童拍摄的照片受到关注，机构举办了社区流动儿童摄影展，在居民中产生了一定的影响。在拍摄过程中，孩子们发现了他们所生活的社区的各个方面。在拍摄、讨论、影像展主持和向公众介绍的过程中，孩子们的能力得到了锻炼，自信心也有所增强。后来在云南省妇联的支持下，孩子们的摄影作品在昆明市不同地方进行巡回展览，呼吁市民关爱流动儿童。

2012—2014年，社会工作者的活动范围从活动中心扩展到家庭与学校。随着活动中心服务的深入开展，社会工作者在这个过程中得以接触并进入孩子的家庭，逐渐开始以家庭为单位进行服务，其中以困境家庭服务为核心，通过就业介绍、法律援助、情绪支持、资源链接、紧急援助、“社会工作者＋义工”家庭陪伴等服务，为家庭提供全面的支持，协助家庭摆脱困境。2012年，益心正式入驻打工子弟学校，在学校里建立了社工站，开始了学校社会工作的探索。益心在学校里开展的主要服务有：进行困境儿童筛查，建立困境儿童数据库，长期进行跟踪服务；与高校社团合作开展副科教学，与专业志愿者合作开展诸如生命教育、青春期教育和法制教育等发展类课程，弥补民办学校教师资源的不足；与专业心理咨询机构合作，为学校教师开展团体辅导和心理咨询服务；心理咨询师定期到学校开展服务，为有需要的儿童提供心理支持。目前，以家庭、学校、社区为主要平台的工作已经运作得较为成熟，三者之间的工作紧密联系且相互支撑。下面我们将以小东（化名）的案例来说明社会工作者如何利用这三个平台来为儿童提供服务（如图 9－3 所示）。

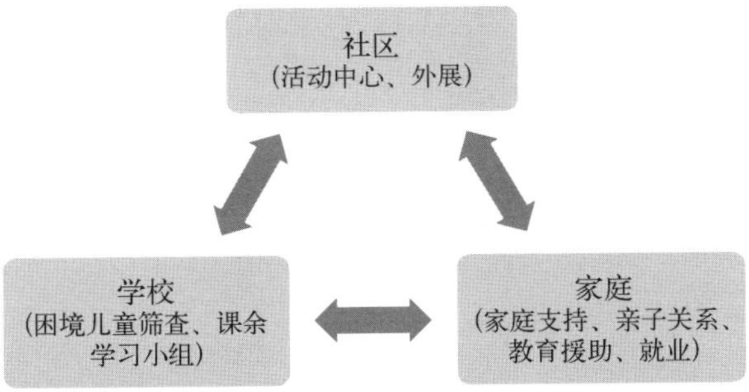

图 9－3　益心流动儿童服务平台的工作模式

隆冬时节，益心社会工作者在社区的大街上发现了小东和他的奶奶。小东很小时，他母亲便离家出走，父亲放弃对他的抚养，奶奶靠捡废品把小东抚养大。奶奶与小东在村里的一座老房子里租住了一个单间，居住环境阴冷黑暗。孩子至今没有户口，出生年月与大名均不详，也未曾上学。社会工作者在综合评估家庭和孩子的情况后，决定从经济援助、教育、营养改善、社会支持、孩子落户五个方面为小东和奶奶提供服务。由于奶奶的收入主要来源于废品回收，奶奶年纪大且身体不好，因而收入很有限。社会工作者为奶奶与小东链接了长期的一对一资助的资源，主要用于生活费和医疗支出。得到奶奶的同意后，社会工作者与合作的民办学校联系，把孩子送到学校学前班就读；为减少奶奶照顾上的顾虑和改善孩子的营养状况，社会工作者推荐小东参加面向困难家庭的益厨营养改善计划，让小东中午放学时到益厨用餐，在改善小东的营养状况的同时，也解决了奶奶无力支付学校餐费的问题。为了让小东打好学习基础，培养学习兴趣，周末时，家庭陪伴志愿者会前来带领小东到活动中心进行课业辅导与兴趣学习。至此，小东可以玩耍的地方不再局限于社区的巷道，周末学习完后就留在活动中心玩耍。目前最困难的是小东的户口。小东的父母没有结婚证，小东出生的时候没有出生证，父亲也很难联系上，上户口所要求的 DNA 测试也没有办法进行。

2017—2018 年，益心在社区内进行多部门合作的探索。随着服务工作的深入，社会工作者逐渐接触到一些出现偏差行为甚至涉案涉法的青少年。2017 年，益心开始系统地探索流动青少年犯罪预防问题，并于 2018 年在司法所的邀请下，加入社区派出所内的社会组织，参与预防未成年人违法犯罪试点项目。社区多部门合作的工作模式是多层次的和整体视角的（如图 9－4 所示）。

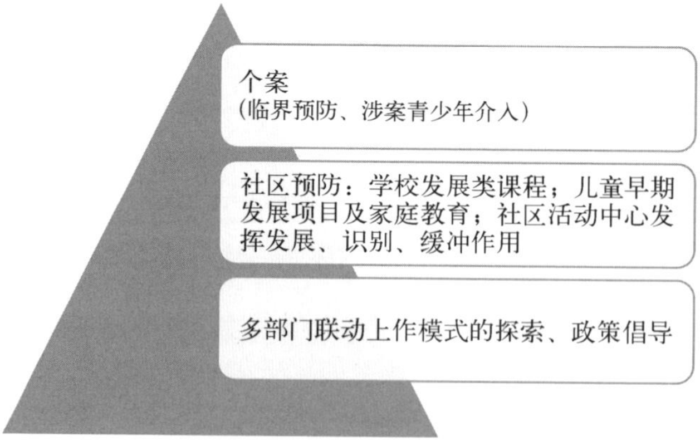

图 9－4　社区多部门合作工作模式

在这个工作体系中，社会工作机构在三个不同层次的工作中都发挥了重要作用，是主要的执行和参与力量，其中包括定期参与多部门联席会议、与多部门合作开展社区普法教育工作、负责跟进由派出所转介的个案。

（一）举办法治小课堂社区教育

法治小课堂是以“司法＋社会工作者＋专业志愿者”为主要力量的社区普法教育活动。司法部门和法律专业志愿者负责法治小课堂的课程开发与设计，学校负责对接，专业普法志愿者负责培训，社会工作者则利用多年来在学校开展发展类课程的经验与资源，以“社会工作者＋专业志愿者”的工作方式，共同在片区学校里开展法治小课堂；社会工作者在其中的作用主要包括项目管理、对接学校安排课程、志愿者管理及培训、个案的发现及跟进。

（二）探索流动儿童早期发展教育工作

在开展困境儿童家庭、涉案涉法青少年工作时，社会工作者一直在思考这样一个问题：是什么原因让这些孩子走上了歧路？从益心的服务经验来看，父母或照顾者角色失能、亲子关系淡薄、家长教育方法不当是其中的重要原因，而且如果社会工作者是在青少年已经出现不良行为的时候介入，那么工作难度增大、工作效果也不明显。因此，流动儿童的早期发展介入工作尤为重要。2018 年，益心作出决定：把原本 6～18 岁的服务对象范围扩展到 0～18 岁，并引进儿童早期发展教育项目，目的是通过在社区内开展亲子早教，增加家长的育儿知识，建立良好的亲子关系，建立家长间的支持网络。在早期发展项目的实践过程中，社会工作者推动并培养了更多的社区妈妈成为项目的骨干教师和执行者，并逐渐培养社区妈妈与基金会直接对接和进行项目管理的能力，逐渐扩大服务的受益群体和影响力。

（三）早教项目有助于社会工作者辨识流动儿童早期发展的障碍

社会工作者在早教项目中发现了流动儿童在人际交往中的障碍，因而增加了课堂上的应对办法、协助流动儿童和照顾者的照顾办法等内容。可可由奶奶带着来参加社区的亲子课堂。刚来的几天，在自我介绍的环节，奶奶看着其他小朋友都大大方方地走到老师那里，向其他人介绍自己，而可可则缩在一边，不愿意介绍自己。奶奶急了，推着可可说："赶紧去，不然老师就不喜欢你了，大家也不跟你玩了。"随后，老师在课堂上观察到奶奶与可可的互动差不多都是这种模式。课后，老师请奶奶坐下来聊天，将自己观察的情况告诉了奶奶。原来，可可的父母白天都在外面上班，奶奶一个人带着可可。可可比较内向，在外面基本上不跟其他小朋友玩，本来想让可可到亲子课堂学一些东西，但可可还是这样子，奶奶就急了，而且家里人说奶奶不会带孩子，奶奶也感到很委屈。老师了解情况后，决定从情绪管控和教育方法的转换方面给予奶奶支持与指导，奶奶也愿意尝试学习。经过一段时间后，可可融入了亲子课堂中。社区亲子课堂之所以受欢迎，与家长对孩子的教育焦虑有很大的关系。然而，亲子课堂不单是孩子学习的场所，更多的是希望通过亲子课堂这个平台和基于这个平台设计的家长工作坊与小组，为家长提供学习育儿知识的机会，改变他们的一些错误的育儿观念。

（四）早教服务同时为流动妇女提供社区就业，为困难的流动妇女增能赋权

陈芳是两个孩子的母亲，也是机构流动儿童早期发展项目的核心工作人员、活动中心管理员。在她的带领与努力之下，亲子园从一开始只有 4 个家庭参加，在短短一年里发展到有 30 多个家庭参与其中。而在这 30 多个家

庭中，有两位妈妈在陈芳的影响与带动下，经过培训与学习，即将成为亲子园的妈妈教师。谈起自己的工作，陈芳对其他孩子的家长说："我非常热爱自己的工作。"这一切离不开她面对逆境时百折不挠的韧劲。两三年前，在老师的介绍下，陈芳带着孩子来到这里，向机构求助，当时面临的问题是孩子上学、没有经济来源、没有工作和人生地不熟。在对各方面进行评估后，社会工作者迅速启动了对陈芳家庭的帮助。他们协助家庭尽快在社区安顿下来，落实孩子上学、就医的问题，申请机构紧急援助并链接半年的一对一资助资源，以帮助陈芳家庭渡过经济难关。在与该家庭接触的过程中，社会工作者发现陈芳虽面临种种压力，但从未退缩，且在照顾和教育孩子方面，很有自己的想法。随后，社会工作者邀请陈芳做机构活动中心的工作人员，负责活动中心的运营与管理。通过多次的学习与培训，加上兴趣所在，她成为流动儿童早期发展项目的核心教师。她的家庭也脱离了困境，孩子也得以进入学校就读。看见并促进个体与家庭能力的提升，协助个体及其家庭寻找机会与平台，发挥个体与家庭的潜能，是机构面向儿童及其家庭服务工作的重要策略之一。

四、过程中的困难、挑战及应对

社会工作者从最初的儿童服务的直接提供者，发展为现今的多重角色，表明了儿童服务多年来在不断拓展与延伸，然而这个过程是充满困难与挑战的，甚至有时会受各种条件影响而出现倒退的现象。

（一）专业服务面广且要求高

儿童的发展型社会工作涉及多维度的工作，专业服务面广。在儿童的家庭工作方面，诸如情绪支持、就业协助、法律援助、亲子关系咨询与指导等；在儿童直接服务方面，包括如何与儿童建立关系，了解不同年龄阶段儿童的发展特征，从不同的角度评估儿童的需求并提供后续服务；在形成合力方面，包括如何与社区相关部门和组织协商、合作，共同改善儿童的成长环境并链接更多的资源，在儿童保护方面促进多部门的合作。上述工作对社会工作者的专业能力的要求比较高，同时也要求机构业务不能局限于对青少年的服务，还要加强家庭综合服务、社区动员与组织方面的工作，以及提升链接外部资源的能力。这些方面对机构和社会工作者的挑战都是比较大的。

（二）机构与社会工作者需拓宽儿童服务中的发展视野

在开展流动儿童服务的过程中，拓宽社会工作者的发展视野尤为重要，这包括：在直接服务层面上，强调个人成长、潜力发展、家庭赋能和家庭社会支持网络的构建；与儿童相关议题如儿童安全、青少年犯罪预防和儿童保护等方面的社区组织和社区动员；从宏观的角度看待流动儿童的处境，基于实践政策倡导可能的方向。就目前来看，社会工作者在中观、宏观发展视角下的实践是比较欠缺的，也导致社会工作者疲于应对个案和家庭工作，而难以从整体上改善整个群体的意识或处境。社会工作机构的愿景与使命、社会工作者的实践，都要拓展发展型社会工作的视野，注重有关能力建设与提升。

（三）“自下而上”的工作方法的局限

流动青少年犯罪预防多部门联动工作平台是一种“自下而上”的工作模式，有别于“自上而下”的行政命令式的工作方法。在社区层面上，社区多部门联动试图联合社区的有关部门与组织，针对青少年犯罪主要原因探索整体介入的方法，包括社区环境改善、以学校为主要阵地的儿童普法教育、以儿童早期发展与家庭教育为目的的亲子早教。在个体与家庭层面上，社区多部门主要针对困境儿童、有不良行为的青少年和涉法青少年进行个案介入。联动最终的目的是形成有效的工作机制，进而开展政策倡导，并推广和应用到其他社区中。然而，“自下而上”的多部门联动的关键在于有关部门与组织对这种工作方法的认同和推动，形成有效的合力与工作方式。2018年，益心加入项目办公室，在项目推行一段时间后，有关部门对工作模式的看法不一，且未能得到持续的资金支持，多部门联动的工作模式未能进一步发展。

（四）服务的可持续性难以保障

对于非政府组织来说，其资金的渠道主要来源于政府购买服务、基金会资助或社会公众筹款，因此服务的可持续性很大程度上取决于能否获得稳定的资金支持，或是某项服务能否开始自我造血。对于开展流动儿童服务的机构来说，难以得到稳定的项目资金支持，就需要多元化拓展筹款渠道；尝试探索合理的有偿服务项目，诸如夏令营、亲子早教课堂等，从而支持社会工作者能够持久地开展工作。

五、发展型社会工作的特点

发展型社会工作视角有助于转换工作方法，从问题取向的工作方法转换为基于个体、家庭和社区的优势与资本的工作方法。发展型社会工作视角下的流动儿童服务采用整全的工作视角并进行实践，对流动儿童的问题与需求，基于儿童的生态系统进行综合分析与评估，摒弃过往以问题为取向的理论与方法。在与个人、家庭和社区建立良好关系的前提下，社会工作者在工作过程中强调儿童培力、家庭赋能和社区的优势、资源的发掘与运用。

（一）资源链接，建立工作关系网

面对需求复杂的服务对象，在单凭机构的业务范围或社会工作者的能力难以提供服务时，尤其需要社会工作者有资源链接、与不同类型的服务机构或单位建立工作关系网的能力。在协助家庭照顾者就业方面，社会工作者尝试建立招聘企业库，向有需要的家庭介绍就业机会。在辍学青少年服务方面，社会工作者通过与酒店企业共同策划学徒计划，或是对接基金会的就业学习项目资源，力图帮助辍学青少年找到替代教育资源，协助他们学习谋生技能，并逐步融入社会。除此之外，社会工作机构与其他青少年服务机构、心理咨询机构、重大疾病资助的基金会、法律机构等也建立了工作关系网。

（二）社会救助与社会投资并重

流动儿童受户籍限制，并不享有流入地的福利政策，因此社会工作者对困境流动儿童的社会救助主要通过两种途径来实现：一是促进家庭了解户籍所在地的儿童福利政策（如最低生活补贴、大病救助等）及其要求，协助有关家庭向户籍所在地申请；二是对于极度贫困或缺乏劳动力的家庭，社会工作者通过项目资助或是链接一对一长期资源，保障儿童及其家庭的基本生活需要，确保儿童享有受教育的权利。社会投资是发展型社会工作的重要策略。目前社会投资在流动儿童社会工作服务中主要体现在微观的实践层面上，包括家庭就业协助、家庭经济支持、家庭应对问题能力的提升、亲职指导、儿童营养改善、儿童受教育权利保障和儿童潜力发展等。总的来说，在实践中，对流动儿童及其家庭的服务，既强调对其基本权利的保障，也注重家庭整体应对风险能力的提升。

六、结语

以流动儿童为服务对象发展起来的社区儿童活动中心操作模式和“家—校—社”为工作平台的整体服务形式都发展得比较成熟，并得以扩展与延伸，可复制性强，稍加调整就能应用在儿童生活的不同场域中，如乡村儿童服务和城市社区儿童服务。困境流动儿童服务有一定的特殊性，强调社会救助与社会投资在其中的应用，特别是社区环境的改善，但由于非政府组织的影响力有限和服务范围的局限性，机构需要倡导有关部门对困境流动儿童群体在政策和资源上加以倾斜。社区多部门合作要求社会工作者具有一定的社区动员能力、协调能力和处理不同关系的能力，若形成有效合力，则会大大促进儿童发展与保护工作。总的来说，发展型社会工作视角下的流动儿童社会工作服务，能为建立本土化儿童社会工作服务体系贡献力量，也需要在实践中不断吸取其他工作模式的先进做法和经验。

第三节　社会资本培育、就业与社区融合

——云南连心流动职工联合工会案例

进城务工者的工作或在职贫困群体往往由于工作的零散化和非正规性，容易被雇主侵害劳动权益，因此进城务工贫困群体的劳动权益保障是发

展型社会工作实现劳动权益保障的重要领域。近年来，政府非常重视外来务工者的劳动权益保障，法律改革和执法监督都为社会工作参与提供了空间。

云南连心从增能赋权的角度培育进城务工者在寻找工作机会、使用手机和电脑、学习劳动法律方面的能力，帮助他们获得劳动发展的机会。机构可以视之为对助益进城务工者劳动就业的社会投资。另外，云南连心通过组织文娱康乐服务，建立进城务工者之间的社会支持网络。当出现劳动纠纷时，无论是云南连心的社会工作者还是工友骨干，都可以陪伴工友维护合法的劳动权益。更难能可贵的是，地方总工会肯定了民办社会工作机构对进城务工者的贡献，授权云南连心成立流动职工联合工会，云南连心开展的进城务工者服务更具有合法性。随着工会合法性的确立，云南连心进一步拓展进城务工人员的社会包容工作，逐步促进进城务工者之间及其与当地居民、社区之间的理解和互动。云南连心针对进城务工者实行的发展型社会工作模式从劳动权益保障、工会组织、社区参与和社会包容等角度介入，是十分突出的案例。具体时间脉络如图 9－5 所示。

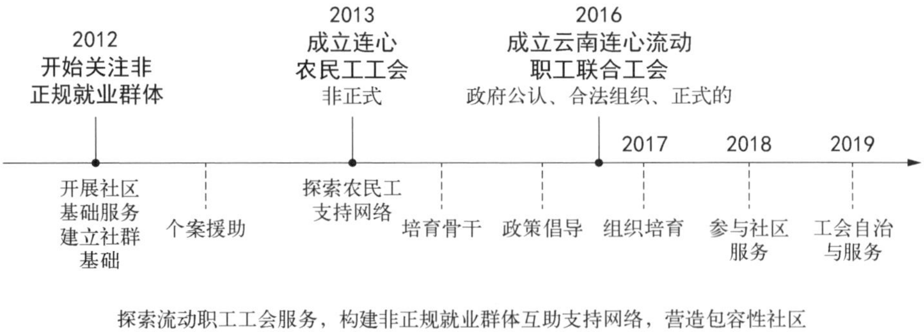

图 9－5　云南连心流动职工联合工会时间脉络

一、背景与需求

普吉街道王家桥社区所在位置是禄劝、富民等云南西北县城进入昆明城区的必经之路，也是茶马古道的必经要道。2015 年，王家桥社区老年人和连心社会工作者通过收集当年村庄样貌等口述史资料，在茶马古道原址上做了巷道命名。这两年，在西北新城扩建需求与城中村较低生活成本的推动下，王家桥社区吸引了大量来自云南各地以及四川、重庆、贵州、河南等地的务工人员（流动职工）在此居住，其中以家庭为单位来到这里的流动职工占 80%，大部分有省外打工的经历。2018 年中国城市流动人口官方数据显示，昆明流动人口有 219 万人，昆明市五华区普吉街道片区流动人口有 6 万人，仅王家桥社区流动人口就高达 3 万多人。同时，王家桥社区也是一个多民族聚居的多元文化社区。

随着近年来户口制度的改革，政策上对流动人口有了新定义，即“新工人·新市民”，流动人口开始得到关注与服务。因此，在新形势下如何维护和保障“新工人·新市民”的合法劳动权益，在社会稳定前提下如何推行城市新入住人群的社会治理服务，成为政府、社区、社会组织共同的重要目标。

云南连心自 2012 年扎根王家桥社区，在与流动职工同行的七年服务探索中，发现中国西南城市流动职工群体由于学历低、获得技能机会少以及城乡文化的差异，只能从事非正规就业行业。云南连心通过在群体中随机抽样访谈了解到，每个工友都曾遇到过不按规定期限发放工资的事情，大多数工友曾遭遇被欠薪而无法讨回工资，这样的情况至少有两次。拖欠两三百元工资、老板跑路是常事，职工去劳动部门投诉，劳动部门只处理个人与单位的劳动关系，想走司法程序予以解决，欠薪额度不到 2 000 元的不予受理。从云南连心对所接待案件统计的结果来看，因受工伤无过失被辞退的工友大多是流动职工。职工在停工养伤期间不得不冒着被欠薪、被辞退的风险，向雇主主张工伤康复待遇，最后拿到赔偿和工资后被辞退。另外，同样是清洁和搬运的工作，男工总比女工高出 10～20 元的工资，老板包括身边的工友都说“男人和女人的体力不一样”。工友合法的劳动权益难以得到保障。

清晨六点半，王家桥普吉路路边不足 500 平方米的小广场上挤满了上千名工人在此等工作，日复一日，年复一年，这里被称为“站工市场”。社会工作者走访调研发现，昆明市有十多个站工市场。另外，社区还居住着一个特殊人群，他们来自相同的民族（布依族）、相同的村庄，每天背着编织袋走街串巷，翻找可回收旧物，被称为“拾荒群体”。无论是有雇用关系的站工市场工友，还是以个体和家庭经营为主的拾荒老乡，他们都从事着非正规工作，作为外来人员，都共同面临着社会融合问题。布依族、流动人口、拾荒，这是贴在城市流动布依族拾荒者身上最显眼的三个标签。布依族本来和其他民族一样流动到城市找工作改善生活，而拾荒也是维持城市清洁必不可少的行业，也有利于资源回收循环利用。然而，在现实生活中，这三个标签已然成为压在布依族非正规回收业者身上的“三座大山”。

李贵福（化名），52 岁，小学三年级文化程度，来昆明打工五年。2016 年，他跟妻子在站工市场上找了一份给业主装修房子背沙的活儿，拆柱子时不小心被压断了腰，在联系不上包工头和业主的紧急情况下，妻子将他送进医院治疗，后因支付不起昂贵的医疗费转院回县城治疗，其家人没有去收集相关证据，也没有找业主和包工头主张申请工伤赔偿。李贵福一直怀疑妻子与包工头是串通好的，所以妻子故意让包工头逃脱。这些年来，李贵福与妻子为了此事争吵不断，妻子忍无可忍，离家出走。妻子走后，他也找过儿子理论，最后儿子也跟他断绝了父子关系。当他向连心社会工作者诉说时，事件已经过去了一年半，错过了主张工伤赔偿与收集劳动关系认定证据的最佳时间。且李贵福还一直坚持认为妻子害了他，全部责任应该由妻子来承担。三年过去了，李贵福旧病复发，干不了重体力活。据他讲述，为了麻痹“伤口”，其每天喝酒，然而喝了酒更难找到工作。社区居民见到喝得醉醺醺的李贵福就开始防备他。因此，很多人将这个群体视为会给社会带来隐患、需要管制的人群。

社会工作者常听社区居民说：“就因为懒、酗酒、没文化、没技能，站工只能在站工市场被老板（雇主）挑拣；社区所有的脏、乱、差、小偷小摸都是这群人干的。”拾荒群体，即以回收旧废品维持生计的群体，他们也觉得略比站工高一等。反过来非正规就业群体对当地居民的评价也是带有歧义的，如“尖酸刻薄、不讲理、爱占便宜、高高在上、游手好闲”等标签。曾有个从事企业中层管理的朋友向社会工作者抱怨，每次在食堂吃饭时，面对灰头土脸的工人就没了食欲。很多本地社区居民会歧视外来务工人员、外来拾荒少数民族群体。但连心社会工作者认为，这并不是有意歧视，而是因为不了解这一群体真实的生活状态，不了解他们的艰难处境，不了解他们辛勤工作的意义，所以才产生了歧视。

总而言之，中国西南城市流动职工面临的需求有：增加就业机会；减少欠薪、工伤事件，降低维权成本，职业安全有保障；增强维护合法权益的意识，提升相关能力；融入社会；等等。

二、目标

云南连心非正规就业群体服务起步于2012年，专门针对流动职工开展社区服务，后转由昆明市五华区明心社会工作服务中心（以下简称“五华明心”）开展此项工作。从针对特定人群服务到以社区整合式发展为理念，云南连心尝试用发展型社会工作方式，以社区服务为基础，整合社区经济、文化和政策倡导等，创造包容性的社区环境，减少社会对非正规就业群体的排斥。也就是说，通过争取成立流动职工联合工会，构建非正规就业群体的互助支持网络，回应个别维护劳动合法权益需求的同时，也能够回应社群和社区的需求。具体包括：其一，通过职业技能培训，让工友增加获得就业信息的渠道，辅助就业；其二，探索多部门联动机制，增加维权渠道，降低维权门槛；其三，加强简单明了、操作容易的普法教育工作，增强工友的自我保护意识和能力；其四，搭建工友参与社区公共事务的平台，提高其精神文化生活质量；其五，促进当地居民和外来人员之间的交流与互动，营造尊重、包容的社区环境。

三、工作过程

（一）云南连心农民工工会探索和服务期（2012—2015年）

2012年，云南连心的社会工作者给站工市场的工友送爱心茶，用这种平易近人的方式逐渐与工友建立了联系。开展个案援助工作，从欠薪、工伤、民事纠纷案件入手，赢得工友对云南连心社会工作者的信任。社会工作者在个案维权服务工作中观察到，相比于其他群体，在城市以打零工谋生的流动职工面临着复杂多样的困境，因在城市里生活缺乏生活支持体系，掌握的与劳动权益保护相关的信息资源较少，难以依靠法律手段解决遇到的问题，遭遇困境时往往表现出心有不甘却又束手无策。云南连心在个案服务中，除了和案主共同探讨解决当前问题之外，更多的是从提供信息的角度丰富案主的信息资源库，以提升案主的自我保护能力，以便案主再一次面临困境时有更多的方法可选择。2013 年，云南连心组建非正式连心农民工工会，开始吸纳工友入会；抓住重要节庆日，举办与工友相关的大型主题宣传和康乐活动，扩大连心农民工工会的影响力。2014 年，跟随工友入户并拜访周边工友，院落社会工作者和楼栋社会工作者开始在社区出现，把服务带到了工友生活的地方。2015 年，云南连心定期组织工友兴趣小组活动，如识字班、电脑技能培训班、法律知识培训，成立木工小组、工友社会性别小组等，从小组中挖掘骨干重点培养。

云南连心农民工工会在探索期面临一些困难和挑战：云南连心农民工工会是社会组织与工友自下而上推动组建的，当时政策还不支持成立非正规就业群体工会组织，云南连心农民工工会组织的政治身份得不到承认，所以当招募会员、宣传工会，尤其是以工会的身份协助调解欠薪案件时，社会工作者底气不足，机构也要随时准备承担被发现而受处罚的风险，应对的方法就是靠勇气和取得成效以获得政府的认可与支持。在国内，云南连心农民工工会是首家流动职工工会，没有经验可供参考和借鉴，只能在探索中前行。

（二）云南连心流动职工联合工会正式成立和组织发展期（2016—2019 年）

2016 年 5 月，为响应全国总工会的改革号召，落实《全国总工会改革试点方案》，在省、市、区和街道各级工会组织的指导和支持下，“云南连心社区照顾服务中心农民工联合工会委员会”在五华区普吉街道辖区成立，作为农民工集中入会的先行试点。成立一个月后，它改名为“云南连心社区照顾服务中心流动职工联合工会委员会”（以下简称“联合工会”）。联合工会依托社会服务组织云南连心和五华明心，运用专业的社会工作方法，主动、依法、科学地维护劳动者尤其是依靠打零工维持生计的劳动者的合法权益。联合工会的基本职能有：负责工会会员和会籍管理，提供法律服务、创业就业扶持服务，开展困难职工帮扶、职业技能培训、工友精神文化建设等。这一年，社会工作者积极进行工地走访，抽取了分布在昆明市各地的八个站工市场进行调研，把工会服务推向了整个普吉街道片区，知道工会组织的流动职工纷纷前来申请加入工会。

改善流动职工的现状涉及社区和有关政策的方方面面。此时，社会工作者迫切需要找到一种整合发展型的社区工作方法，来撬动个人、社群、社区整体的改变。为此，2016 年，项目团队运用“社会排斥”理论，对王家桥社区非正规就业群体所面临的问题重新进行辨识和分类，回应该群体所面临的多层面社会排斥问题。

非正规就业群体面临着经济、政治、文化、空间、社会关系和社会福利方面的社会排斥。经济方面，有关制度和政策并未根据该群体的特征设置和提供相应的就业岗位，因而他们只能实现非正规就业，技能水平较低，就业机会少，生计基础薄弱。政治方面，外来务工人员没有参与社区公共事务决策的机会和平台。文化方面，王家桥是一个多民族聚居的社区，但因缺乏文化展示交流的空间，看不到民族文化的多元性。空间方面，没有为该群体提供活动中心，其活动空间反而被占用。社会关系方面，外来人员的社会关系主要是熟人网络，除了家人和同乡，与社区其他成员来往较少。当地居民对外来人员存有偏见，认为所有脏乱差都是外来人员造成的。社会福利方面，医疗、教育、住房待遇享受不到，困难慰问金少。

针对以上情况，云南连心的社会工作者采取了以下回应策略：

第一，建立流动职工工会，维护劳动合法权益。结合非正规就业群体生计基础薄弱、掌握技能少等常态化难处理问题，遭遇劳资纠纷时维权渠道少、维权成本高等现实困境，联合工会在平台上开设电脑、微信技能培训班，建立流动职工微信群，提升工友获得就业信息的能力，其就业信息获取方式由原来单一的只能在站工市场上找工作，向共享网络获取就业信息转变；通过工会小组法律知识学习班，增强工友劳动权益保护的意识和能力；对已发生的欠薪、工伤个案，联合工会进行一对一的跟进服务，尝试联合司法、工会、劳动部门和律师事务所，探索建立便捷有效的维权机制。

第二，加强文化资源盘点和社区动员，促进社区融合。每年定期开展流动少数民族火把节、六月六，社区邻里节，端午节、中秋节等社区节日庆典活动，收集和展现王家桥社区的村庄口述历史，拍摄非正规就业群体纪录片，建立社区共享文化，从社区文化层面促进本地与外来居民互动交流，提升居民对社区的归属感。

第三，整合社区融合，培育流动妇女骨干组织和运营绿领平台（绿工坊、互助店）。绿工坊带动社区30多名有绣花技能的流动妇女共同参与产品设计与售卖，加强流动妇女之间的经济和情感支持，互助店联合高校社团、企事业单位、个人，为社区外来务工人员提供了物美价廉的二手衣物，从生活支出方面极大地降低了流动职工工友的生活成本，同时支持困境全职妈妈过渡性就业。建立社区服务和参与平台。在开展社区服务的过程中，注重挖掘和培育骨干，让骨干带动身边工友参与到社区服务中，推动工友理念从受助人到行动者的改变。工友逐步成立了流动职工工会委员小组、社区电影放映志愿者小组、社区卫生治理小组、农田种植小组等准社区社会组织，参与社区服务。2019年，联合工会八名骨干与社会工作者在城郊区运营了一块以“生态健康、社区互助”为理念的菜园，流动职工负责组织、管理农田，将部分蔬菜免费送给孤寡老人、残疾人等社区困境人群，增强社会责任感。

第四，社会资源动员。社会工作者与基层各政府部门、企事业单位、爱心人士、高校志愿者共同参与关注非正规就业群体服务，在实践基础上进行政策倡导和推动，影响基层政府由旁观者向支持者、合作者转变。2016年5月，在五华区总工会的支持下，云南连心农民工联合工会成立，农民工的工会身份得到确认；2017年，从街道到社区为云南连心提供了免费的工会活动场地和非正规就业群体相关项目；2018年，在非正规就业群体聚集的站工市场建立了云南首个流动职工活动中心——爱心驿站，站工市场的存在终于被官方认可。

组织发展期遇到的挑战和困难是：要进一步影响政策推动，建立流动职工多部门联动维权机制，需要准备充分的案例数据和可行性方案报告，目前云南连心还在收集和整理资料之中；项目资源短缺，人力配备不足，很难进行开拓性的服务，工会服务推进缓慢；工伤和欠薪案件很多都是结构性社会问题，很难处理，社会工作者要具备有关法律知识，工作挑战性大；联合工会的成立实质是自下而上推动的结果，但其政治身份的合法化与基层政府的支持分不开，成立初期（2016—2017 年）经常被动承接上级的大量行政事务安排，历经两年磨合才得以开始平等地和对方探索流动职工工会服务。

四、发展型社会工作的特点

社会工作者主动融入非正规就业群体，将服务从活动中心带至工友容易参与的地方，选择在工友方便的时间段开展服务。站工市场是工友早上聚集在此找工作和晚上休闲娱乐的重要生活场所，为了了解工友的真实需求并与工友建立联系，社会工作者经常在早上七点到九点之间赶来，靠一壶茶在站工市场上找工友聊天，晚上七点到十一点与工友一起跳左脚舞，遇到个案会主动提出入户拜访，详细了解情况，用一种平等的、自然而然的方式与工友建立联系，不刻意强求，不使用资源诱惑。从 2012 年至今，除上级工会特意要求在室内举办和需要封闭培训的活动外，没有一场由联合工会主导的康乐活动在活动中心举办过，活动都是在工友聚集的站工市场上或社区公共活动空间内举办的。各种工会技能培训班、社区电影放映、工会小组活动都在晚上开展。

挖掘和培育工会骨干，搭建平台、提供空间让他们开展活动。比如，每周四晚上的电影都由骨干轮流负责放映；骨干带社会工作者到工地进行调研，以他们的身份更容易接近工地上的工友；骨干协助社会工作者动员其他工友和居民参与社区服务，他们的社群基础比社会工作者强，“三个臭皮匠顶个诸葛亮”，很多时候，骨干的锦囊妙计加上社会工作者坚持的一点公平理念，便能达到锦上添花的效果。

扩大监督，保持工会组织的民主性和开放性。有骨干经常在联合工会群里散发广告信息，根据群约其他工友纷纷要求其停止，不然就自动退群。有会员投诉联合工会在承接上级工会困难职工慰问金福利活动时，不够严谨、公平、公正，他们提出应该把福利机会给到积极参与活动、参与提供社区服务的工友，工会服务在会员的监督中得以不断改进，服务水平也不断提升。

社区工作方法灵活多变，不断提高服务质量。随着时间的推进和服务的影响，越来越多的工友加入了工会组织，新骨干逐渐变为资深骨干，要求服务内容不断深化以增强体验感。比如，以增强工友自我保护意识为主题的社区教育活动，核心内容保持不变，宣传方式不断革新，从填鸭式的教育宣传，到参与式的亲身案例分享探讨，到最后亲身体验参与——把自己的故事用话剧的方式演出来。

最后，团队各司其职，实践与政策倡导两手抓。一线社会工作者要扎实做好社区服务，随时为机构的政策倡导做好充足的案例证据准备。

五、结语

2017 年，云南连心流动职工联合工会获得“昆明市工人先锋号”的荣誉。同年，联合工会从昆明市上百家基层工会组织中脱颖而出，工会服务模式被选为昆明市总工会经典案例，联合工会成了市、区总工会必来的调研之地。2019 年，联合工会第一次承接了街道工会服务项目。工友说：“感谢连心工会接受我为工会会员，能加入工会我非常高兴，就像孩子找到了母亲。”社会工作者问工友有没有加入工会，他们拿出随身携带的会员证自豪地告诉社会工作者：“我是连心工会第×批会员，××××年×月加入的。”当一位工友正式成为会员后，他会说服家人及周边的亲朋好友申请加入工会。联合工会自成立以来，已有600多名工友自愿申请加入，其中432名工友领取了工会会员证，正式成为工会会员。可见，联合工会在工友圈子里的影响力在继续扩大，会员对工会组织的归属感和认可度越来越强。联合工会至今培育了20名得力核心骨干。所谓核心骨干，就是可以单独承担工会的一部分服务，如招募工友入会、管理工会微信群、周四放映社区电影、动员居民参与工会服务、自我管理工会小组等。这在一定程度上解决了社会工作者人员不足的问题，也规避了志愿者实习生没有社群基础的问题。

数年来，在包容性发展社区理念的影响下，同一栋楼里房东开始接纳租住在楼下的外来务工人员共享屋顶空间，具体体现在能在屋顶晾晒衣物和种植蔬菜，举办各类社区活动都会主动邀请外来务工人员参与。外来务工人员开始有机会有平台参与社区治理，关注社区的困境人群，积极地贡献自己的力量。

第十章　城乡社区治理与发展型社会工作

第一节　河南社区教育中心的乡村社会性别治理

发展型社会工作不仅通过社会工作介入与城乡社区居民共同探索和落实社会发展的权益，更重要的是通过构建社区社会治理模式，在中观和微观层面建立社区治理机制，确保社会发展权益的落实。原河南社区教育中心（以下简称“社区教育中心”）的机构宗旨是推动社会性别平等。该机构工作人员在登封周山村近二十年的工作非常完美地展现了一个循序渐进的从反思到修订乡规民约并矫正农村社会性别不平等的介入过程。

社区教育中心与周山村妇女建立伙伴关系的初始阶段，也绕不开考虑妇女的生计问题。第一阶段，社区教育中心通过开发手工艺提升妇女的经济自主能力。第二阶段，在基本关系建立后，社区教育中心开始采用社区教育的方法，增强妇女的性别意识、团队合作意识，依靠集体力量解决问题，比如通过社区戏剧、社区艺术等，分享和反思个人与社区面对的社会性别不平等的问题。社区教育中心进一步与周山村妇女共同增能赋权，培育妇女骨干与村委会干部一起修订村规民约，提升她们在社区中维护社会性别平等的能力。

更为突出的是在第三阶段，借助参加原国家计划生育委员会“性别平等政策倡导课题组”的机会，社会教育中心通过“调查研究、社区推动、政策倡导”建立周山村的典型案例，在探索出生性别比失衡的治本过程中，与妇女骨干共同厘清乡村性别问题存在的生活内容、风俗习惯、村庄制度及国家政策影响，寻找实现性别平等的突破口，最后推动全村共同参与规划乡村发展。

社区教育中心的发展脉络如图 10－1 所示。

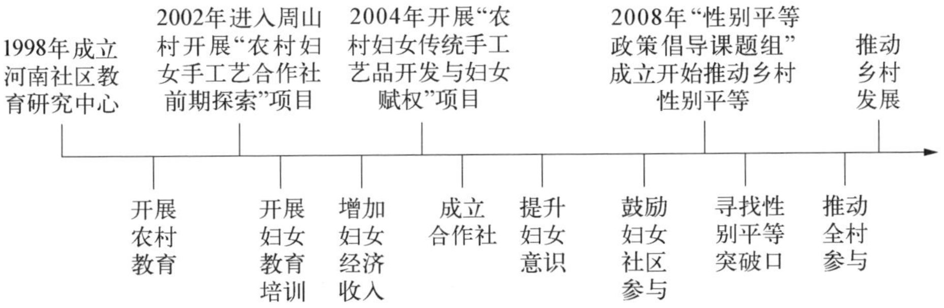

图 10－1 社区教育中心发展脉络

一、背景与需求

周山村位于河南省登封市大冶镇东南 3 000 米处，面积为 3.4 平方千米，包括 10 个自然村（槐树口、栗子沟、王家门、南地、上门、下门、里河、白岗泉、杨树沟、弋家门），分布在崎岖不平、蜿蜒曲折的山路边上。周山村有山地2 937亩，主要种植小麦、玉米、红薯等农作物。该地区十年九旱，因为缺水，农作物产量很低。2003年退耕还林，2006年实行土地流转，由镇政府每年给村民发放土地补偿金①（每亩地每年800元），村民称之为“口粮款”。

2010年，周山村有村民384户，1 544人，分为10个村民组。其中60岁以上的有238人，18岁以下的有333人，残疾人有37人。退耕还林后，村民的生活来源主要靠外出务工，不少青壮年在附近的煤矿、铝矿务工，也有人搞建筑、电焊，或做点小生意；一些青年人到富士康（在新郑市）、宇通汽车公司（在郑州市）等大型企业上班；五六十岁的人主要在附近打零工。村里有四个养殖大户，喂有5 000多只鸡、上百头猪，但因养殖成本越来越高，环保部门也不断催其搬迁（要求和村庄保持一定距离），他们不打算继续养殖了。村里的个别人靠开采煤矿、铝矿，有了上百万元、上千万元的资产，而最困难的家庭（主要是病人或残障人士）仅靠低保和“口粮款”维持生活。2016年，全村的人均年收入达6 000元。

目前，和全国大多数村庄一样，村里几乎找不到35岁以下的年轻人。年轻妇女和青壮年男性一样在外谋生，留守在村里的主要是老年人和需要照顾家庭的中年妇女。因当地土层较厚，村民们原来大多居住在依山而开的窑洞里，有土窑、石窑和砖窑。窑洞建造成本低，冬暖夏凉、居住舒适，但也存在居住环境狭小、采光差、易潮湿、交通不便等问题。自20世纪80年代开始，经济条件稍稍有了改善之后，村民们便陆陆续续从窑洞里搬出来，住进

① 2003年1月，《退耕还林条例》正式实施，政府按照核定的退耕还林面积，在一定期限内无偿向退耕还林人士提供适当的粮食补助、种苗造林费和生活补助。

了村庄道路两旁的平房或小楼，把那些曾经为他们遮风避雨又装满生命故事的窑洞，孤零零地扔在了黄土层下，任由它逐年荒废、坍塌。目前，保存尚好的窑洞还有近百孔，是一大笔被闲置、遗弃的“不动产”。

第一，妇女教育是农村教育的重要内容。河南社区教育研究中心(以下简称“教育研究中心”)成立后，需要开展农村教育试点。受发展理论、发展模式的影响，社区教育试图在培训妇女的基础上，帮助农村妇女“脱贫致富”，开展健康教育、参政议政能力培训等活动，以探索农村妇女的发展之路。

第二，增加妇女的经济收入是当务之急。当时的周山村是大冶镇的贫困村，男人下煤窑，妇女在家务农，人均年收入不足千元。其中有部分妇女有较好的手工艺基础，不少中老年妇女的绣花和织布技术娴熟，她们在农闲时纺织、刺绣，供家人或赠送亲友使用。当教育研究中心工作人员来到周山村，和该村妇女谈到开发传统手工艺品的想法时，她们表现出极高的热情，希望自己喜爱的传统手艺能够保留下来，也能依靠自己的手艺，增加家庭的经济收入。同时，登封地处山区，水源缺乏，农业发展受限。但登封旅游资源丰富，除了闻名世界的少林寺，还有中岳庙(道教圣地)、嵩阳书院(儒学名胜)、观星台(中国最早的天文台)等多处景区，每年吸引中外游客数百万人。如果能将农村妇女组织起来，生产旅游手工艺品，那么不仅能保存当地的传统手工艺，也能增加妇女的经济收入。

第三，经过一段时间的合作与调研后，项目团队发现了妇女在“经济”以外的需求和目标，特别是乡村中“人的建设”被视为更重要的工作。因此，社会工作者在实践中，注重整合与妇女合作的经验，发现不能单纯地注重“效益”，而是需要赋权妇女，从意识上推动本地妇女成立社会组织，合作发展。

在乡村调研和走访过程中，项目团队发现乡村性别制度对妇女的生活影响巨大，需要明确“性别网络”中的各个环节之间的关联性，找到突破口，协助农村妇女一点一滴地改变，通过民主协商，打破整个网络的平衡，实现性别平等。

二、目标

第一阶段，即农村妇女手工艺合作社探索的前期。当时的目标单一，以增加妇女的经济收入为主。在前期调研的基础上，这一期项目的主要思路是：开发妇女传统手工艺品，推向旅游市场，增加妇女的经济收入，增强妇女经济自主的能力。要做到这些，项目团队必须将妇女组织起来，否则难以形成规模，也不利于产品的设计、生产和销售。项目周期为一年，计划以“妇女手工艺开发合作社”的形式，使周山村妇女依靠自己的力量改善家庭经济状况。

第二阶段，即农村妇女传统手工艺品开发与妇女赋权时期。教育研究中心工作人员认识到，开发妇女传统手工艺品，不只是增加妇女的经济收入，或者建立一个形式上的合作社，它的意义应该是综合性的。于是，教育研究中心工作人员和周山村妇女一起制定了这个阶段的目标：一是开发妇女手工艺品，增加经济收入，提升妇女的经济自主能力；二是强化妇女的性别意识、团队意识，依靠集体力量解决问题；三是促进妇女参与社区事务，提高她们在社区中的地位。

第三阶段，即农村妇女参与推动乡村发展时期。在“性别平等政策倡导课题组”的推动下，教育研究中心旨在从“调查研究、社区推动、政策倡导”三个方面入手，探索一条治理出生性别比失衡的治本之路。因此，本阶段的目标是：其一，厘清乡村性别问题存在的生活内容、风俗习惯、村庄制度和国家政策影响；其二，寻找实现性别平等的突破口；其三，推动全村参与规划乡村发展。

三、工作过程

第一阶段：以“妇女手工艺开发合作社”项目把妇女组织起来，开发妇女传统手工艺品，进行产品设计、生产和销售，推向旅游市场。

第二阶段：为妇女手工艺骨干举办各类知识培训。她们开发了三种类型的手工艺品，包括收藏性产品、实用性产品、公益性产品。2004 年 9 月，“周山村妇女手工艺品开发协会”（以下简称“手工艺协会”）正式成立，成员共同制定了协会宗旨：开发妇女手工艺品，提升妇女自身能力，活跃农村妇女文化生活，促进妇女参与社区管理。由此可以看到，妇女们已经不再是单单强调“生产”和经济效益。协会成立初期，仍以小组为单位进行生产，协会的作用是统一进料、安排产品、监督产品质量，并组织各类培训和技术交流。这样，各小组不再是“独自作战”，成员之间也有了明确的分工。在反复讨论、协商与磨合的过程中，协会真正成为坚持“平等互助、共同发展、扶助弱势群体”理念的“农村妇女合作经济组织”。在各类培训和公益产品的制作过程中，妇女们的性别意识、参与意识和社会责任感得到增强，这为她们参与社区事务打下了良好基础。自手工艺协会成立以来，妇女们从来没有“关起门来搞生产”，而是积极主动地参与社区事务和村里的集体活动。无论是种花、植树、打扫卫生，还是后文谈到的推动风俗变革、修订村规民约、义务修筑村庄道路，手工艺协会成员个个都是骨干和先锋。

第三阶段：社会工作者通过弄清居民观念、日常生活、风俗习惯、村庄制度和国家政策之间的关联后，看到了不同层面面临的挑战。观念层面，“男娶女嫁”的婚姻制度延续了几千年，为大多数村民所认可与遵行。制度层面，触动以男性为中心的村庄资源分配制度，牵动了村民的实际利益。操作层面，既不能讲形式、走过场，又不能急于求成、操之过急，否则很容易激化矛盾。因此，寻找启动变革的突破口非常重要，这个突破口一定要从村民们最现实、最迫切的问题切入，才能打动人心、激发共鸣。社会工作者通过三次参与村规民约的修订，推动了乡村性别问题的改善和村规民约的完善。第一次30条村规民约修订草案全部顺利通过；第二次修订使离婚妇女的权益得到保障；第三次是通过民约研讨会、村规民约大家谈、参与式培训、特定人群座谈、个别访谈等途径逐步完成对具体条例的修订。

四、发展型社会工作的特点

（一）强调农村教育

教育是赋权的重要过程，能够帮助妇女增强自信、提升能力，重新认识自己。在项目开展期间，教育研究中心为妇女手工艺骨干举办各类培训30多次，培训内容涉及社会性别、参与式发展、团队精神、沟通技巧、健康知识、手工技能等，培训方法也力求灵活多样、引人入胜，使她们尽可能地理解和接受。

（二）经济发展与妇女意识的共同发展

经济发展只是妇女发展的一项目标，真正的发展是妇女意识的改变。

第一期项目只考虑“生产”与“效率”的关系，那时生产骨干之间互不服气，部分人对个人的利益斤斤计较，成员之间闹起了矛盾。只有转变观念，培养团队精神，大家的注意力才会转移到“经济”以外的需求和目标，才能齐心协力推动妇女乃至乡村的发展。

（三）成立合作社

合作社成立初期即使是一个经济组织，也不能把“经济”作为最重要的目标。合作社成员进行了一次又一次的讨论、学习、磋商，对自己的需求更加明确了，也更有力量参与到合作社的管理之中，甚至是社区事务中。在“经济”之上，合作社选择了“合作”与“公益”，增强了成员的团结合作意识、自信心和社会责任感，使她们有了更长远的眼光和更广阔的发展前景。成员在增加经济收入的同时，也实现了自身的社会价值，可谓物质和精神双丰收。

（四）推动居民戏剧的发展

戏剧在农村有广泛的群众基础，很容易对居民产生吸引力。农民们平日劳动时间长、强度大，唱戏和看戏是他们劳动之余满足精神需求的重要方式。农村的演出场所都是开放的空间，不收门票，出入自由，很符合农村的生活习惯。演出队表演的剧目反映的是农村实际生活，用的是方言俚语，乡土气息浓郁，有很强的感染力，观众易于接受。这种形式一方面为妇女公开发声提供了机会，另一方面吸引了男性自觉参与，成为居民自我教育的有效方法。

（五）提高社区居民参与的积极性

各式各样的培训推动了居民参与社区事务的讨论，鼓励他们成立社会组织，让他们逐渐意识到自己是乡村的主人。村民之间通过反复讨论与磨合，意识到应该允许所有人发表不同意见，尊重每一个持有不同意见的人，并能够采取平和手法解决矛盾。

五、结语

对于妇女们来说，首先是个人的变化。她们越来越独立、开朗、大胆。用她们自己的话说："过去整天不出门，见人不说话，参加协会后不但技术提高了，胆量也练出来了，村里决定大事时，也敢代表妇女说话了，就像换了一个人！"2013年，手工艺协会和香港艺术家合作出版了刺绣书《咱们的故事咱们绣》。在新书发布会上，她们的话语更是惊人："俺们是在记录历史，这是一件'永垂不朽'的大事！"其次是和家人关系的变化。原来她们对丈夫完全"仰视"，自己承担着田地里的劳动和全部家务，花钱时却要"低着头"向丈夫讨要。现在，看到手工艺协会的成功和妻子的成长，丈夫们的态度有了翻转式的变化。协会里手艺最好的王云，丈夫是村医，每天很忙，特别反对她外出。但王云偏偏酷爱刺绣，又爱说爱笑，愿意和姐妹们在一起做活儿。每次到协会来，王云都要趁着丈夫不注意，一溜烟偷跑出家门。而现在王云到协会"上班"，丈夫会催着说："快走吧，别迟到。"时间晚了，他还会骑着摩托车把她送到协会。一个当初极力反对妻子参加协会的丈夫说："村里有人问我：'你媳妇也在协会吗？'我说'是啊'，心里可自豪啦！"

对于乡村来说，最明显的变化是协会在村里的影响力逐渐提升。最初，村里无人看好手工艺协会，认为"十几个妇女聚在一起成不了大事"。而今，这一帮妇女真的干成了大事。全国各地的参观者来到周山村，第一个去处就是文化大院里的手工艺协会。村民们开始赞誉说："手工艺协会这帮人，搁到哪儿都中（干啥都行）！”几个后起的村民组织，也把手工艺协会视为榜样。此外，村里人的改变是“慢功”，但只有人改变了，制度才会变。每次修订村规民约时都因为性别平等的条款在吵，但吵的过程就是理解、接受的过程。修订村规民约，有助于提高人的思想觉悟水平。现在，老百姓大多都理解了，基本上没有听到反对意见。村里人的改变进而带动了整个乡村的变化。村民们开始探索多样化的乡村养老模式，甚至改变了几千年的老传统。妇女积极参与村庄管理，不仅提高了妇女地位，也为解决乡民问题提供了新视角、新思路。村里又相继成立了“老年协会”“乡村艺术协会”“常青互助会”“青青草社工小组”等组织，将村里的老年人、妇女、少年儿童组织起来，积极参与村庄事务。

第二节　农转居社区的社区教育、社区治理与发展型社会工作

——北京近邻的农转居社区社会工作介入案例

在中国城乡关系急速转型的过程中，城市周边的城中村的改造，精准扶贫的易地扶贫搬迁，使大量农村居民改变了生活和生计方式，从乡村社区进入城市社区。在这样的农转居过程中，农村居民出现很多生活和生计方式的适应问题。比起进城务工群体，这种集中搬迁居住地的城市化适应现象同样是发展型社会工作应对当前中国社会急速转型的一大重点。

北京近邻从 2010 年开始，一直致力于探索在农转居社区的社会工作介入模式，把恢复居民原先村庄里的邻里关系作为主要目标。以社区教育为

抓手，兴办社区学堂，增强农转居居民适应社会的意识。他们推动成立了以协商议事、关系建设、课程建设为目标的班级委员会，深入培育学员—居民关系，带动学员—居民关系的深入发展；使农转居居民由学员—居民的被服务身份转变为服务他人的身份，承担起社区建设的责任。

北京近邻通过转化社区学堂和班级委员会，善用农转居居民原来的深厚邻里关系、家族关系，放手动员社区，发展社区社会组织，调动居民参与社区事务，构建政府、社区、社会组织、居民协同参与的机制，各自承担社区治理和社区建设责任，权、责、利分明，共同促进农转居社区建设。北京近邻更善用、传承和修复乡村的优秀传统文化并发掘其组织、传统、关系资源，构建有传统乡村情感温度的现代农转居社区。他们的农转居社区教育和治理模式堪称发展型社会工作的典型。

一、从“农”走来，走进农转居

2007 年，中华女子学院的杨静老师带领她的几名学生和工作伙伴，筹划并开始尝试在北京开拓自己的社会实践场。几名工作伙伴大多从农村走出来，带着对乡土的深厚情感，也有在农村社区从事发展工作的实践经验。同时，专业社会工作的背景促使北京近邻思考自己的专业知识如何在中国当下城乡之间落地生根，转化成能够回应社会问题、服务弱势群体的良好社会实践。

于是，北京近邻将目光投向了城市外来工群体，开始关注在北京奥运会前夕城市快速扩展过程中的北京城乡接合部外来工聚居社区。在当时乐施会城市生计团队的支持下，北京近邻的第一个项目启动了。扎根社区的工作如儿童服务、家庭工作、社群文化、妇女组织等方面，从无到有，几乎没有过往经验可循。北京近邻最初的社群组织与社区工作方法积累，就源自外来工聚居社区的服务工作。北京近邻关注的是农民的问题，服务对象来自全国的农村，即使机构身在北京，还是觉得和乡土如此贴近。

2009 年，伴随北京大范围城乡一体化运动，北京近邻经历了第一次（也是目前仅有的一次）拆迁，不足一个月，六七万人居住的社区不复存在，这让第一次经历的人来不及作出反应。机构尝试记录拆迁流动中工友的故事，或书写，或拍摄，或尝试跟随工友到更远的社区，或走进地下室聚居的职业人群，后来也在建筑工地上关注工人婚姻家庭与文化生活，持续了四年。最后因为各种条件限制，外来工社群的服务组织工作空间越来越小，后续坚持在这一领域的伙伴机构生存下来都相当困难。

在整个拆迁过程中，北京近邻密切关注外来工群体的流动，发现有一个与拆迁同样紧密相关的群体，始终没有进入机构的视野。直到有一次，一位支持北京近邻的区领导说，要不要尝试和政府建立更紧密的合作关系，关注一下拆迁之后的回迁楼，即农转居社区，工作团队意识到，北京本地部分“土著”也是一群农民，拆迁也改变了他们的生活。

二、富裕的“弱势”，社会工作为何选择北京农转居

2010 年 7 月，北京近邻进入北京市朝阳区某农转居社区，这是北京近邻介入的第一个农转居社区。到 2019 年，工作团队已坚持在农转居社区工作了近十年。为什么要介入农转居社区？最初在团队中就存在争议，社会工作者是以辅助弱势群体为责任的专业群体，作为北京大部分在拆迁后获得

丰厚物质补偿的拆迁群体，在公众眼中是暴富、既得利益群体，对于他们应不应该成为社会工作者的服务群体存在争议。当时在团队中，也确实有社会工作者因为坚持对外来工群体的情感，在实践路径上选择与团队分开。

那么农转居社区及拆迁群体，究竟是怎样的面貌，对于专业社会工作者来说有没有介入空间呢？2010 年，在正式启动社区服务项目之前，为慎重起见，北京近邻展开了为期近 5 个月的社区深入走访调研，农转居社区的面貌在机构眼前逐步清晰起来。

农转居社区的根本特点是原有农村（或社区）经历拆迁和回迁安置，这个过程排除了早期的市场介入，目前北京近邻所接触到的都是政府政策性决定的过程，而受到政策演变、不同的拆迁项目、不同地区政府经济实力、政策落实程度的影响，各地情况存在显著差异。因此，机构所进入的不同拆迁社区（即便在同一个社区里，也存在不同阶段拆迁的差异）回迁家庭的补偿标准、经济条件、就业安置、后期社会保障安排，都存在极大差异。这种差异让机构看到，即使是在北京，面对拆迁群体时，也不能简单地理解为一夜暴富，而是需要将眼前一次性补偿与后续可持续生计结合起来看。此外，政策的变化和差异性，无疑是导致社区矛盾激化和回迁居民情绪变化的重要因素。

专业社会组织的最初介入，从社区矛盾与政策议题切入是不可能的，机构的着眼点主要还是落在回迁居民生活的方方面面，概括起来主要有以下几个方面的问题：

第一，快速转居上楼，社区公共服务设施不足，服务体系需逐步建立。大部分农转居社区都是先解决回迁居住的问题，再逐步完善公共服务设施等软硬件服务体系。大到学校、幼儿园、公共交通，小到居民买菜购物、文化休闲空间，很多社区都是在居民回迁后，这些公共服务设施才从无到有地逐步建立起来。居民生活便捷度、满意度不能提升，因而对于回迁社区的归属感、对农转居的接纳度就无从谈起。

第二，原有村落庭院生活方式改变后，社区居民面临生活适应的问题。对此，不同年龄群体的感受差异很大，老年群体农转居适应自然更加困难。随着居住方式的变换，家庭生计、生活方式、社区人际互助等也发生了变化。好的方面当然有，如环境变得干净整洁了，生活更加便利了，年轻人往往更为拥护。但也存在其他方面的感受，机构工作人员在社区走访过程中就了解到这样的例子：有的社区老年人谈到，他们以前经常串门聊家常的习惯已经被改变，现在上楼后家家都是地板地毯，出入很不方便，索性不去了；有的老年人谈及他当年在庭院中种菜、养鸡，虽然这不是生计方式，但当了一辈子的农民，自己日复一日地看到亲手种的作物、养的家禽生长，喜悦和生活的意义就蕴含其中，而上楼后这些都不复存在了，生活或多或少都变得乏味了。这大概也是农转居社区及周边有更多的绿地被开垦成菜园，形成新的社区治理难题的一个重要原因。更有部分社区老年人上楼之后，家里陈设简陋，这时的生活无法与当年的庭院生活相比，随后的日子也无须过多花费心思经营了。

第三，乡土知识、美德、人际关系、村庄历史记忆、人文传统在变革中被削弱，社区传统支持网络被弱化。尽管和城市社区相比，农转居社区中的成员依然关系紧密，社区支持系统生命力强大，但伴随拆迁而来的，相应的村落文化和关系无疑是在逐步弱化，特别体现在年轻人和孩子们身上，祖辈的乡村生活历史和经验，在他们身上快速消亡、遗忘，社区与社群的精神也随之慢慢消散。

第四，居民的思想意识需要转变和提高，对新社区的归属感、认同感、责任感有待建立，社区参与有待强化。在与不同的农转居社区基层治理参与者特别是基层政府和社区居委会干部的交流过程中，社会工作者在谈及农转居社区问题和需求时，常常听到的是居民思想意识的转变和提高问题，即所谓“身体上楼之后的思想上楼”问题。其依据往往是农转居社区中普遍反映出来的社区管理方面的问题，例如普遍存在的楼道堆物堆料、绿化带被破坏，以及居民在社区生活中出现的更多不文明现象。这些都被普遍解读为居民思想意识落后，不能与转居生活相适应，包括农民需要更加文明和有序转变，即所谓农民市民化。不可否认，农转居社区居民的行为习惯包括思想观念，需要与新的生活方式和新型社区相适应，这是真实存在的问题。其中也确实需要相应的教育引导工作，只不过理解这个过程不应该过于简化，例如简单地将此前的农村生活方式、农村生活观念看作落后的，而改造的方向就是完全将其转化为市民，形成城市观念与意识。

说到思想观念，北京近邻在进入农转居社区调查，特别是此后逐步开展社区工作的过程中发现，在农转居社区居民的思想观念中，有一种和其他社区都不一样的观念，理所当然地认为社区就应该为其服务。对于居民来说，在拆迁回迁的过程中，自身是被动接受的，并且居民往往认为自己是利益的受损者，因此主导拆迁过程的政府自然而然在转居之后，对于居民生活的几乎一切问题都负有责任，有任何问题和需要，找政府找社区是理所当然的。机构工作人员就曾遇到居民冲进服务中心，声称：“你们（专业组织社会工作者)就是政府请来给我们服务的,你们这里的房子资金用的都是我们的钱(指拆迁款卖地所得),你们应该无条件为我们服务。”言外之意是,社会工作者作为服务者更应该感谢居民。

严格来说,居民这个思考逻辑并非完全非理性的。即使基层政府也承认自身在农转居社区拥有更多的社会治理与公共服务责任,一方面是为了避免和排除农转居社区可能存在的社会矛盾,另一方面政府也认可其对这部分农转居居民有更多的服务责任。但问题在于,这种认识与关系逻辑会构建出居民与基层政府(社区)之间更加依赖甚至是迁就的关系。由此导致社区参与主体之间的权、责、利关系更加模糊不清,政府和社区更难构建起基于公平与科学治理的社区管理机制,居民则更难建立起基于公益、责任和参与的社区参与主体观念及参与位置。在这种思考逻辑与关系机制下,机构在社区介入中所倡导的参与、互助、公益、责任都无从谈起。

近几个月的调查及十年来的介入使北京近邻对农转居社区和居民的认识逐步加深。这些居民看起来确实是衣食无忧,无论是自身社会资源条件,还是外部给予的公共服务支持,都较为充分。但从另一个角度来看,拆迁这一快速、强势的外部变化,在极短的时间内的确改变了农转居社区居民的生活环境、人心观念、社区关系、文化记忆。这种急速改变对于每一个身处其中的家庭和个人,其影响是有极大差异的,很多积压的怨气、无奈难以言说,可能被压抑,不被提及,渐渐遗忘。而有些快速变化中被忽视的问题,也可能在新的农转居社区生活中发酵,形成新的社区治理难题和社区矛盾困境,这也是当前基层政府最为重视的。因此,无论是从对农转居社区居民个体的关注,还是从基层社会治理的角度出发,回应农转居社区的矛盾议题,都具有显而易见的必要性和迫切性。

三、“服务、教育、组织”三位一体实践探索

2010 年 7 月，北京近邻正式进入前期调查的农转居社区，开展以“社区学苑”为平台的社区教育、服务综合介入，项目历时四年。2014 年，工作团队转到邻近乡的另外一个农转居社区，承接“地区邻里中心”这一综合性社区教育、社区服务与组织培育平台，持续深入探索农转居社区专业介入。

与其他以扶弱济困为目标的社区建设不同，北京近邻农转居社区建设的核心是“人心建设”，即以社区教育转变居民的思想观念；以互助服务与组织培育，调动社区参与，激发互动融合，凝聚人心力量；实现社区整体的改变与提升。“人心”的概念对于社区工作介入的一个目标来说，未免有点抽象，看不见抓不着，而机构所关注面对的社区“人心”，有着非常实在的意义。“人心”是人的思想和认识，包括每一个社区参与者如何看待自己在社区中的位置，自己和社区的关系，尊重、责任、互助、公益的意识能否建立。“人心”是人和社区的情感与记忆，带着浓浓乡土味道的情感和记忆，如果能被保留和温柔对待，让个人有机会从文化和记忆中获得温暖，那么也能让社区获得温暖。“人心”是人与人的关系，继续保有乡土社区中人和人紧密的传统关系，也探索建立新型社区中人和人之间基于尊重、公平、互助的社区关系。“人心”是社区共同的规则、关切与行动，通过社区中具有倡导性的社区观念，引导社区中人与人的关系逐步紧密，进而发展出基于社区组织、互助公益行动的良好社区氛围与治理运行面貌。

如何在“人心建设”中发力，工作团队尝试了多种工作手法与模式，并逐

步摸索了“服务、教育、组织”三位一体的社区介入框架。服务回应需求，是关系建立的基础，某种意义上是切入点；教育是实际推进社区建设目标的最关键步骤，因为意识提升是社区与人发生改变，发展出自主性、主动性的前提；组织工作推进则是社区产生行动实践，激发出社区内在活力的重要一步，组织发育成熟是社区介入获得阶段性成果的标志。

社会工作者可以区分以上三种介入手法，但三者并不是三个不同的介入阶段，事实上目标清晰的社区介入在任何一种工作方法中都同时蕴含着服务、教育、组织的工作目标，三者有机联系，在根本上是一体的。

与单纯服务性介入模式不同，当机构将教育与观念转变作为社区介入的目标时，面临的问题是目标人群并不会在最初就拥有改变、参与的意愿，甚至很难意识到改变的必要性。如何在社区群众的现实利益、需求与专业社会工作者所坚持的理念与介入目标之间找到恰当的结合点，找到介入的空间和机会，是初期工作的重点和难点。分析农转居社区的特点，社会工作者发现衣食无忧的居民不存在一般救助帮扶类需求，甚至不存在代际紧密居住的特点。中国社区普遍存在的养老问题在这里都不突出，而居民的精神生活需求，对文化教育的渴求凸显了。于是社区教育成了北京近邻农转居社区工作介入中的一个着力点。

社区教育的核心是人的教育与改变。在农转居社区历史发展脉络复杂与当前社区治理难的情况下，如何让各项工作被居民熟悉、接纳，促使工作接地气，是一个难题。北京近邻在进入社区后，紧抓核心“人”的工作，紧扣社区“关系”“人气”“村庄集体文化”的特点，从大家迫切的需求与熟悉的生活氛围入手，通过聚人气、建关系、促互助的前期工作思路，通过贴身协作推动班级自组织化，参与社区事务，引荐德艺双馨的教师以师带徒，推行“传帮带”“口传心授”的授课方法，以课程、兴趣学习为基点开展工作，最终探索出一条骨干培育、组织支持的农转居社区教育路径。

1. 邻里学堂第一阶段

邻里学堂初步进入社区，走近居民。在这一阶段，困惑、矛盾凸显，工作团队与居民的关系需要翻来覆去地“磨”，彼此去适应对方。

刚进入社区，居民对一个突如其来的公益组织/社会组织知之甚少，很多人持怀疑和观望的态度。为了快速让居民了解北京近邻，北京近邻进入社区后的第一件事，就是通过社区居委会在社区内进行宣传，通过社区大型文体演出加入招生内容，现场解说让居民认识北京近邻。北京近邻通过与居委会的协商，在这样的场合增加邻里学堂招生宣传，其一是让北京近邻出现在社区，让大家了解北京近邻，其二是人群聚集时便于招生。记得宣传台出现在大家演出舞台的旁边时，引来很多人的围观。大家都问这样的问题：“邻里学堂进行招生宣传，有书法课、国画课……这些是干什么的？是给孩子们上课的培训班吗？收费吗？你们是干什么的，培训机构，还是……”工作人员针对每一个问题都详细地进行解说，并介绍北京近邻的性质。很多人听了介绍后都感到疑惑：给中老年人开的课程班？老都老了，一辈子也没正经学习过，现在老了还学习，而且还是免费的，哪有这样的好事情？一连串的问题反映了当时拆迁上楼后居民的状况。好在当时居委会人员协助招生，并且居民中也有一些是原先和北京近邻有过接触的骨干，他们也帮着介绍原来北京近邻的工作和崔各庄乡合作的关系，这让咨询的居民放心了不少。经过几天宣传，报名的人员不少，但是咨询过、喜欢这些课程又不放心来的占了大部分，好在当时开设的书法、国画、合唱、电脑、摄影、京剧小组都有不少人报名，邻里学堂迎来了第一批学员。

邻里学堂人员有了，这是第一步。如何让大家细致地了解北京近邻，放心地参加课程班，北京近邻以大家熟悉的集会形式——开学典礼——来聚集人气，消除疑惑，并且在开学典礼前，给几十名学员一一打电话，邀请他们参加开学典礼。经过认真的前期准备，北京近邻迎来了邻里学堂第一期开学典礼。开学典礼当天，北京近邻邀请到乡领导、社区领导出席，通过乡领导、社区领导和工作团队的介绍，以及对北京近邻熟悉的骨干的介绍，居民对公益组织有了初步印象，也对北京近邻这个陌生的单位有了一些认识。经过一段时间的授课，工作人员细致的服务工作、老师精湛的技艺和整个学堂对不同居民的包容，邻里学堂的课程在社区开始传播，不少处于观望中的居民开始报名参加，进入了课堂。

学员有了，课程开始了，与居民接触多了，真正的考验也随之出现了。习惯于自由散漫、无规则意识环境的居民，其问题在学堂上也展现得淋漓尽致。如何能在北京近邻和居民关系还不熟悉的时候让居民意识到自由散漫、无规则意识给他人带来的伤害及后果，北京近邻的工作人员针对迟到、早退、旷课、课程纪律散漫等情况采取“私下单独说”“公开场面说教”“反复强调”的方式，对情绪反弹大甚至提出退出课程的学员采取课前打电话提醒上课、课下入户访谈的方式，耐心面对，细致讨论，公平对待，一点点地让居民感觉到这群“小孩子”是做事的，不是“随便”就可以应付的。北京近邻与居民的关系就是这样，一点点在“磨”的过程中有了发展。居民虽然对公益组织/社会组织还有疑惑，但是对北京近邻的工作者更信任了，这为后期邻里学堂工作的稳步推进奠定了良好的关系基础、社区基础。

2. 邻里学堂第二阶段

在回应居民需求的同时，为夯实学堂的各项工作基础，学堂公约制度出台了，并得到大家的认同。这个阶段邻里学堂与居民之间是服务与被服务的关系，居民渐渐理解了北京近邻的工作，关系有了突破。

在长期的磨合中，邻里学堂在社区逐渐得到居民的认可，重要的是在根深蒂固的“关系”思维里，北京近邻的工作者得到了居民的认可。随着学堂学员的增多，居民渴望学习，希望自己的爱好、兴趣能被一个地方接纳，可以学习一些技能，尤其是想要一个稳定的“集会”平台，这使学堂课程的增加势在必行。学堂由最开始的 6 门课程增加到 11 门课程，相继设立了老年电脑班、中年电脑班、陶笛班、剪纸班、布艺小组等，在基础社区不太完善的当时，邻里学堂达到了聚人气的目的，并且开始由聚人气、服务组织居民，进一步迈向建关系、促互助、有重点地培育骨干。邻里学堂在这个阶段，先后建立了班级委员会制度，通过多次座谈制订班级公约，并把课程从 11 门锐减到 4 门，在推动学堂发展的同时，深化与居民的陪伴关系，发现居民深层次的需求。

班级委员会的成立，关系的深入，带动了班级的发展；居民由纯粹的被服务，开始走向服务他人，负责恢复居民原先村庄里的邻里关系。北京近邻以骨干为核心，运用原有的经验模式，开始推动成立以协商议事、关系建设、课程建设为目标的班级委员会。在农转居社区，居民带有深厚邻里关系、家族关系，“出头露面”是一件需要非常慎重的事情，牵动的是自己关系圈内的各种话语，居民一旦承担这项任务，面临的是熟人的舆论压力和自己的精力压力。为此，学堂在推进班级委员会制度的过程中，多次与班级里有组织力、有权威的骨干座谈、讨论，在开学典礼、班级总结时多次与学员探讨，发出组建班级委员会的信息，征求大家的意见，说明这项工作背后的意义及北京近邻的初心。几番来回，最终各班的班级委员会成立了。

班级委员会成立后的第一件要事便是让这些人建立深厚的联系，让这些有组织力、有权威的居民骨干进一步了解和理解邻里学堂。因此，北京近邻开始了密切的协同陪伴。各个班级的工作人员不仅需要了解居民动态，更重要的是让班级委员会成员参与班级事务。例如，在班级活动方面，工作人员多次征求班级委员会意见，做好策划初稿后还召集大家讨论每个环节及注意事项。通过一件件小事的讨论，大家在相互交换意见中，拉近了不同性格、不同做事风格居民内心的距离。在邻里学堂，每个学期通过班级委员会会议推动大家进入组织、管理的角色。在教学、学员组织、班级行政管理等方面分工协作，发挥各自的优势，在能力范围内多做一些工作。在这种人为创造的无压力环境中，大家通力协作，自觉地担负起各自的责任，开始由纯粹接受服务转为服务他人。

学堂公约的出台，逐渐改变了居民的"自由散漫"，身体上楼了，思想也"上楼"了。一个组织的发展，除去有凝聚大家的带头人外，还必须有内部成文或是不成文的制度——一种行为准则和标准，这些制度是彼此制约的舆论力量。为此，北京近邻在推动班级委员会成立的同时，通过征求意见、讨论，就大家所反映的不好的现象、行为及大家公认的"理"制定了一套学堂公约。例如，符合居民日常生活作息时间的上课时间安排、请假旷课制度、课程报名制度等，出自大家对好的行为、个人素质的理想追求，一一落实到大家的日常生活中。

学堂公约的出台，并不意味着大家都会按照规定来规范自己，这是一个此消彼长的过程。当工作人员认真对待每一位违反公约的居民、反复说明公约的作用时，“自由散漫，无规则”就会得到抑制；当用“差不多”的心态来对待时，公约就如同一张废纸。而且，大家普遍熟知这样一个道理，即一种行为、意识的形成与环境息息相关，想要改变则是一个长期的过程，需要俯下身、沉住气的慢功。北京近邻在公约出台的那个学期，首先营造一个小环境，让大家知道学堂公约，接着与大家一起一条一条地审查，确认无误后，每个人都要签上名字，意味着公约生效。日常工作中，每当有人违反公约时，北京近邻的工作人员都会对其违反的原因做到心中有数，针对不同情况，与其讨论，如果真的是事出有因，就要说明情况，且让班级委员会细致对待，而不是笼统地归咎于“素质低”；如果是故意违反公约，工作人员就认真地与违反公约的居民聊天，说明情况，一来一往，学堂公约就成为大家之间刚性的制度，而且是带有理性、情感的行为准则。经过一年多的发展，居民逐渐形成了一种行为习惯：上课有事来不了，请个假；有事早走，打个招呼等。彼此间增进了理解，增进了感情，思想意识也逐渐“上楼”。

3. 邻里学堂第三阶段

在聚人气、建关系、促互助的轴线里，北京近邻再次明确了后续的工作内容，包括推进班级自组织，参与社区事务，与居民骨干开始协同探索推进自组织中的各方位置。居民骨干开始更多地走向台前。这个阶段与居民的关系是看到了彼此，合作共事；骨干开始运作班级或者在班级基础上成立社区组织。

经过两年半的探索，北京近邻与社区居民建立了密切的联系。通过日常课程组织学习、座谈、针对性访谈，社区中有一批居民逐渐走进了北京近邻的思路脉络里，其动能逐渐体现，甚至有些骨干逐渐提出了自己对组织发展的不同思路。其中，合唱班堪称典范。合唱班起初的定位是：希望通过喜闻乐见的娱乐方式吸引一批居民，通过此课程认识、了解居民。正好合唱是大家喜闻乐见的课程，因此合唱班成员从一开始便涵盖了不同的社区人群，尤其是这个班级吸引了社区内几支群众队伍的负责人，这为北京近邻通过兴趣学习吸引人，以达到组织培育的目的，尤其是为社区群众自组织的发展打下了坚实的基础。通过大家日常的细致陪同协作，在一件件细小入微事情上的“较真”，经过几年的学习和北京近邻有目标的循序引导、鼓励，合唱班骨干成员尤其是班级委员会成员，在外请师资无法继续授课的时候，大家一同商量，以班长为牵头组织者，骨干成员协同，开始承接整个班级的日常组织、教学、参与等工作。班级最终发展成了以基本知识学习、参与重点社区活动为日常内容，以团结社区各支队伍、成立有组织的合唱团为目标，将原有班级公约加以细化，照顾到现有条件的实际情况，形成了成文或不成文的制度，成为一个可持续发展的社区组织。

国画班、书法班在成立之初，因为课程本身蕴藏的深厚的传统文化知识，吸引了众多社区乃至社区周边的一些文人雅士。为了鼓励有积极性的社区居民，在班级学习的基础上，班级骨干提议，邻里中心配合各方，成立了社区书画协会，班级成为大家基础学习、日常交流的平台，协会成为大家欣赏、评比、交流作品的平台。国画班、书法班的骨干成员不仅在课程中协助“新手”融入班级，而且通过协会组织各种活动。班级为协会培养大批基础成员，而协会成员又反作用于班级，带动新成员参与，两者相辅相成，俨然就是一个整体。

京剧是国之精粹。京剧班是一个专业要求极高的兴趣班级，成立之初的定位是培养京剧观众，让京剧专业扎根社区，走入居民的日常生活中。经过几年的学习，大家在表演技艺上有了很大的提高，在班级骨干的带动下，成立了以本地居民为主的京剧俱乐部（后改名为戏迷协会）。在与戏迷协会负责人（京剧班班长）的聊天中，她告诉机构工作人员："老师的带领是我们进入京剧的基础，而这个专业性很强的课程怎么才能真正融入喜欢京剧的居民的生活中？还是需要本地的居民推陈出新。戏迷协会一大半的成员都是京剧班的学员，这是基础，而吸引本地的能人、爱好者，就是我们戏迷协会要做的事。"戏迷协会经过一年多的发展，成员不仅学习唱段，还成立了京剧武场练习小组，负责人也开始学起了化妆。戏迷协会由最初的自娱自乐朝着更加全面、专业的方向发展，其作用对京剧文化落地生根，对社区居民，尤其是对上了年纪的社区老年人，增进社区归属感、参与社区起到了至关重要的作用。

一个组织的成立、发展不是一朝一夕的事，其根本关注的是组织内的每一个人。如果每一个人被充分尊重、认可，那么这些人聚集起来就是一股厚重的正能量，这些人聚集起来的组织就有了活力，有了目标，有了发展。邻里学堂正是通过做好每一件小事来凝聚人心，而不是靠简单说说；遇到问题具体分析、具体解决，而不是用道理来说服人；让工作走进居民的生活，精准对待每一件事情，而不是把工作生活隔离开来，一次次操作每一件小事，集小事成大事，用被大家认可的方式达到最初的目标。

邻里学堂从最初回应居民文化教育兴趣类需求的服务性功能出发，通过班级管理制度建设、规则建设、内部组织建设等多方面的工作，直指学员的意识与习惯，从规则意识、守礼意识、责任意识、公益意识多个层次出发，让学员成为社区积极正向观念意识的拥有者和倡导者，推进社区公益行动力量生根壮大。

四、结论

“关系”的远近，决定了一个人能动用的社区能人或社区资源量。农转居社区中，居民原有的活动模式、关系支持模式和交往方式等是烙印在居民经验世界里的，不会因地域变化而发生改变。尤其是在老一辈的居民身上，这种快速的生活环境变化、生活方式适应和关系重塑、秩序重建，都是新生农转居社区面临的首要问题。面对浓厚的家族、村落关系，一个“外来人”怎么能扎下根，得到认可？北京近邻用三年甚至更长的时间来建立有厚载力的关系，这种厚载力的关系不仅是服务与被服务的关系，更重要的是邻里关系，人与人交往的关系和生活关系。当与居民的每一组“生活化的关系”密切建立时，机构这个“外来人”就进入了居民的生活。在生活化的相处中，社会工作专业常常讲的尊重当地文化的理念得到了体现。因此，在社区做一些事情时，这些认定“你”走入他生活中的社区居民便会调动其在社区所能调动的一切社区资源来一起做事。邻里学堂就是这样一种媒介，长时间的互动，拉近了彼此的距离，一对“老熟人”便有了相互争论对与错、好与不好的熟人关系（传统文化中熟人社会好办事的精髓便得到充分运用）。

只有放手动员社区，发展社区社会组织，调动居民参与社区事务，构建政府、社区、社会组织、居民协同参与的工作机制，才能实现共同促进农转居社区建设的目标。农转居不应该是全面的转变，村与农的优秀文化、组织、传统、关系资源应该被保留和传承下来，去构建有传统乡村情感温度的现代农转居社区。而社区改变是慢功，它不是一系列活动和模式概念的展示，而是社区人与人关系、社区精神氛围、社区内在活力、互助公益和社区参与机制的建立与提升。没有三五年乃至更长的时间，扎根居民中的教育组织工作是不可能收到成效的，社区人与社区的改变也不可能真正发生。社区工作的根本应围绕人，既要回应人的需求，也要面向人的改变（思想认识水平提高）和发展，人的改变是社区改变的基础。

第十一章　发展型社会工作与区域社会工作生态建设

第一节　推动发展型社会工作生态的机构发展策略

当前，我国中西部地区社会工作普遍面对城乡贫困、公共服务缺失和社会发展的挑战，云南大学社工所于2005年成立云南连心，以流动人口社区服务为起点，逐步培育“心社工”网络和建设云南的社会工作公益生态环境。通过开发流动人口社会工作服务的实践和实务模式，建构了“流行社工”，探索乡村社会工作的“乡村守望者”“公益连县”等方式，开拓少数民族贫困农村社区和灾后社区重建工作。十几年间充满挑战的行动研究，以推进和维护弱势群体的发展福祉与权益为目标，探索出了一套结合中西部地区实际的发展型社会工作服务和机构发展模式。

一、云南连心发展型社会工作机构的发展经验

这支组建于2007年的专业社会工作队伍将推动构建美好城乡社区作为机构使命。云南连心长期扎根于流动人口聚集社区，首先开展了以流动儿童为中心的流动人口社会工作。此后，它逐步拓展到少数民族贫困村寨的精准扶贫工作、灾后农村社区重建、社会组织与社会工作机构培育以及云南社会工作生态和社会工作者的培育工作。在云南省民政厅的大力支持下，经过十几年的发展，结合有关部门的研究和政策倡导，云南的社会工作生态体系逐步形成了。

云南连心在发展过程中，为了避免组织官僚化和层级化的限制，逐步采取了参与式管理和民主选举各部门主管和管理层。参与式管理强调所有政策的制定和决定由所有员工通过讨论、修订和决策产生。云南连心完善了党支部和工会对有关政策的商议和决策功能，大大激发了各个团队的归属感和拥有感。

云南连心大力提倡行动研究和行动学习，以推动社会工作业务水平的提高、社会工作者的个人与专业成长、团队与机构的成长。云南连心积极鼓励主任和副主任参加中华女子学院杨静老师组织的行动研究网络，推动个人与团队的成长。此外，云南连心在乐施会的支持下，提出了项目学习计划，通过行动研究与学习来协助一线社会工作者反思并整理自身的社会工作经验，培育一线社会工作者在社会工作知识方面的信心和能力。经过几年的努力，一线社会工作者终于有信心写出了《“流行社工”路——云南连心本土社会工作实践》一书的各个章节，为各自的经验整理和成长做了一个注脚。

二、从中心到网络：社会工作生态建设

为了鼓励各个团队进行社会工作服务创新和承担行业开拓的使命，云南大学社工所和云南连心从 2014 年开始逐步培育了一些较成熟的团队，分别建立了针对儿童少年服务的益心、反家暴社会工作服务的明心等，作为独立社会工作机构，以激发组织的行动力。同时，为了应对这些新社会工作机构面临的社会工作专业技能开发、机构管理和财务支持方面的挑战，云南连心与这些新成立的机构组建"心社工"网络，坚持专业社会工作价值取向，在城市流动人口社区工作、困境儿童少年保护与发展、家庭反家暴工作、农村及少数民族社区工作、社会企业、团结经济、公益组织培育与社会创新人才培养、行动研究与政策倡导等领域共同推动云南社会工作的发展。

虽然云南连心的工作基础是从流动人口社区工作开始的，但由于云南省以少数民族农村为主，因而云南连心逐步推动云南地州的社会工作机构培育工作，开展以扶贫攻坚和乡村振兴为主的发展型社会工作生态建设，包括扶贫、生计改善和社会服务、专业社会工作支持、组织发展支持、资源动员等良性循环的系统建设。

在云南社会工作的发展过程中，云南连心修补了原来社会工作与城乡社会转型的社会需求间的断裂，更精确的以社会需求为导向的社会工作也提升了本土社会工作回应社会问题的能力，机构在多元领域和多层次中整合社会发展权利和社会工作价值，逐渐实现了专业化，同时构建起新(创新)融(包容)合(整合)发展型社会工作理论与实践模式。

三、发展型社会工作与跨界合作、社会创新

发展型社会工作模式以回应社会发展挑战和城乡社会需求的社会工作服务为基础，突破了传统社会救助和临床社会工作的服务模式，提供城乡公共服务，激发社区自有资源、潜能和解决问题的能力，以赋权或培育社区骨干和流动社群的积极性，逐步推动发展社区经济，比如增收或创收能力、组建合作社等，以实现社区服务、社区互助、经济合作和社区共建共治共享的良性循环，实现发展型社会工作吸收社会创新的跨界合作，整合社会工作者、设计师、规划师、律师、艺术家、社会企业等资源为社区所用，达到资源、知识和技术的共享，协同解决方案的创新。云南连心的发展型社会工作同时强调整合式的行动研究与学习，将上述社会工作服务过程与一线社会工作者的实务知识进行共建，对经验进行总结、反思、创新，并开展实务模式和政策研究，通过高校专家学者、政府官员、媒体，探索项目成果在民间机构中的推广和在政府部门政策中的应用。

云南连心的发展型社会工作模式也强调与社会企业模式的整合，搭建创业就业平台，为社区自我造血打基础。面对实践中的复杂性、多元性、动态性，新融合发展型社会工作理论与实践模式强调促进社会工作的生态发展、社会福利政策的改变，更注重社会工作者的成长，使其在践行中摸索自己的路径，对微观服务、中观的社区服务和社区经济、宏观政策倡导进行整合，协助服务受众获得自我和社会发展的能力、机会与权利。

云南连心强调服务开发、行动研究、实务反思与政策反思“四结合”的发展型社会工作，推动社会工作研究者、一线社会工作实务者和政策研究者突

破各自的制度性局限和惯性，实现多层次、多专业、多领域的有效合作。机构发展需要在持续的社会工作本土化和本土知识建构的过程中建立反思性的社会工作干预策略，以促进和反映实践者的成长，从微观和中观层面建立与发展性宏观社会政策设计、修正和创新的整合机制与模式。

第二节　社会组织的孵化与支持

自 2016 年中共十六届六中全会作出建设宏大社会工作人才队伍的决策部署后，各省、自治区、直辖市分别推动了社会工作的发展。各地社会工作根据中央 18 部委《关于加强社会工作专业人才队伍建设的意见》发布的顶层设计展开，具体落实到市、区、街道和居委会层面时，非常需要有关部门和人员熟悉大政方针与政策内容，同时也需要深入了解社会工作与社会需求息息相关、精准对接的介入策略。除了北京、上海、广州等公共财政相对充裕的地方政府采取了整体规划和推进之外，中西部不少地方政府多由个别基层政府领导推动，因此应推动与民办社会工作机构的合作，配合中央的顶层设计，开展基层政府与民办社会工作机构在培育社会工作和公益组织方面的草根创新，孵化民办社会工作机构、社会组织、志愿者组织和社区社会组织等。从发展型社会工作推动实现社会发展目标的使命出发，在一定的区域内培育一定数量、相互关联的社会工作机构、社会组织、志愿者组织和社区社会组织，以协助区域内居民实现社会发展的目标，这也是发展型社会工作的重要工作策略。

昆明市西山区民政局自 2014 年开始与云南连心合作，组建了云南省第一个区级社会工作与社会组织孵化基地，以社会治理创新与专业社会工作创新更好地回应西山区的社会服务需求。西山区社会组织培育基地确立了一套与昆明社会组织发展相适应的登记、能力建设、督导和评估制度，引进不同的社会工作实务模式应对“三社联动”中各种社会服务需求。更重要的是，基地以督导和评估协助草根社会工作机构学习开发专业社会工作实务、探索与基层街道和居委会之间的调适方法、链接社会资源办法等建设区一级的社会工作生态系统。西山区社会组织培育基地发展时间脉络如图 11 - 1 所示。

图 11 - 1　西山区社会组织培育基地发展时间脉络

一、需求

昆明市西山区是昆明市四大主城区之一，辖区总面积为 881.32 平方千米，下设 10 个街道办事处，包括以老旧小区为主的金碧、永昌、棕树营、西苑街道，以商品房小区为主的前卫、福海街道，以老工业区为主的海口、马街街道，以农村为主的碧鸡、团结街道。

2016 年，西山区常住人口为 78.4 万人，其中外来人口约 20 万人，全区纳入低保人数为 5 431 户 7 873 人。系统录入残疾人 10 021 人，其中重度残疾人 3 800 余人，困难残疾人 1 900 余人，三、四级残疾人 6 300 余人。建立社区居家养老服务中心 28 个，引入社会养老机构 20 家。西山区有社区居委会 108 个，其中城市社区 50 个，涉农社区 58 个，居委会日常工作内容以行政事务传达执行为主，累计承担行政事务 100 余项。社区工作人员平均年龄为 40 岁，学历主要为大专，较少有专业持证社会工作者参与社区工作。全区有民办社会组织 300 余家，除“西山区洛克米儿童潜能拓展中心”外，其余组织大部分为教育、医疗类组织；弱势群体与在社区进行服务的专业社会工作组织较少。社区居民的需求主要包括两个方面。

一是社区发展的需求。一方面，社区需要借助社会力量满足居民多元化的需求。社区居民需要有专业的社会组织和社会工作者关注他们的需求，为他们提供精细化的服务。而实际情况是，西山区共有 108 个社区，平均每个社区有工作人员 11～17 人，人口最少的社区常住居民达 9 000 余人，社区承担的行政事务达 100 多项，难以借助专业力量完善和深化社区服务内容。另一方面，社区治理需要多元参与。社区居民的参与意愿和社区责任感，需要专业的社会组织和社会工作者通过不同层面的社区活动来推动并培养。社会组织和社会工作者的缺乏导致专业的理论知识和行动技巧很难介入社区，难以和居民共同实现共建共治共享的社区治理格局。

二是社会组织发展的需求。一方面，社会组织从培育到成熟，需要一套完整的体系给予支持、支撑和督导。目前的情况是，与社会组织相关的政策支持、智力支持和人力支持欠缺，使得社会组织在发育过程中很难自我成长。另一方面，社会组织适应社区发展需求大量产生，不能盲目地自我发展。这就需要有一个能够联结政府与社会组织的平台，落实政府政策，反馈社会组织搜集的民意民情。

综上所述，发展专业社会组织有利于强化西山区基层社会治理，有利于满足西山区人民群众的多元需求，有利于缓解社会矛盾，促进西山区社群与行政力量之间的沟通。2015 年，西山区社会组织诞生了。该组织旨在通过培育专业社会工作机构，发挥专业社会工作力量，服务社区居民，促进社区治理，缓解社会矛盾。

二、目标

第一阶段：用一年的时间，在组织架构方面，全面完成基地组织架构建设，实现运营团队岗责清晰，“政、社、学”联动形成定期联席会议，回应基地发展难题；在内部管理机制建设方面，全面完善基地内部的管理机制建设，形成制度体系，为基地开展工作提供制度保障；在业务开展方面，基本形成组织内部治理能力提升、社会工作实务能力培养、党建工作加强、资源整合对接、项目宣传推广等五块基本业务框架。

第二阶段：经过二至三年的时间，基本实现社会组织培育基地结构合理、管理规范、业务水平提高的局面。一是培养一批不少于 10 人的西山社会工作实务督导；二是培养一批不少于 10 人的西山经验分享传播讲师；三是培育 5 家 5A 级社会组织；四是除政府购买资金外，促进各社会组织社会整合资金量达 20 万/年。

第三阶段：经过五年的时间，围绕服务组织、服务社会、服务政府、服务行业、服务人才五大领域开展工作，全面实现组织管理和业务能力强、社会工作人才专业理论和实务能力强、行业发展健康有序、社会协同能力提升、社会治理能力逐年有亮点的局面。

三、工作过程

第一阶段：搭建社会组织培育基地，培育专业人才和组织。2014 年 10 月，西山区民政局与云南连心联合成立西山区社会组织培育基地。采用简化注册程序、提供注册场地、减免注册资金的方式，积极动员本地公益人才注册成立专业社会工作机构，让本地公益人才更加容易和简便地注册组织，帮助本地公益人才实现公益梦想；同时，采用“筑巢引凤”的方法，吸引外地优秀社会工作人才回到西山区注册成立社会工作机构，帮助更多的青年人才返乡，支持家乡社会建设。工作团队注重对当地社会工作人才的培养，先后开设社会工作考试培训、社会工作实务能力培训、社会组织财务管理培训等课程，帮助社会工作人才强化专业知识，掌握社会组织管理基本知识。

第二阶段：参与社区治理，回应居民需求。2015 年 6 月，在培育基地的倡导下，中共西山区委组织部、西山区民政局联合发文推动实施西山区“三社联动”社区治理创新试点工作。采用政府购买服务的形式，引导社会组织参与到社区治理中，形成以社区为平台、社会组织为载体、社会工作人才为支撑的社区治理模式。针对社区公共议题、社区弱势群体需求、社区互助、社区养老、社区社会组织培育开展专业性服务。同时，从“以评促建”的视角开展“三社联动”项目评估，帮助新生组织提升服务的专业性、培养专业视角、提升项目运营管理能力，确保基地培育的社会组织能够真正回应社区的需求。在此基础上，西山区涌现出爱心商家联盟、小树苗变形记——随迁子女关怀、老旧社区微改造、邻里互助中心等一批优质社区治理项目。符合条件的社会组织党支部通过对党建工作的介入，保障了社会组织的服务思想、服务纪律和服务作风。2016 年 7 月，推动社会组织的负责人加入政协昆明市西山区第九届委员会，通过联合提案、申请调研的方式，提高政府对社会组织培育工作和社会组织参与社区治理工作的认知水平。在此基础上，西山区社会组织培育工作和社会组织参与社区治理工作开始获得政府财政专项预算的支持，社会组织参与社区治理工作被写入区政府工作报告和年度计划中。同时，推动召开社会组织与政府有关部门的圆桌会议，促进社会组织在“三社联动”社区治理有关文件制定中发挥建言献策的作用。

四、过程中的困难、挑战

2014 年 10 月，在西山区民政局的领导和支持下，西山区社会组织培育基地(以下简称“培育基地”)正式挂牌成立。培育基地初步确定了社会工作人才培养、社会组织培育、宣传推广等业务范围，明确了“资源共享、互助协同、服务公益”的宗旨，但是对培育基地自身整体的发展规划未能进行深入的研究和规划。

(一) 培育基地发展目标不明确，组织培育、人才发展的空间很大

经过四年的组织培育与人才开发后，尽管培育基地培育了一定数量的组织和人才，但质量上不能令人满意。到 2019 年，累计培育组织 34 家，注销组织 3 家，有组织无人管理的 4 家，培育社会工作人才近 300 人，真正实现以专业理论体系介入社区服务的社会工作人才不到 80 人，专业实务实践率不到 30%。

（二）培育基地制度机制建设不全，工作流于形式

针对社会组织的培育和管理，培育基地主要提供注册咨询、办公场地支持等服务，为社会组织注册登记提供支持，每月举行一次工作例会，加强各组织之间的交流互动，每月举行一次党建学习会议。对于社会组织更需要的业务指导、机构治理、资源支持、宣传推广等工作支持甚少，工作局面本末倒置，培育支持方面的工作流于形式，难以较系统地支持各社会组织的发展。在历年的社会组织等级评估中，均出现对组织管理、理事会功能、法人治理概念模糊、定位不清或者纯粹忽略的情况。

（三）培育基地定位不清晰，主线不明确

结合宗旨来看，培育基地本该是西山区各社会服务类组织的支持者、服务者、推动者、中介者，但在实际工作中，培育基地更多地承担了中介者的角色，以文件传递、资料收集为主要工作形式，对社会组织的支持、服务和推动作用明显不足。

（四）培育基地资金保障不充足，服务力量薄弱

从经费预算来看，培育基地根本没有充足的经费支持社会组织和社会工作人才能力提升等业务的开展。资金的匮乏成为培育基地服务深化的掣肘之处，一定程度上阻碍了培育基地的发展和规划。

五、发展型社会工作的特点

（一）社会力量与行政力量实现整合

首先，培育基地与西山区民政局达成以培育基地吸纳人才、以人才支撑组织、以组织参与治理的共识。在这个基础上，西山区首先成立社会组织培

育基地，不断吸引本地和省外优秀社会工作人才返乡，成立专业社会组织，并以政府购买的形式促进社会组织参与社区治理。其次，社会组织与社区达成“三社联动”的共识，即在社区党支部的领导下，以社区为平台，以社会工作为支撑，以社会组织为载体，动员社区力量参与社区治理，最终实现社区善治。

（二）持续倡导完善政策优化服务

首先，高校专家合作设立西山区专家工作室，构建西山区“政、社、学”三方联动的建制机制。其次，由培育基地基于各社会组织在西山区所开展的工作、呈现的问题、展示的优势、遇到的瓶颈，进行问题和建议汇总整理，为西山区社会工作发展提供现实材料和依据。最后，由西山区民政局和区委组织部主导、牵头，联动社会组织和学界专家针对社会工作发展进行研究探讨，制定政策文件；“政、社、学”三方联动使西山区社会工作形成政府主导、社会协同、学界献策的政策文件研究及制定方式，明确了政府牵头主抓、培育基地负责跟踪服务、云南大学社工所进行专业把关的合作机制。

六、小结

专业社会组织从无到有，从有到优。西山区社会组织培育聚焦于回应社区治理需求。在西山区社会组织培育的过程中，培育基地并非简单地拉人注册机构，追求机构数量，而是成立一家，保质一家。采用注册简化，帮助有志于从事公益或者社会工作的人才成立社会组织，获得行政许可。然后通过培育、咨询、督导等方式帮助机构负责人掌握治理机构、运营机构的技巧，保障机构的专业性和规范性。到2019年，西山区社会组织培育基地累计培育社会组织 34 家，其中 4A 级社会组织 4 家、3A 级社会组织 7 家。在培育社会组织的同时，实现了社会工作人才的培养，帮助西山区近 300 名社区工作人员成为持证社会工作者。

社区治理从形到精，从难到易。西山区专业社会组织的培育，为西山区"三社联动"社会治理提供了强大的专业保障、人才保障和主体保障。"三社联动"社区治理的实施，改变了社区居委会上传下达的工作方式，有效填补了社区居委会的服务空白。社会工作者通过撬动社区资源、动员社区居民参与社区事务、培育社区社会组织、促进社区邻里守望、促进社区协商议事，发动社区居民反哺社区弱势群体，有效地满足了社区居民的需求，化解了社区矛盾，帮助社区实现自我教育、自我监督、自我管理和自我服务，促进社区和谐。

西山区社会组织培育基地在充分借鉴外地经验的同时，还形成了以下几个方面的特色。第一，全面考量西山区本地实际，开创了"政、社、学"三方联动的社会政策倡导机制。第二，在极力培育社会组织培养社会工作人才的同时，培育基地还不断进行社会工作行业倡导，营造良好的社会工作氛围，提高社会工作知晓率和社会认同度。第三，加强活动宣传，让社会工作事业亲近居民。培育基地自成立以来，每年定期举办国际社工周宣传活动，西山区 30 余家各类组织、各社区近 300 名代表参与其中，向居民展示了社会工作事业。第四，加强对接交流，广泛宣传社会工作服务。培育基地充分发挥了引领示范作用，先后接待民政部领导、省市领导的多次调研，接待丽江、楚雄、玉溪、临沧等多个单位的参访与交流；同时，积极参与省市经验交流。2016 年，在全省社会工作人才推进会上，西山区作为唯一的县区级单位参与经验交流，与会人员到西山区社会组织培育基地开展实地观摩参观学习。2018 年，培育基地参加全省社会工作人才参与脱贫攻坚论坛并发言；2019 年，培育基地参加昆明市政府购买社会工作服务经验交流活动，让西山区社会工作服务经验得到传播和推广。

第三节 发展型社会工作人才培育

在我国中西部农村和民族地区，以发展型社会工作模式推动社会工作发展需要因地制宜，根据当地社区需要开发社会工作服务；同时也要结合一般的社区需求、发展型社会工作策略和需要的社会工作技能等制定基本的发展型社会工作人才培养模式，以此作为高校和社会工作机构的参考依据。云南连心结合发展型社会工作在流动人口社区中运用的经验以及 2013 年开始推动的“三区”社会工作开展情况，开发了“乡村守望者”的乡村社会工作建设计划，已经具备一定的操作基础。

乡村社会工作建设模式以三人社会工作团队为核心进行长期驻点服务，建立和运营一个公共社区活动中心。社会工作服务包括基础社会工作服务以“三留守”人员和困难群体为核心，发掘培育社区互助网络和社区骨干，逐步开发社区为本的互助服务体系和合作经济体系。要培养这样的社会工作者，社会工作机构需要在成员基本素质（价值观、工作方法）方面，培养多元文化能力或民族工作能力，激发其对乡村和民族文化的敏感度及能力，并结合自然生态环境分析、社会性别视角和尤其重要的社会创新模式与能力，强化设计思维，增强与社会企业合作和跨界社会协作的能力。最后，乡村工作者在行动研究和学习上要培养反躬自省和团队合作的能力，把握政策语言、机遇和政策的能力，进行社会倡导的能力，以发展型社会工作推动乡村社区福祉的改善和社区成员应对可持续发展的问题解决能力。

一、云南连心培养少数民族社区"乡村守望者"

云南自古以来就是多民族的地区，在当代云南的小区服务和发展工作中，民族社会工作和社会工作本土化的议题，已经不可避免地结合在一起，成为社会工作者和研究者都需要认真考虑的工作处境。作为一门"以生命影响生命"的以人为媒介的实践型学科，社会工作在面对本土化和民族地区服务时，势必需要从"工作者的培养"上着手。对既往的"云南经验"[①]的反思也启示我们，培养本土本社区本民族的社区工作者，或许才是一个社区发展的可持续之道。

正是基于这个认知，云南连心自 2005 年创立并走过了将近十年的社区服务之路后，逐渐明确了自身的使命不仅是提高少数民族社区居民的公共服务水平，更重要的是培育社区中的社区工作者，即"乡村守望者"，并让他们联动起来，成为社区自我服务的基础力量。目前，云南连心共在云南昆明、沧源、鲁甸、丘北、西双版纳等地的 6 个社区建立了为少数民族社群和社区服务的社工站，共有 26 名一线社会工作者（如表 11－1 所示）。

① 云南在 20 世纪 80 年代之后开始有若干国际发展组织进入，并持续开展了 20 多年的减贫发展工作。2008 年，政府开始规范发展机构的活动，若干国际机构撤出，云南各地的发展工作一时陷入停顿或中断。调研小组通过对这个过程的观察提出了疑问：为什么国际资源和力量投入之后，并没有让当地村民成长为能够持续在自己社区工作的主导力量？民族社区可持续发展的力量究竟何在？

表 11－1　连心培育的一线社会工作者基本情况　　单位：人

性别分布	女　19	男　7
出生地分布	云南省内　25	云南省外　1
专业分布	社会工作专业　5	其他专业(正式教育)　18 非正式教育技能　3
民族分布	少数民族　15	汉族　11

这些 1985—1997 年出生的年轻人出生于村镇，大部分在都市接受过大专以上的高等教育，或者在都市工作过。除了有一半刚刚毕业就选择返乡加入乡村社会工作队伍外，也有不少人原本就是在西部志愿者①或者其他公益岗位上工作过的人，也有从比较主流的职业岗位(如教师、银行职员等)流动到社会工作行业的人。

从动力方面来分析，自己对“乡村守望者”的工作内容感兴趣，以及对乡村或民族的感情仍然是大多数人的主要动力，如表 11－2 所示。

表 11－2　村民返乡的意愿统计

选　　项	小计/人	比　　例
自己觉得乡村有希望	9	34.62%
在外打工觉得不是自己希望的状态	4	15.38%
喜欢目前守望者所做的工作	13	50%
受到机构的情怀感召	4	15.38%

① 西部志愿者，特指团中央在各大高校招募毕业生到西部基层进行支教、支农、支医、扶贫、基层法律援助等多种职位，政府支付一部分补贴，对西部进行人才支援的计划。

续　表

选　　项	小计/人	比　　例
希望自己能在基层锻炼	8	30.77%
对自己的家乡和民族有感情	16	61.54%
喜欢自己民族的文化	7	26.92%
其他	0	0%
本题有效填写人次	26	

大家对于未来职业发展方向的选择，如表 11－3 所示。

表 11－3　村民的职业发展方向选择统计

选　　项	小计/人	比　　例
在村里继续做社会工作者	16	61.54%
累积经验后考公务员或事业单位岗位或教师	7	26.92%
做社会工作者并从事农业，或参加社会企业	8	30.77%
回到学校继续学习	4	15.38%
去做生意	4	15.38%
没有想过，看情况再说	5	19.23%
其他工作	1	3.85%
本题有效填写人次（多选题）	26	

云南连心在实际工作中也发现，一些刚开始受公益行业情怀感召而来的社会工作者，如果缺少对自己所服务社区或社群的认同感，就很难坚持下

去。“乡村守望者”从开始招募的时候就非常强调本土本民族等属性，因此能够不断找到一些真正愿意扎根当地的人。

二、“乡村守望者”培养平台及方案

在云南连心的实际工作中，现有每个乡村社区点的工作模式基本上如图 11-2 所示。

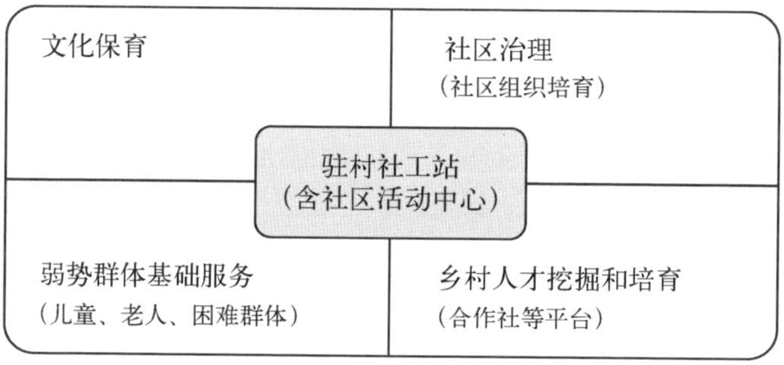

图 11-2　社区工作平台的四个维度

建立和运营一个驻村社工站，包括一个公共的社区活动中心，至少需要一名专职社会工作者，理想情况是有两名社会工作者长期驻点开展服务。

驻村社工站开展的服务包括弱势群体基础服务、乡村人才挖掘和培育、社区治理和文化保育四个维度（如图 11-2 所示），其中弱势群体基础服务（如社区活动中心运营，儿童、老年人的定期探访，协助困难群体链接资源等）和乡村人才挖掘与培育是两个基础。

在乡村人才挖掘和培育方面，目前各地不同的生产合作社、消费合作小组、文艺队或二手店等都是云南大学社工所依托的人才挖掘和培育平台。另外，社会工作者也会利用原有的少数民族组织体系如寨老会、老年人协会、青年同辈组织、妇女小组等，来寻找有不同特长的社区人才。

以社区组织培育和社区参与为主也是目前每个社工站都在探索的工作。

文化保育①是社会工作者的重要工作手法，也是社区重塑文化自信的重要切入点。尤其是在乡村振兴的政策语境中，文化创意产业、旅游规划也成为乡村发展的重要内容。

在以上四个维度的社区工作平台上，云南连心对“乡村守望者”的能力体系（如图 11－3 所示）也相应进行了构建。

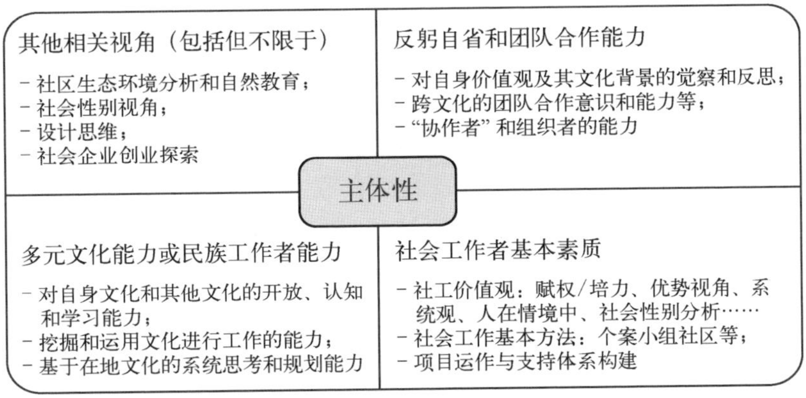

图 11－3　“乡村守望者”能力体系

反躬自省的能力之所以对少数民族社会工作者尤为重要，一方面如上文所言，即使是本民族的社会工作者，也需要察觉到自身所受主流教育和各种文化偏见的潜意识影响，方能够真正理解民族境遇及其个体选择；另一方

① 文化的视角在少数民族村寨工作中尤其突出，但是在汉族为主的社区中相对不明显。云南连心对守望者的“多元文化视角”培养是相对平均的，无论是不是少数民族工作者，都会接触到文化层面的基本意识培训。

面，社会工作者需要不断在行动中认识到，少数民族在历史上所经历的事件已经沉淀在其文化和群体记忆中。社会工作者需要联系历史发展去理解这些脉络，才能在与服务对象的互动中找到坚持的力量和策略。

还需要说明的是，以上能力体系中的要素并非需要社会工作者都具备，而是需要工作团队考虑具备和培养的能力体系。云南连心认为，单独依靠个体的力量是无法驻村工作的，“乡村守望者”的培养重点是“在社区中培养”并“在团队中培养”，要加强督导的持续系统支持，并通过定期的多元培训（包括工作坊、参访和轮换社区等）拓宽“乡村守望者”的成长视野。

三、重要问题与工作挑战

第一，在乡村振兴资本下乡的大潮中，云南连心如何培养和支持“乡村守望者”秉持基本的社会工作价值理念，在资本力量的冲击下，协同族人一起重建乡村和民族的主体性？

第二，“乡村守望者”如何平衡社会工作专业价值和民族文化中的权力结构？尤其是在社会性别公正、青年人发展和社区参与式发展等议题中，如何形成自己的价值理念和工作手法？

第三，“乡村守望者”如何在加强自身民族自信的过程中，同时从历史的民族关系中解放出来，形成跨文化合作的意识与能力，从而不仅在自己民族的团队和社区中工作，也能在杂居民族的团队和社区中工作？

第四部分

中国台湾和南非案例

第十二章　发展型社会工作与社会创新整合的尝试：我国台湾南投埔里镇“厚熊笑狗”生活照顾体系[①]

二十多年前的“9・21”大地震，震出了许多“不可能”。

中国台湾地区台中的埔里镇在1999年“9・21”大地震后，如雨后春笋般地成立了许多社区和非营利组织(NPO)。这些组织针对不同的在地议题解决问题，提供服务，老年人照顾就是其中一个重要的在地议题。埔里镇在“9・21”地震后，针对老年人照顾服务成立的非营利组织主要有埔里基督教医院、财团法人愚人之友基金会、财团法人老五老基金会、南投县长青老人服务协会(菩提长青村)、南投县生活重建协会等，由此可以看出在地组织对在地老化与社会福利议题的投入，也可看出在地居民对老化议题的需求。2016年，台湾地区推出了《长期照顾十年计划2.0(2017—2026年)》(以下简称《长照2.0》)，埔里基督教医院、财团法人愚人之友基金会、财团法人老五

① 作者：梁铠麟，台湾暨南国际大学社会政策与社会工作学系项目助理教授。

老基金会率先成为试办组织，优先为在地居民提供各项长期照顾（以下简称“长照”）服务，并陆续在2017—2019年协助在地社区开办巷弄长照站、医事机构巷弄长照站、失智社区照顾据点、照顾咖啡馆等长期照顾服务。

然而，面对南投县高龄少子的人口结构冲击，前述专业组织在各项服务的提供上也感到自身之不足。于是从2017年起，位于南投县埔里镇的台湾暨南国际大学（以下简称“台湾暨大”）针对长照的议题（笔者协助负责有关议题沟通与推动），开始与在地专业服务组织和社区组织一起，共同盘点与了解在地居民对老年人照顾的需求；并尝试以“社会设计”“社会经济”等社会创新的理念，与在地社群组织组成行动团队，共同设计有关行动方案，期望借由学校、专业非营利组织与社区组织，一起建构起水沙连区域永续发展的老年人生活照顾网络治理模式。在这场行动中，行动团队运用发展型社会工作模式，盘点在地长辈照顾需求，链接在地资源，发展在地服务，并建构出长照创新课程、照顾咖啡馆、社会企业三大主要服务模式。

一、从在地需求盘点出发的长照创新思维

埔里镇在经历“9·21”大地震后，孕育出许多针对不同在地议题深耕努力的非营利组织社群。这些社区组织在重建过程中，以“社区营造”为主要重建策略，让在地居民对在地生活的认同感日趋强烈，这也形塑出埔里镇所拥有的许多社区动能极高的社区组织。综观埔里镇的社区组织发展方向，它们大致可分为产业发展、生态文化、社会福利等发展重点，其中在许多以社会福利为主要发展策略的社区（如埔里镇五十甲社区、埔里镇珠仔山社区、埔里镇篮城社区、埔里镇南村社区）中，过去在反家暴、少儿保护、社区照

顾关怀据点上多有努力，但对于成立巷弄长照站却始终裹足不前。

鉴于社区对推动巷弄长照站的担忧，台湾暨大开始与在地长照专业服务组织——埔里基督教医院和愚人之友基金会，共同了解在地社区对老年人照顾的相关需求，在服务过程（2017 年 2—12 月）中共成立了四个长照工作坊，举办了十场长照例行会议、五次长照沙龙，开设了七门共学课程，期望借由前述不同形式的活动，了解在地社区、居民与专业服务组织在推动长期照顾或是老年人照顾服务上面临的困境与不足。综合前述有关活动对在地需求与困境的调查，我们可总结出区域所面临的困境包括：一是长照政策滚动式修正，让社区和专业组织无所适从；二是居民与社区对长期照顾与老年人照顾的认知不足；三是社区中高龄志愿工作者缺乏培力与共学机制，让志愿工作者无法永续投入；四是长照认知的推动并非长照 2.0 的业务，必须有永续自主财源，方能建构起区域的教育推广模式；五是人年老后追求的是一种生活，如何设计行动方案以创造青银共学共创的机制，让年老后的生活形态不停留在被单纯照顾的模式中。

此外，笔者在与专业服务组织做进一步的方案推动对话时发现，专业服务组织过去十几年来因为受限于政府方案补助的方式，无法针对满足在地需求的老年人照顾创新模式进行尝试与推动，进而限制了专业非营利组织在区域内所提供的专业服务之贡献。为摆脱前述区域内面临的困境，台湾暨大与专业服务组织、在地社区通过工作坊和共学课程的方式，尝试寻找与共同设计出符合在地需求与能量的行动方案，通过若干次与在地社群网络的对话后，最后确立期望以社会经济的运作模式来推动创新的长照实验模式的形成。

二、从“老有所用”到“厚熊笑狗”：在地力量扩散的行动设计

台湾暨大在长照行动中之所以能够快速与在地社群团体取得推动方向上的共识，关键在于南投县埔里镇菩提长青村的经验得以扩散。“9·21”大地震后，台湾暨大与南投县长青老年人服务协会共同实验经营菩提长青村，至今已有20余年的运作经验。在运作过程中，菩提长青村由灾后的老年人临时安置地，发展成为永续发展的老年人互助社区，其主要做法是：以“老有所用”作为社区内老年人互相照顾的核心价值，并以此模式降低社区的照顾成本；以“够用就好”的价值理念作为社区产业化的主要核心，发展出不依赖政府财政的社会经济运作模式。也因为台湾暨大与南投县长青老年人服务协会有共同的实验基础，当台湾暨大与在地社群团体在盘点在地社区对老年人照顾的需求与困境时，菩提长青村的运作经验能够适时地回应有关需求与困境。

因此，在前述基础之上，台湾暨大与埔里基督教医院、愚人之友基金会能够快速地发展出行动方案，并推展其作为发展水沙连区域长照创新体制的基础。确认好在地行动的价值与方向后，如何进一步扩散行动价值，成为行动团队所思考的方向。而老有所用、老有所谈的互相照顾概念，如何深植于区域内的居民内心，让区域内的居民愿意学习自我照顾的概念与知识，提升自身照顾他人的能力，并使社区组织具备推动照顾自己社区老年人的能力，成为行动团队需要优先思考之处。

面对高龄人口快速增长的社会结构，如何通过居民自我照顾概念与长照知识的深化，厚植居民或是不同产业界对友善高龄的认知，成为行动团队

关注的能够协助有效推动现行政府长照政策的重要课题；如何将生硬的医学照顾知识转化为居民亲近可接受度高的传达方式，成为推动友善高龄环境建设的主要挑战之一。为了达到前述目标，笔者与埔里在地留乡青年协作，共同思考如何将行动所要传达的价值转化为可推广的方式，这也是一项跨领域的联结。将“设计导入长照”，在地留乡青年设计师将行动所要传达的“互相照顾”理念，通过品牌设计思维创作出“厚熊笑狗”（取自“互相照顾”的闽南话谐音），并设计出“厚熊笑狗”的吉祥物（如图 12－1 所示），确定了未来水沙连区域的长照社会经济体制将走向“互相照顾”的目标价值。

图 12－1　厚熊笑狗

过去，长照领域一直被视为卫政与社政的专业领域，除了进入科技产业领域从事合作研发外，对于贴近居民生活面向的各项产业，如何与长照产业进行合作和融合，共同创造友善高龄的生活环境，一直是尚未得到积极思考与联结的课题。笔者在此次行动过程中，将水沙连长照社会经济体制所欲传达的价值，通过设计转化为区域内居民与不同产业相似度高的品牌概念，再以此作为后续推动教育推广与跨领域产业合作的基础。

三、社会经济体制的实践行动：“互相照顾”×“厚熊笑狗”

社会经济模式的核心概念在于“在地化”“小规模”“个殊性”“多元化”等

特性，其主要策略在于运用经济手段达到社会目的，并结合区域内的产业特色发展出达到社会目的的经济手段。在这样的模式建构过程中，行动团队必须充分盘点在地需求、资源，通过联系在地组织的共同参与，方能发展出解决在地问题的服务资源网络，而这也正是发展型社会工作所关心的课题。

如前所述，行动团队运用发展型社会工作的方法，在行动过程中，逐一建构出对应在地需求与问题的服务体系，包括长照创新课程、照顾咖啡馆、社会企业模式等服务。

第一，在长照创新课程中，行动团队除了重新建构过往针对高龄者的健康促进、乐龄学习课程外，也往前延伸，发展出适用于0～99岁人员的课程内容。在传统针对高龄者设计的健康促进与乐龄学习课程中，行动团队发现许多社区的课程着重于手作课程，无法均衡地照顾到长辈的预防失能需求。因此，行动团队通过埔里基督教医院、愚人之友基金会的专业照顾技能，发展出“四轮传动”（脑动、口动、四肢运动、人际互动）的课程模块，兼顾长辈预防失能的各项需求，并通过课程模块培养种子教师，将种子教师作为在地社区提供长辈照顾的重要师资人力资源。对于中高龄的族群，行动团队设计在宅沙龙的讲座课程，每个月邀请不同高龄专业领域的教师，以轻松沙龙讲座的方式为居民提供自我照顾相关知识学习的途径，建构居民对老年生活的相关认知。此外，行动团队也认为高龄社会是未来的现象，必须使下一代具有与高龄生命议题相关的认知。因此，行动团队自行开发高龄议题的亲子绘本，同时从坊间找到12本高龄议题的绘本，带领大学生设计教案教材，到小学、幼儿园中，以绘本导读的方式进行有关高龄生命议题的教育。图12-2为在地民宿的长照亲子绘本阅读空间。

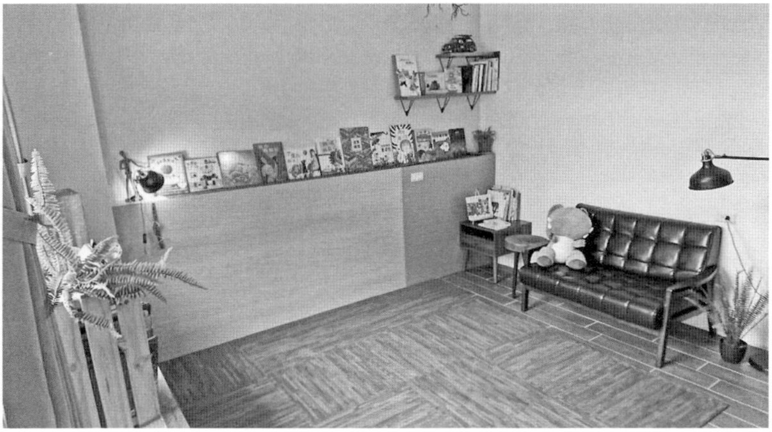

图 12－2　在地民宿的长照亲子绘本阅读空间

第二，台湾地区过去的福利化社区政策中，多是以志愿服务组织作为社区照顾服务的主要供给者，而有关政策也多是由上而下推动的，社区与福利服务间存在断裂现象。鉴于此，行动团队借由设立照顾咖啡馆的方式，希望将咖啡馆作为中介组织，通过它媒合社区需求与专业服务组织，将有关专业服务以需求为导向进行服务再设计，协助社区建构出能够解决在地需求问题的服务资源网络，将照顾咖啡馆作为社区提供福利服务的支援平台，以减小社区需求与专业服务间的断裂落差。

第三，由于行动团队所进行的前述行动都不是有关部门的长期照顾政策服务项目，因此为了让前述有关服务项目能够永续提供下去，行动团队以社会经济的核心理念，联系在地组织共同打造在地社会经济网络，以“厚熊笑狗”的公益品牌，建构社会企业的运作模式，为在地化的生活照顾体系募集所需资金。

前述有关服务建构，都不是行动团队自身的能量就能够建构而成的，必须联系在地跨领域的服务组织，共同针对不同需求建构服务网络，行动的过程中需要找出在地的同路人一起参与其中。木下齐在《地方创生：观光、特产、地方品牌的28则生存智慧》一书中，即提及“地方创生”之所在，必须有行动者先有体会认识而后有动作，即成为“跑业务”或“合伙经营”的实战者。笔者在行动过程中也发现，许多在地青年创业者其实自身也面临着家中长辈照顾的问题，寻找与自身能够感受到长辈照顾问题的青年合作，是笔者所设定的首要联结策略。此外，如何设定既能够满足在地需求，又能够引发在地跨领域产业愿意投入的议题，也成为能否吸引不同产业参与投入网络的关键。基于笔者前述所设定的两项策略，行动团队从居民关心的自我健康议题、在地长辈的交通需求和在地观光业者所关心的旅游议题着手，进行社会经济网络中参与者的组建，并陆续开展了“厚熊笑狗”的后续商品与服务。

四、社会经济体制运作的起手式：商品服务开发与运作规则制定

要想通过经济手段来满足社会目的，就必须有好的商品服务；当有了经济手段后，本着经济手段是为了满足社会目的而开发的，如何制定这样的运作规则就成为社会经济体制的另一个重要组成部分。“厚熊笑狗”的创立目的本来就是回应区域的长辈照顾议题的，在初始阶段加入的不同行为者（如巷弄文旅、顺骑自然、18度C等），就是在认同前述目标价值的前提下而加入的；而后续加入的行为者，同样也是在认同价值后，才会加入此体制（如纸农书院、水泥角、起点农坊等）中。因此，“是否认同价值理念”就成为这一网络筛选参与者的首要条件。确立参与成员后，“厚熊笑狗”的体制依据各参与者原本的产业特质，陆续发展出不同系列的“疗愈性商品”，并共同设计与建

立起这一体制的“运作规则”。

（一）跨产业联结的青银共创疗愈性商品开发

如何运用社会经济的价值理念，发展出解决在地老年人照顾所面临的生活议题，成为行动团队优先考量的发展策略。“居民对长照认知不足”“社区自我照顾长辈能量不足”“社区长辈交通接送问题”“友善高龄环境不足”等议题，是“厚熊笑狗”体制发展时优先关注的在地需求课题。在“厚熊笑狗”体制下，目前共有以下四项疗愈性商品。

1．爷爷的记忆宝盒：多元长照教材

如何增进居民对长照与自我健康这个概念的深化，台湾暨大与埔里基督教医院和愚人之友基金会除了通过在“厚熊咖啡”举行常态性讲座，给居民提供有关知识外，也通过台湾暨大的课程，将有关长照知识转化成亲子绘本与桌上游戏，再进一步由在地年轻设计师协助，转化为以“厚熊咖啡”两个主角为主的商业化绘本、杂志与桌游。行动团队期待通过多元化且软性的教材推动，让长照知识的推广能够扩展为 0～99 岁的人都能学习的内容，取代传统的讲座分享的方式，能够结合在地观光旅游与长照资源等素材，设计出一套融合在地元素与专业知识的长照教育素材，让长照结合在地旅游资源，也能成为体验学习旅游的主要元素之一，成为“厚熊笑狗”社会经济体制的商品之一。台湾暨大与愚人之友从 2018 年开始正式进入小学，以亲子绘本结合实际长照场域体验参访的模式，发展出一学年的“社会科高龄学习课程”，由台湾暨大的学生团队与愚人之友基金会的专业人员共同组成师资团队，一起进入小学进行“友善高龄”的教育深耕工作。图 12－3 为长照亲子绘本内页示意图，图 12－4 为长照杂志示意图。

图 12－3　长照亲子绘本内页示意图

图 12－4　长照杂志示意图

2. 厚熊咖啡：结合在地产业的社区照顾咨询中心

“居民对长照认知不足”“社区自我照顾长辈能量不足”，关键在于专业服务组织如何有效协助在地居民与社区组织传递有关知识和储备有关能量。“厚熊咖啡”是由愚人之友基金会、埔里基督教医院与台湾暨大共同成立的社区照顾咨询中心，不同于一般照顾咖啡馆提供的长照咨询与转介服务。“厚熊咖啡”希望将埔里基督教医院的卫政服务与愚人之友基金会的社政服务延伸至社区内，改变过去需要到专业场域才能得到服务提供的被动局面，以“社区营造”的手法，吸引在地社区志愿工作者的投入，通过课程的开设与街区的营造，将长照服务与自我照顾的概念传达到社区中，进而积聚居民与社区的自我照顾能量，加深居民与社区对长照专业服务的认知。

鉴于社区与居民对长辈照顾与自我照顾观念深化的需求，单一的“厚熊咖啡”据点已经无法满足居民的需求，这也催生了“厚熊咖啡二馆”与“厚熊咖啡三馆”的出现。不同于愚人之友基金会、埔里基督教医院与台湾暨大共同建立的“厚熊咖啡一馆”，“厚熊咖啡二馆”与“厚熊咖啡三馆”以“社区营造”的公益手法方式进行营运，分别结合了自身产业的既有优势并将它作为营运策略。“厚熊咖啡二馆”将“厚熊咖啡”与原本的“波波米绘本民宿”相结合，以推动长照亲子绘本教育与地中海饮食的食农教育为主要营运策略。“厚熊咖啡三馆”将“厚熊咖啡”与原本的“纸农书院”相结合，推动“在地纸艺”①体验学习的代间学堂，并发展成以“友善高龄体验学习旅游”为主要营运策略。“厚熊咖啡二馆”与“厚熊咖啡三馆”虽然结合其本身的产业特色，发展出不同形态的友善高龄推动模式，但其核心的营运仍然保有“社区照顾咨询中心”的服务项目。

此外，建构社区组织具有照顾能力，也是照顾咖啡馆作为中介组织的重要功能，台湾地区的社区高龄照顾中，社区组织最常面临的问题在于有关课程的讲师来源、志愿工作者人力的需求等。为了协助社区解决有关问题，行动团队在照顾咖啡馆中设置了“社区支援中心”的功能，提供课程模块，协助社区安排长辈照顾课程，通过课程培训出在地优质的长辈照顾师资，并建构师资库，使社区组织能够从师资库中找到合适的讲师。此外，照顾咖啡馆还建构了志愿工作者培力平台，以虚拟货币统计志愿工作者协助社区投入志

① 纸产业是埔里地区的重要在地产业之一。

愿服务的累计时数，并通过虚拟货币的累计，提供志愿工作者服务、课程、商品等项目的兑换，借以活化在地志愿服务人力的相互支援。

“厚熊咖啡”的三个馆分别有其不同的发展特色，但核心目的皆是在社区内作为“社区照顾咨询中心”，并发展出以“推动友善高龄社会”的商品服务。由于“厚熊咖啡一馆”主要由愚人之友基金会营运，不像“厚熊咖啡二馆”与“厚熊咖啡三馆”具有商业运转的经验。因此，“厚熊咖啡一馆”以健康促进与推广教育为主要服务项目，其运作所需经费逐步由“厚熊咖啡二馆”与“厚熊咖啡三馆”的商业模式盈余支应。“厚熊咖啡二馆”与“厚熊咖啡三馆”所需要的照顾专业服务则由“厚熊咖啡一馆”与埔里基督教医院协助完成。这样的运作模式也让“厚熊咖啡”三个馆间分别具有不同的任务特色，彼此间又相互支持，形成了“厚熊咖啡”的社会经济体制运作网络（如图 12－5 所示）。

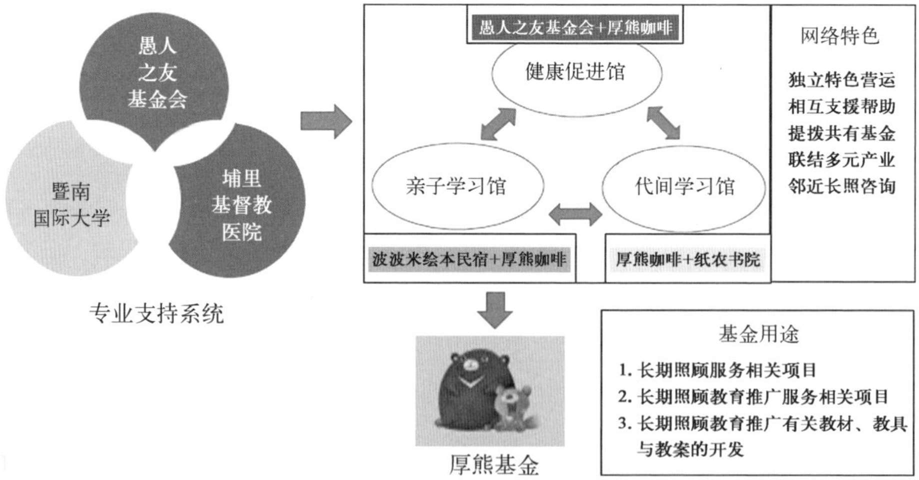

图 12－5　厚熊咖啡社会经济体制运作网络

3. 长照带路人：满足在地长辈需要的生活陪伴支持

偏僻地区长辈外出购物或就医，没有大众交通运输工具可搭乘，往往需要花费较多的交通费找出租车，或是家人请假来接送，这也是埔里地区长辈所面临的典型问题。为了回应这一问题，台湾暨大、愚人之友基金会与在地青年创立的顺骑自然有限公司，共同联系 18 度 C 文化基金会的电动三轮车资源，推动在地长辈的陪伴接送服务（如图 12－6 所示）。然而，接送长辈必须有骑乘三轮车的驾驶员，行动团队联系南投县导览解说协会，使培训协会中高龄的领航员与台湾暨大的学生成为长照带路人，带路人具备急救、老年人照顾与沟通、在地特色产业认识等能力，在协助提供接送长辈服务时，能提供基本的服务。此外，行动团队进一步将带路人与电动三轮车运用在长照体验游程的商品服务中。

图 12－6　长照带路人陪伴支持服务

4. 长照体验游程

友善高龄的生活环境让长辈实现了在地化旅游。行动团队与在地年轻人共同规划设计了“友善高龄的体验学习环境”的“厚熊出任务”旅游服务项目(如图 12－7 所示)，以“爷爷的记忆宝盒”为旅游的开端，通过绘本导读的方式让参与的游客认识在地产业与长照资源；尔后再进行“以厚熊咖啡串接”实境旅游行程，参与的游客能够深刻体验埔里在地的深度旅游，并学习友善高龄的相关知识，以“体验学习旅游”的模式，串接在地旅宿产业，成为融合在地资源的商品服务项目之一。

图 12－7 “厚熊出任务”出团照

（二）凝聚行动参与者共识的社会经济体制运作规范

前述“厚熊笑狗”制度开发出的多元商品服务，目的都是希望让这个社会经济体制具备足够的经济手段，进而能够照顾水沙连区域内长辈。而经济手段如何转化为满足社会目的的方式，就要考验行动团队与社会经济网络中那些参与者的信任和智慧。为了制定社会经济网络运作的规范，台湾暨大和愚人之友基金会开始与参与社会经济网络的行为者展开对话，期望建立在价值认同基础上的各个行为者能够通过平等的参与和对话的过程，凝聚各方对此体制永续发展的共识。经过两个多月的共识凝聚后，“厚熊笑狗”团队制定出目前所有网络中行为者所支持的运作规范，包括：“厚熊笑狗”商标授权使用规范、“厚熊笑狗”商标授权使用审查机制、“厚熊笑狗”商标非营利使用规范、“厚熊笑狗”商标营利使用规范、“厚熊笑狗”商标基金运作方式、“厚熊笑狗”基金收取方式、“厚熊笑狗”基金申请使用方式等共 6 项 22 条的规范内容，而规范内容也全数获得网络中各行为者的认同与支持，且讨论过程中每个参与者在充分赋权、平等讨论和参与决策方面享有权力。厚熊基金运作图如图 12－8 所示。

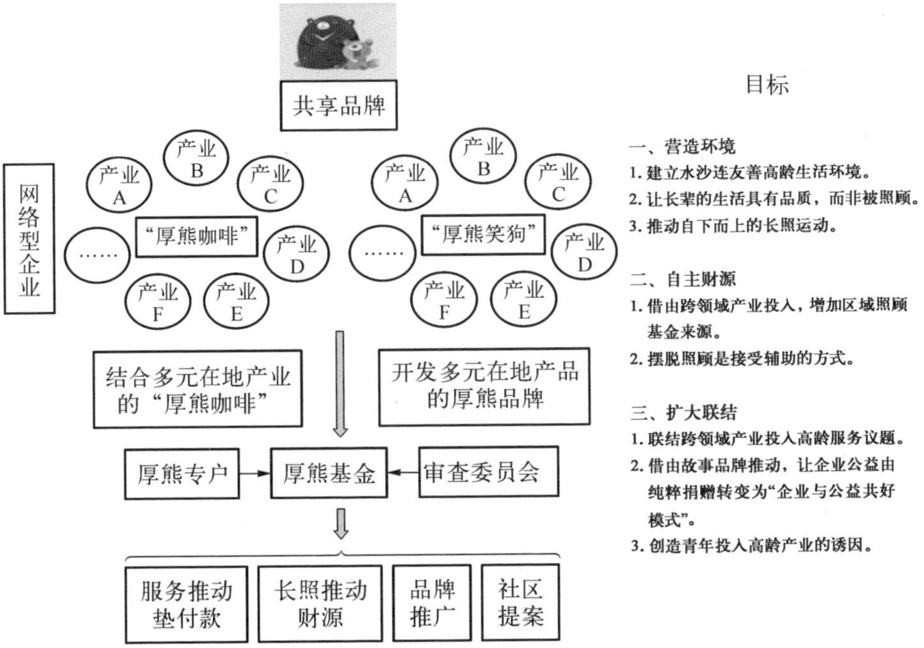

图 12－8　厚熊基金运作图

五、结论

如何摆脱资本主义市场经济的思维来发展友善高龄的社会经济模式，是台湾暨大、愚人之友基金会、埔里基督教医院与在地社群网络共同思考的问题。唯有如此，才能避免长辈在年老后的生活被“商品化”，当所有的服务都被货币计价后，对于偏远地区的长辈来说，在资源分布高度不均的情况下，老后能保证有质量的生活吗？台湾暨大与在地社群网络共同了解在地需求，盘点在地的优势资源与特色产业，联结跨领域的产业类别进入，通过社会设计的方式，发展除社会经济之外的网络运作模式，解决在地长辈所面临的生活问题。这样可以让跨领域产业了解自己在高龄社会中能够参与的事项，凝聚在地不同产业对长辈照顾的共识，进而参与其中，共同发展。

期待借由社会经济创新体制的行动过程，建构未来高龄社会中理想的老后生活环境，并改变“社会福利”总是依赖政府财政的思维，从“社会投资”的概念出发，让“高龄”与“长照”也能够成为带动在地产业发展与获得收益的议题。未来，“厚熊笑狗”期望建构水沙连区域内的社区货币“厚熊币”，借由社区货币的运作，让前述“厚熊笑狗”社会经济体制发展出的商品服务、带动的经济效益能够通过社区货币的交易媒介，让社会经济体制的产值留在水沙连区域内，真正看到其所带来的变化。

第十三章　华人高龄照顾问题的“绊”与“伴”：从一个照顾者支持创新模式谈起[①]

一、问题背景与重要性

如果一味强调“照护”这件事是多么辛苦，那么不是反而会让老年人觉得自己岁数都这么大了还继续活着，实在很不好意思，因而不想活得太久？

——摘自95岁日本高龄作家吉泽久子《一个人，不老的生活方式》

2018年3月底，中国台湾地区65岁以上人口已达14%，正式迈入联合国定义的“高龄社会”。《人口推估报告(2018—2065年)》显示，预计到2026年，中国台湾地区的老年人口将超过20%。高龄化的浪潮来势汹汹，面对愈来愈严重的人口老化趋势，需要如何因应，无疑是台湾地区当前面临的最严峻的挑战。同时，人口总增加率持续递减，2010年更是降至1.8%的最低点。

① 作者：刘宏钰，中正大学成人及继续教育博士、高龄跨域研究中心研究员；吴明儒，中正大学社会福利系教授、高龄跨域研究中心副主任。

"扶老""携幼"原是中国传统文化和家庭正常且基本之功能，面对疾病风险提高、失能危机、老年照顾经济负担、老年贫穷及歧视等问题，再加上高龄少子化的社会现实和越发薄弱的家庭照护能力，家庭提供服务和照顾的难度因此增加了许多。超高龄社会所衍生的问题需要全方位策略予以解决，老年照护议题也不再是一个人或是一个家庭的问题，而是整体社会甚至全世界都必须正视的客观事实。社会照顾资源的多寡深刻影响老年人的健康状况和生活质量，政府有关部门务必认真思考：未来的养老政策要如何让所有长者都能享有健康、自主和安全，以及过一个有尊严的晚年生活？各级政府的养老责任是否需要再扩大？社区互助动能是否要强化？高龄少子化现象造成劳动力短缺和扶养负担加重等冲击如何减少？在有关部门财政困窘、长期照顾需求日益高涨的情况下，除了考量既有的服务模式外，在地中高龄人力资源能否再活化和运用，以满足社区照顾服务需要的服务和资源？长远来看，养老选择除了由机构照护或照顾外包的家庭养老之外，老后能否以社区互助方式协助个人和家庭减轻经济与照顾压力，甚至让高龄者留在社区安然老去并得到应有的陪伴与尊重？面对高龄社会的巨大压力，台湾地区现在积极推动的长照 2.0 政策，就是试图在社区建构一个以人为本的全人照顾服务模式。因此，本章试图从相伴共老的视角出发，思考增加社区照顾人力数量的途径和策略，以及整合社区整体照顾体系完成互助养老的可能。因而以文献法收集并分析有关研究文献和次级资料，同时以行动研究方式了解台湾嘉义大林镇森呼吸生活馆的实作案例建构社区互助养老模式的过程，供其他地区未来在推动老年照顾政策时借鉴和参考。

二、华人文化的照顾历程与问题

（一）我国台湾长期照顾的困境

台湾地区卫生福利机构公布的《2017 年老人状况调查主要家庭照顾者调查报告》显示，主要家庭照顾者平均照顾年数不到八年，每天平均照顾时数为 11.1 小时，每个照顾者平均要照顾 1.1 人，且被照顾者的年龄愈高，每日对其照顾的平均时间也会愈长；受照顾者年龄愈高的，主要家庭照顾者有轮替者的比率也愈低。家庭照顾者的角色在过去并未受到关注，2017 年，台湾地区《十年长期照顾 2.0 计划（2017—2026）》才开始将之纳入服务对象。照顾关系首先为“子女关系”，占 44.35%；其次为“配偶或同居人”，占 35.18%。照顾者性别中，女性占 61%，男性占 39%。家庭照顾者的年龄分为未满 55 岁（34.9%）、55～64 岁（27.7%）、65 岁及以上（37.4%），“老老照顾”呈现出相当高的比例。照顾者仍在上班的占 31.8%，男性照顾者在担任照顾者后，有 41.5%可以继续工作，但女性只有 25.5%可以继续工作。

传统华人社会向来极为重视孝道，习惯于将年轻子女奉养年老父母视为理所当然的事，视为代际关系的自然反馈方式。[①] 然而，随着工业化、都市化的社会变迁脚步的加快，社会人口结构急遽严重老化的情况也冲击了日趋小型化的家庭结构，衍生出更多的安养问题和各种老年长期照护相关需求。过去人们视养儿防老为父母生儿育女的人生投资，如今“孝道”文化和“三代同堂”的居住安排，因为家庭、劳动市场和国家等社会结构受到父权主

① 刘宏钰：《活跃老化的在地实践：两岸时间银行经验分析》，博士学位论文，中正大学成人及继续教育研究所，2014，第 56 页。

义和资本主义的影响而崩解。“照顾工作”向来被视为女性的“天职”，女性作为照顾者的角色由此一再被“形塑”和“强化”。照顾本身原是高度劳务的投入，很容易阻断女性参与劳动市场的机会，久之还会间接影响到女性对其他资源的获得，对其老年经济生活自然形成潜在的威胁。甚至因为长时间投入家庭照顾角色，她们减少了与他人的交往，更容易处于孤立的状态。①

台湾地区的家庭收支调查报告指出，在所得位于后端20%的家庭中，有超过50%的是高龄家庭(户长年逾65岁)，因为这个年龄的人大多已经退休，收入有限，因而这个低所得组连续十一年的家庭储蓄都呈现负值。高龄化确实是导致“负储蓄”和“贫穷化”的重要因素。高龄家庭的主要收入通常来自退休金，但是现行退休制度下，单纯退休金额通常不高，倘若一个家庭没有其他工作人口的收入，家庭经济恐怕很容易出现入不敷出的窘况。随着高龄人口的快速增加，老年贫穷问题变得更加严峻。一旦老年人陷入贫穷境地，就会每况愈下，一旦生病就有照顾需要，自然又加重了经济负担。受家庭形态和社会变迁的影响，高龄者独居比率也在快速提高。台湾地区的《老人生活状况调查(2019)》显示，近二十年来，老年人独居和仅仅与配偶一起居住的比率已经从25%上升到了40%，老年人与子女共居的比率则从70%下降到了57%。有关机构正式登记的需要关怀的独居老年人在十五年间(2003—2018)增加了两成。

（二）被遗忘的家庭照顾者

随着人口结构老化和疾病形态的改变，昔日女性以照顾幼儿为主的家

① 吕宝静、陈景宁：《女性家属照顾者的处境与福利建构》，《女性、国家、照顾工作》，女书文化，1997，第52—92页。

庭责任和生活经验逐渐被照顾失能失智长辈所取代。以爱为出发点的照顾工作明显被设定在“私领域”的范畴内。一方面，照顾工作美其名为爱的劳务及被视为一种亲情的联结，“无酬化”了家庭照顾工作；另一方面，全球化的社会演变严重耗损了家庭、宗族、部落和社区旧有的集体性，让照顾者、受照顾者在角色安排和寻求外来协助的选择上始终未能充分享有足够的选择空间。从政策层面观察，长期照顾计划的服务模式提供了三类“残补式”(residual)的福利照顾：一是机构式服务，指安养机构、养护机构、身心障碍机构、长期照护机构、护理之家等照顾形式；二是居家式服务，即居家服务、居家喘息、紧急救援、居家无障碍等设施设备或服务；三是社区式服务，提供日间照顾/照护、社区复健与机构喘息等服务（长期照顾计划，2007）。基本上，“残补式”的福利原则让照顾问题在供需之间产生了矛盾。社区照顾则是其中较为人性化的选择，也是大多数人晚年养老的偏好。因为机构住宿式照顾固然可以提供保护性的养老环境，却必须用个人的“自由”作交换——剥夺和改变了个人许多原有的生活作息、习惯和喜好。无论是社政单位主管的安养机构、长期照顾机构，还是由卫生部门主管的护理之家，受集体化安置的影响，都产生了一种标签化的烙印效果。远不如在地化的日间照护或托顾式的社区照顾，这种模式运用了社区力量支援或支撑老年人日益衰弱的生命历程，反而更能延缓老化和促进老年人基本生活的自理能力提高，而其近便性的服务特质也较容易为一般居民所接受。

当照顾服务持续朝着专业化发展，由上往下的长期照顾政策推动了各项行政作业和流程，各部门普遍欠缺整合窗口，导致每项服务都显示出局限性与碎片化，往往无法一次性到位。加上可提供的服务范围实在有限，更难周全照顾到每个人的晚年生活，甚至形成未经串联而显得零碎的照顾体系。这样非但无法充分满足家中长辈实际生活所需，还会迫使部分较具经济力的家庭必须自行雇用成本相对低廉的外籍看护①，试图将照顾工作“外包”，以减轻自己的照顾负担。同时，有需求的家庭也寄希望于“专业”的外籍看护，能如家人般无微不至地照顾留住在家里的长辈，甚至还能额外“照顾”其他家人，如整理家务、料理三餐、带小孩等家庭工作的外溢效应，更使一对一的照顾外包的“完善”形象更为丰满。从现实层面看，轻度失智或失能照顾其实并不需要全天都有人随侍在侧，雇用语言沟通能力有限的外籍人员一对一照顾轻度失智或失能者，反而容易减少长辈与外界接触的机会，甚至还会大量取代老年人原本还能自理的日常活动，导致病情加重。

新近主要国家和地区老年人照护政策大多以“在地老化”(aging in place)为高龄政策最高指导原则，无非因为在地提供的可及性服务能够满足在地人的照顾需求，让高龄者顺利在自己原来生活的社区中自然老去，并且确实维护其还能继续保有自主、自尊和具有隐私的晚年生活。对轻度失能或失智老年人而言，最友善的养老措施是规划一套能够弹性结合居家照顾服务和必要生活协助的社区照顾体系，让每个人在晚年阶段还能感觉到自己存在的价值。因被限制在养儿防老的孝道观念和社会期待中，故台湾地区长照工作还是以“家庭照顾”为主。殊不知，照顾失能父母是体力、财务和情绪的三重煎熬。考量家庭照顾者的身心健康，既顾及人权，也关乎长照质量。依照目前的长照制度规划，实在难以让人兼顾工作与照顾责任，迫于经

① 2019 年，台湾地区看护工人数约 25 万人，以照顾失能、失智高龄长辈为主，其中 22 万名外籍家庭看护工与帮佣等家事外派劳务月薪仅 17 000 元(劳动主管部门的劳动统计月报，2019)。若加上就业安定基金及中介费，雇主成本每月约为 20 000 元。

济条件和家庭责任，选择辞职回家提供专职照顾也未必就能如意。面对社会高举“孝道”旗帜的道德谴责，家庭照顾成了生活中最难承受之重。家庭结构愈趋单薄，“零手足”的少子化事实，让愈来愈多的独生子女在父母老去时实在难以“晨昏定省”“亲奉汤药”，即使花钱向外寻求支援、购买服务，也会招来“不孝”的责难。为人子女者惴惴难安，怀有强烈的罪恶感。即使子女众多，在现代社会现实环境与条件下，要分工来照顾长辈也是难上加难。显然，愈来愈老的台湾，“长期照顾”已然成为家家户户最难念的一本经。

（三）长照服务创新的必要性

台湾地区有关部门长照服务政策设计大多以都市为本，由此建构出的模式在乡村或非都会区无法一体适用。《老人状况调查报告（2017）》提出，家中未婚、收入较低或工作较为弹性者会自然成为主要家庭照顾者。主要家庭照顾者中，有21.75%在过去12个月内使用过长期照顾服务，其中“居家服务”使用比率最高（8.53%），其次为“辅具购买、租借与居家无障碍环境改善”（5.33%）、“交通接送服务”（4.69%）。主要家庭照顾者开始照顾工作后家中经济状况开始变得不好的占29.42%。主要家庭照顾者因为经济因素无法使用长照服务的占22.39%；各项服务中，以“长期照顾机构服务”想申请但因经济因素而无法使用的比率最高（7.89%）。联合报系愿景工程与台湾地区家庭照顾者总会共同进行的“家庭照顾分工经验调查（2018）”发现，居民面对照顾问题时，仅有三成会和家人经常讨论。在652个照顾者或曾经照顾家人的受访者中，有近半数的人不同意“照顾是孝顺的表现，应该由家人负责，不应该委托给外人”，但同意者还是有38%。台湾地区的长辈向来有“照顾依赖”的倾向，这可能与传统社会文化提倡的孝道与养儿防老观念有关。不过，无论是经济、身体、精神或社交依赖，无非希望高龄长者可以从日常生活中得到成就感，同时维持健康，生活能够自理、自给自足，而不是事事有求于人或寄望他人。

根据 2018 年“简易生命表”的统计，台湾地区人平均寿命为 80.7 岁，其中男性为 77.5 岁、女性为 84 岁。有关调查资料推测，2025 年台湾地区将会进入超高龄社会，老年人口占总人口的 20.1%，即每 5 人中就有 1 个是老年人。庞大的高龄人口群体深刻影响着台湾地区未来发展方向与老年人照顾政策的制定，逐年加重的少子化问题更是雪上加霜，让养老问题成了台湾地区现实社会最关切的议题。可以想见，人口老化快速可能带来的社会问题是：大量老年人口加重养老负担，青壮年人口减少严重影响劳动生产力。因此，近年台湾地区有关部门及民间企业相继推出长照和医疗健康的相关政策与服务，借以因应人口老化所带来的各种问题。然而，在照顾问题上，有关部门施政的重点仍关注少部分高龄者的健康与经济安全等议题，忽略了大部分老年人口有丰富工作经验和剩余劳动价值的事实。在就业市场上，偏好年轻、无经验者的老年歧视，无形中更排斥了老年人口二度就业，同时也低估了工作对老年人口实则有赋予尊严、肯定以及促进健康的正向效应。为帮助高龄者主动适应社会环境的改变，所以要尽可能让高龄者在友善环境中安享余年，从而创造个人与社会环境双赢的局面。长照工作重点应该维护高龄者的健康、经济和安全，同时强化社会支持（social support）动力，这样才能扩大高龄者的社会参与（social participation），提高他们的生活质量。

三、台湾嘉义家庭照顾者支持创新服务——森呼吸生活馆

森呼吸生活馆希望以“相放伴”的创新服务模式设计更多地与社区居民产生联结，缓解台湾地区人口快速老化的现象。2018年，台湾地区已跨越过联合国定义的“高龄社会”(14%)的门槛，嘉义县的高龄人口比率更是高达17.84%，老化程度始终居台湾地区之冠，因而相对凸显了嘉义市长照需求的迫切性。嘉义居家服务使用者调查(2014)资料显示：在调查的338份样本中，主要照顾者是儿子的占27%，是配偶的占26%，独居者占26%。相较于2012年的调查，独居者增加了2%，主要照顾者是儿子的增加了3%，是配偶的则减少了7%。若依此趋势持续发展，即可发现独居高龄长辈使用长照服务的比率在持续攀升。左邻右舍的邻里关系将成为最重要的照顾支持力量。在有效回答的305份样本中，有145个居家服务使用者回答“白天只有一个人在家者”，占47.5%。社区白天有将近一半的居家服务使用者仅一人独自在家。显然，单一家庭再也无法满足照顾需求。少子化的年代，老年人必须学会自己照顾自己，这样的困境有其结构性与时空背景。为因应长照政策的局限性，发展出符合在地特色的嘉义家庭照顾者支持服务据点，强化辖域内家庭照顾者服务网络的能力，2019年3月，社团法人嘉义市紫藤妇幼关怀协会在嘉义县大林镇①设置了以服务家庭照顾者，且容易满足家庭照顾者实际生活需求的活动课程，希望突破长照政策的限制并补充其不足，让台湾地区长照工作有更多元的想象和选择。

---

① 该镇2016年获得意大利国际慢城协会(Cittaslow International)认证，是台湾地区十大乡镇之一。

从传统走向现代，要建构一个新的信任文化就必须通过规范与制度的认同①。以会员制方式推动，是要促成会员间经由彼此的互助来降低服务使用的负担，让提供服务的会员也能产生被需要的成就感。有别于传统志愿服务仅提供单项服务的概念，欧美和许多先进国家和地区实行多年深具平等、互惠性质的“时间银行”，因地制宜在此被转换成具有本土农村文化特色的“换工”②。由嘉义紫藤妇幼关怀协会承接的创新家庭照顾服务据点（服务范围包括梅山乡、大林镇、溪口乡）——森呼吸生活馆，全部聘用受过训练的换工会员轮流到店值班。在此，换工券（时间货币）的用途相当多样，可以到指定照顾咖啡据点兑换咖啡，或是将“待用咖啡”（suspended coffee）③提领到家，供无法出门的家庭照顾者享用。家庭照顾者和社区居民不时相互进行实物或劳务交换，或是相互提供基本生活协助，如买菜、粉刷墙壁、整理菜园、陪伴就医、交通接送等日常生活琐事。值得注意的是，换工会员只是在地、实时的照顾者人力补充，并不是要取代原有专业的照顾服务。以“换工券”进行时间货币的交换与累积，是社区居民与专业人员的合作，一方面重现传统社会“相放伴”的互助文化，另一方面则强化家庭照顾者的社会支持网络。因为长照工作非常需要社区乃至政府力量的支持。但是，将长照工作从沉重的负担转为和平的专业服务，还需要多方面和跨领域的专业配合。

---

① 吴明儒、刘宏钰：《共同生产、制度创新与社会治理——以时间货币为例》，载杨团主编《当代社会政策研究十：社会治理现代化与社会政策创新》，社会科学文献出版社，2015，第12页。

② 在台湾地区早期的农村，当稻子成熟需要采收时，在地农民都会主动轮流互相帮忙收割，不以工资或任何报酬论计，此种以换工方式形成的互助文化传统，也称为“相放伴”（闽南话发音）。

③ 在照顾咖啡馆里，由认同支持家庭照顾者理念的顾客为下一位家庭照顾者预买咖啡，留待家庭照顾者在未来休息时使用。

森呼吸生活馆对社区生活的想象，主要是回应现代生活人际关系的断裂和社会支持系统的解离。因此，特意营造了友善、温馨、明净的生活空间，通过不同目的的课程与活动设计来吸引不同的目标对象参与，进而勾勒出“老吾老以及人之老”的社区生活愿景。同时，森呼吸生活馆在社区建构了绵密的社会安全网络，实时以实际行动回应家庭照顾者的多元生活需求，其中包括照顾技巧训练、喘息服务、长照资源咨询和最新照顾信息的提供。还有各种教育训练、读书会、心理咨询、卫生保健、舒压疗育课程，以及协助案家申请政府补助、推荐合适的辅具等活动，都是为了帮助家庭照顾者减轻照顾压力、扩大社会参与、增强邻里间的互助关系。此外，森呼吸生活馆还链接社区、大专院校、公营部门医院和企业内外资源进行跨域合作，积极引进各种有创意和切合实际的照顾服务，促进在地产业和区域的发展。

以“做公益、交朋友、让生活更有意思”为经营目标的森呼吸生活馆，现阶段卖的不是咖啡，而是社会议题的推动和活动空间的营造。里面所有的工作人员，包括店长和店员都完全不支薪，只赚取一定的时数。他们全都来自社区，有退休和在职教师、厨师、照服员、社会工作者、芳疗师、护理师、职能治疗师、家庭主妇、社区核心干部及各行各业人才，在成为换工会员之后，到店里根据个人时间的方便、兴趣和专长排班，担任“到咖手”（充满台式人情的关怀用语，取其闽南话的发音，有“来帮手，帮帮我”的意思），并且提供各种“自己能力所及”的照顾服务。森呼吸生活馆秉持“由在地人照顾在地人”的服务理念，以咖啡馆形式建立一站式的社区照顾服务平台，活动聚焦在媒合长照服务的使用，并且增加个案管理及活化社区的各项服务，希望为社区居民提供“看得到、找得到、用得到”的长照服务。尤其利用传统农业时代“互助”“相放伴”的换工概念，在地方扎根经营一个有爱、有关怀以及有人愿意倾听和陪伴的“家”，更容易协助家庭照顾者减轻生活压力、扩大社会参与和强化邻里互助网络，重新找回在地特有的人情味和亲密的邻里互动关系。

以森呼吸生活馆为名，意在提醒家庭照顾者不必勉强自己到力有未逮时才被动接受“喘息”服务，而是鼓励家庭照顾者要量力而行，在自己感觉疲累之际，就要懂得暂时离开照顾现场，转换一下心绪，因而更具正向和主动意涵。一是肯定家庭照顾者的生命价值，给予他们足够的尊严；二是鼓励他们以更积极和更豁达的态度来面对漫长的照顾生活。因为馆中提供许多符合人性生活需求的照顾服务，开店才几个月，就有 54 名换工会员，其中有超过三分之一的会员本身就是家庭照顾者。每个月有 18～28 名会员定期或不定期到店值班，甚至还有从其他乡镇开车或搭车辗转过来跨区换工的会员。截至 2019 年 9 月底，森呼吸生活馆的照顾者开案量为 27 人，一般家庭照顾者有 18 人，实际累积换工时数达 5 000 小时以上，主要以陪伴聊天、交通接送、颈肩按摩、指导花露水制作、冲泡咖啡、烘焙蛋糕、借用器具、交换有机蔬菜和水果、整理菜园、协助拿药、包粽子或是商品优惠进行交换。目前交换的服务时数达 300 多个小时，且随着换工会员彼此熟悉度的增加，往来互动会愈加频繁，换工时数也在快速增长中。

四、社区支持性照顾模式建构的重要含义

通常，社区所能提供的服务和居民实际需求间有一定差距。老年人福利政策的服务内容，多半倾向于解决已经发生的老年处遇和问题，因而忽略

了预防性照顾服务的提供。许多有长照需求的家庭往往通过市场机制或是“家人爱”的劳务付出寻求解决。事实上，一个社区互助养老模式的建构能够赋予老年福利制度运作一个新的定义，即以“信任关系”取代“市场交易”，以“资源整合”代替“经济援助”，应该多关注长辈自身“能做到的事”，再提供必要的支持与支援，而不是一味提供照顾协助，却忽略了其个人还有贡献的能力。

从社会福利或终身教育的观点来看，人口老化不是问题，而是契机。今日的高龄者，尤其是经济资源充足者，在退出职场后，无论是从事志愿服务工作还是参与学习，都有着传统社会所没有的自由与选择。步入老年是其另一种生活的开始，“独立”未必就要“孤立”，生理机能衰退也不意味着社交生活的退缩。以换工建构社区互助养老模式，实有以下重要的概念和意涵。

（一）社会支持

传统家庭养老功能式微，且在不断加龄的人生过程中，个人对“陪伴”与“关怀”的需求会越发强烈。只是越发漫长和沉重的老年照护，让成年子女原先对父母自发性的感恩、反馈和亲情关怀，容易沦为被动式与购买式的形式照顾。过往对在家养老存留的那份美好想象，也只能托付于对社区互助养老的期待。斯坦福大学长寿研究中心主任劳拉·卡斯滕森（Laura Carstensen）教授提出的社会情感选择理论（socio-emotional selectivity theory）说明，当人们意识到时间有限时，就会将目标集中在那些可以实现的事物上，尤其会更加关注情感，并且通过对情感状态的调整来获得最大福祉。有关研究证实，罹患慢性病或行动不便，生活无法自理需要依赖他人照顾，以及进入老年人养护机构安置而必须离开亲人、家庭和原来生活拥有的事物，这三种失落和悲伤事件将严重冲击晚年生活和老年人内心的主观感受。[①②] 根深蒂固的养儿防老观念，让老年人喜欢选择和子女同住，被送进养老院容易产生被抛弃或是受冷落的无助感与失落感。因为是非自愿被送进机构，离开家人、朋友和熟悉的地方，在机构中又缺乏自主性和选择权，所以老年人难免会出现情绪低落、不满、寂寞、食欲不佳等负面情绪，甚至会产生忧郁情绪。长者获得温暖、舒适的生活条件，得到最真切的关怀和陪伴，是晚年生活的最大满足。对高龄者而言，社会支持是存在于人与之间的一种信息交换[③]，也是个人与网络间的互惠关系。良好的人际关系和同侪互动，将更有助于老年期的生活适应与幸福感受。[④] 换工联结社会关系网络，给高龄者提供更多心理、社会和生活上的实质帮助，促使高龄者愿意积极参与社区活动，从而得到角色支持、自尊与自信，提高其生活满意度。

（二）社会交换

从社会交换的角度来看，老化让个人和他人交换的机会产生结构性改变，因为老年人拥有的权利和可运用的资源开始变少，以至于不容易实现平等互惠。同时，老年人进行社会交换的成本变高，会逐渐失去与他人互动时可用以交换的相关筹码。[⑤] 其中，作为交换的内容可以是物质酬偿，也可以

① 徐玉雪：《安养机构老人对服务质量的感受及其生活适应之研究》，硕士学位论文，台湾师范大学社会教育系研究所，2008，第30页。

② 陈明珍：《居家服务绩效评鉴之指标建构研究》，博士学位论文，东海大学社会工作学系，2011，第320页。

③ Cobb S, "Social Support as Amoderator of Lifestress," *Psychosomatic Medicine* 38, no. 5 (1976): 300 - 314.

④ 刘宏钰：《活跃老化的在地实践：两岸时间银行经验分析》，博士学位论文，中正大学成人及继续教育研究所，2014，第42页。

⑤ 杨培珊、梅陈玉婵：《台湾老人社会工作理论与实务》，双叶书廊，2011，第55页。

是声望、喜爱、友谊、赞同、社会地位或是能够减轻内心痛苦、生活困顿以及完成机会与利益的输送。[①②] 社会交换理论强调人际往来的对等性，所谓人际关系就是一种给付和回收以达成均衡的交换行为。过去志愿服务仅提供单向式的福利照顾、换工，社会交换则是将服务面向再扩大至一般性与普遍性的"社会照顾"，并且让对接供需服务的双方通过互动、互助、互惠和共同生产的服务方式，在社区形成类似家族集体力量的互助生活圈，再去唤醒人类最原始的互助本能和相互感动的基本情愫，最终回归到社区和公益本身，让公义和公益并存，甚至以一种互助主义（mutualism）的创新形态呈现，作为实现从消极补助走向积极劳动市场的一种过渡过程。[③④] 在社区推动换工，可以凸显志愿服务的专业性和互惠性，也在互助过程中营造出如家人般的熟悉感与亲密关系，充分展现在地特有的人情味。以"你帮我，我帮你"联结的社会网络是在社区里编织绵密、稳固的社会安全网，更有利于让社区老年人继续在自己熟悉的环境中安其所、养其老。甚至，经由双向互惠服务模式产生"外溢效应"以满足晚年现实生活的各项需求，让老年人和他的家人因此而受惠。

（三）社会互助

因为寿命的延长，这一代的"老年人"将经历不同于以往的生命历程，同

---

① 傅家雄：《老人问题与老人福利》，正中书局，1988，第 67 页。

② 蔡文辉：《婚姻与家庭——家庭社会学》，五南图书出版公司，1998，第 46 页。

③ 吴明儒、刘宏钰：《共同生产、制度创新与社会治理——以时间货币为例》，载杨团主编《当代社会政策研究十：社会治理现代化与社会政策创新》，社会科学文献出版社，2015，第 12 页。

④ 刘宏钰：《时间银行：两岸社区积极老龄化的创新取径》，载王春光主编《社会政策评论：迈向老龄时代的社会政策》，社会科学文献出版社，2015，第 151 页。

时还得面对“家有一老，就有一倒”的经济负担和养老现实。未来是一个必须“自己照顾自己”的时代。当工业革命让整体社会持续朝向都市化和全球化发展时，越来越多的人必须迁徙流动，甚至为了“自我实现”和追求“更好的生活”而远离家园。个人行为越来越倾向目的理性，加大了人与人之间的空间距离，亲友间往来“串门子”的情况因而减少了许多。尽管减少联系并不表示漠视彼此的情感，但不能“面对面”地嘘寒问暖，终究无法实时传送生活所需的温暖与关怀。在以陌生人为主体的现代社会中，因经济需要淡薄了人际关系，新的社会组织又置放在利益与理念的结合上，贫病老弱多半要仰赖政府提供的社会救助和陌生人所给予的照护，社会化的服务形态慢慢取代了家庭原有的养老功能，同时还要付出社会、心理和精神层面的更多代价。以往政府制定的高龄政策，始终脱离不了将高龄者视为弱势族群或依赖人口的迷思，习惯于将高龄者的需求满足设定在安养照顾和社会福利等救助式的服务上。① 换工的双向服务，让高龄者获得更多的与他人面对面互动的机会，进而扩展家人以外的人际网络，同时增强社会沟通与互动技能，也支持更多社会资源的传递与流动。另外，多样化与独特性的社区活动，让高龄者可以证明自己还“有用”，因而免除退休后就会无所事事的恐慌感。

（四）社会照顾

相较于南欧国家子女对父母的协助（help）或照顾（care），北欧国家多数倾向于提供家事“协助”。对个人或家庭提供更多支持的国家，子女也较倾向于给父母提供更多的协助；国家与家庭在财务转移上，因为有了公共转移

① 刘宏钰：《活跃老化的在地实践：两岸时间银行经验分析》，博士学位论文，中正大学成人及继续教育研究所，2014，第 42 页。

而减少了私人转移；在时间转移方面，国家与家庭间更倾向于彼此的互补性。[①②] 另外，赫洛夫森（Herlofson）等[③]采用了欧洲联盟对欧洲不同福利体制与家庭传统的五国的研究结果，说明了福利国家的扩张并不会削弱孝道责任，即使在具有强烈孝道传统的国家，也会认为正式服务必须在照顾提供上承担必要的责任。在家庭规范强烈的南欧国家，规范型家庭主义仍会和福利国家的福利供给偏好共存。布兰特（Brandt）、哈伯肯（Haberkern）等[④]的研究指出，当国家（如挪威）承担了有关生存与耗时的照顾工作时，人们反而会发展出一种分散但具有实质意义的互助形态；反观没有建立足够完善制度的国家（如南欧），人们只能将之转由家庭负责并且承担一切照顾需求。显然，社会政策对家庭关系确实会产生相当大的作用。公共政策的介入让传统家庭责任“公有化”的历程非但不会解构家庭，反而增加了家庭情感连带的强度。补充性照顾服务的提供更能衔接完全由家庭照顾和代替家庭照顾两者间的真实需要。筒井（Tsutsui）、村松（Muramatsu）等[⑤]在检视日本于2000年推动长期照顾制度的前后变化后发现，日本家庭照顾提供者对孝道

① Brandt M, Haberkern K, Szydlik M, "Intergenerational Help and Care in Europe," *European Sociological Review* 25. no. 5 (2009): 585 - 601.

② Szydlik, M, "Inter-generational Solidarity and Conflict," *Journal of Comparative Family Studies* 39. no. 1(2008): 97 - 114.

③ Daatland, Herlofson K, "'Lost Solidarity' or 'Changed Solidarity: a Comparative European View of Normative Family Solidarity," *Ageing & Society* 23. no. 5(2003): 537 - 560.

④ Brandt M, Haberkern K, Szydlik, "Intergenerational Help and Care in Europe," *European Sociological Review* 25. no. 5(2009): 585 - 601.

⑤ Tsutsui T, Muramatsu N, Higashino S, "Changes in Perceived Filial Obligation Norms Among Coresident Family Caregivers in Japan," *The Gerontologist* 54, no. 5 (2014): 797 - 807.

责任的态度，在儿子方面似乎并未引起太大变化，反倒是媳妇、女儿对孝道责任的感知程度明显下降了。可见，社会政策的介入对家庭还是有一定的影响力的。阿瑞(Arai)与沙日(Zarit)的研究结果①显示，日本在推动长期照顾保险之后，居民认同社会性奉养的比例显著上升，认为奉养应该由社会共同承担者从 12.4%增加到 22.8%，认为应该完全由社会承担者从 3.7%上升到 6.2%。在历经十五年长照制度的实施后，日本居民对传统家庭的奉养观念受到深刻影响，同时增加了对社会奉养的认同感。服务量增加速度比老年人口增加还要快，可能会引发照顾服务人员的薪资受到压缩和保险费用严重不足等问题，因而必须提高保费和增加税收来进行补贴。

五、讨论与结论

（一）综合讨论

“有国有家者，不患寡而患不均，不患贫而患不安。”台湾地区长照体系政策的态度表现经常受居民的福利意识影响。提供过多的福利照顾容易造成受助族群的倾向依赖与怠惰，但是为了寻求“公平”起见，一般居民还是期待有关部门积极担负起保障每个居民基本生活水平的责任，或是将干预视为一种能有效改善社会不公不义的重要手段。通常，社区里的妇女和退休老年人大多通过从事志愿服务工作来提升自我价值感，有关部门也会大量利用志愿服务来补充人力的不足。只是过度强调牺牲、奉献的服务精神，让志愿服务者基于使命感和牺牲奉献的思维逻辑，或因同侪团体压力而努力

① Arai Y and Zarit S H, “Exploring Strategies Toal Leviate Caregiver Burden: Effects of the National Long - Term Care Insurance Scheme in Japan,” *Psychogeriatrics* 11, no. 3 (2011): 183 - 189.

“因公忘私”“不求回报”，长期下来，反而会消耗志愿服务者的热忱与爱心，使服务提供者的个人权益道德化了。为了减轻和解决长期照顾人力不足的问题，聘用外籍家庭看护成为家庭照顾的替代方案。当大众对外籍看护筛选与训练不足有所疑虑时，媒体常会报道良莠不齐的照顾服务情况，不敢再聘用外籍家庭看护，甚至自我封闭式的家庭照护状况还会和邻里形成渐行渐远的互动模式，极可能会影响社区原有的深厚情谊和关系网络。

同样面对高龄化严重社会问题的日本政府明确将介护保险（长照保险）以国家最高规格看待，并且导入预防疾病筛检的概念，设立了一套早期侦测失智的筛检流程；北欧国家则坚定选择朝着高赋税、高福利的方向走；而我国台湾地区在长照方面的相关作为和照顾人力的提供上，因为长期财务的考量，在政策上还是希望能够发展多元照顾服务模式和建构社区预防照顾平台。但是，倘若有关部门未能将“照顾”视为自己应该介入的领域，那么继续开放大量的外籍看护或是提供按项目给付的居家服务制度，可能让许多实际有照顾需求者宁可自己继续苦撑也不愿去申请服务。

台湾地区于 2008 年开始推动在地照顾服务，各县市也成立了长期照顾管理中心，发展了许多社区照顾资源。《长期照顾十年计划 1.0 服务》优先服务经济弱势的家庭，属残补式政策。《长照 2.0》的目标是扩大适用范围和提供的项目，并且提供“找得到、看得到、用得到”的各种长照服务平台，同时关注了家庭照顾者的需求。让居民在进行长照需求选择时，可以将家人送到机构或为家人申请外籍看护，也可以有其他可能的选项或服务组合。选择无偿在家照顾必须有家人愿意牺牲个人工作和生活，这不但会造成市场劳动力的折损，而且隐含许多家庭“不足为外人道”的无奈困境，容易让家庭和个人陷入所得不安全的危机之中，缺少社会保障；而个人因为长期缺乏休息、缺少和外界接触而感到心力交瘁，很容易成为下一个需要被照顾的病人，甚至酿成照顾者带着被照顾者一起走上绝路的人伦悲剧。

将照顾服务视为个人基本的社会权利，才能发展出各种以“照顾为中心”的照顾服务，其中涵盖了照顾者与被照顾者。以人为本的照顾服务，让家庭照顾者不至成为照顾的牺牲者，他们在工作中还能得到应有的报酬、休息与尊严，这样才有意愿和动力再投入繁重的照顾工作中，同时还可以得到成就感与情感反馈；而被照顾者有机会独立完成项目，也可以从中感受到自己的存在感与价值。森呼吸生活馆的社区服务经验，唤起了家庭照顾者自我权利的觉醒，并且积极谋求外界资源的引入。其推动的换工制度重塑了人们对“互相”概念的理解，进一步将“照顾”延伸到了日常生活之中：一方面，重新启动农业时代人们互助、互惠的共同生产方式和生活习惯，同时促使居民在社区里持续发展“扶老”“携幼”的文化并进行情感交流；另一方面，结合老年生活所需的各项专业组织，共同在社区里推动预防性的照护模式，让服务者和受服务者得以跳脱理性的算计窠臼，能彼此建立信任、愿意共享利益，进而在社区形成更紧密的人际关系。重要的是，当人们老了之后还能相互为伴，彼此提供多样晚年生活照顾与情感照应。在老年人口即将超越青壮年人口的今天，换工无疑是“以己之有余，补人之不足”的互助行为和自利利人的公益之举，在社区现有的基础和关系上，制造和扩展更多的足以促进人际互动和关系交换的机会，让社区里的老年人得到更多的正向能量和社会交换的效益，进而营造出一个合乎人性的互助养老与支持照顾的友善环境。

（二）结论

综合来看，换工是“服务和照顾的连续进程”（continuum of care and service），试图让服务者与被服务者形成一种“互为主体”（inter-subjectivity）的关系，将“单一依赖”转变为“互相依赖”，让合作的双方能够充分展现各自的核心理念，借由各种合作活动让个人和组织形成丰富多样的关系形态，进而加深彼此的信任感，以至于承载和满足个人对晚年生活的诸多想象，圆满实现在地相伴共老的美好晚年愿景。另外，研究者从研究和行动中也得到一些省思和建议。

第一，建构“居家—社区—机构”三种形式是在强化预防性社区照护模式的运用，因此特别针对家庭照顾者进行居家照顾支持系统的整合与建立，必须从全人照顾的视角思考如何顾及照顾者身心和社会问题需求的解决，融入社区健康促进、产业经济、社会联结、居家照顾服务与医疗保健等资源，才能真正满足家庭照顾者实际生活所需，同时减少家庭照顾者因照顾负荷太重导致的家庭不幸与照顾悲剧的发生。

第二，在社区建立一个照顾咖啡馆的构想是“以点带面”地让提供服务者和家庭照顾者互为主体，同时通过“时间货币”实施价值交换，并且利用市场交易的运作方式，在有限的资源条件下持续提供创新的社区支持性服务。

第三，照顾咖啡馆以社会联结方式，让社区居民逐渐接纳了结合地方环境条件和特色主题规划的各种创新理念，并且积极投入行动，可以促进长照信息的流通与家庭照顾者对自我意识的觉察。

第四，在创新方案的实践过程中，创新者虽然会面对诸多的质疑和挑战，还需要更多的等待、理解、适应和调适的磨合行动，但因为这是一场改变某种习惯和行为的思想革命行动，合作关系的演变从来不会自动产生，而是要经过不断行动和努力后才能获得结果。倘若将高龄长辈视为照顾服务的使用者和消费者，反而会忽略他们既有的知识、技能和创意，容易让社区居民过度依赖外来的专业团队，以资源取得作为主要合作目的，那么在参与过程中社区也将逐渐失去主导的意愿，不利于社区整体参与能力的提升，甚至在社区未来的延续性和发展空间上，还可能存在更多的风险和变量。因此，诱发社区自发性以建立居民间的互动和互助关系，是社区照顾机制建立成功与否的关键。

在可预见的未来，在地老化是老年人晚年生活最大的期待。站在长照第一线的社区应有更大的自我管理空间，通过换工实现利他与自利的双重价值，促进中高龄者对社区产生更深层的归属感与责任感。而换工具有“串联”和“转介”两大功能，还可加深专业团队对彼此合作的理解与资源分配的认识，进而创造共同的核心价值，为社区各项长照养老服务的衔接提供一个起点，借此去改变政策制定者的观念、翻转行动者的价值观，同时还能进一步重整在地经济，从而发展出由社区居民共同建立的长照资源和服务据点。简言之，要符合在地老化的设想，就要让老年照顾服务回归到过往“类家族式”的生活模式，让社区邻里间能够产生一种“新家人关系”，即没有血缘关系却有如家人般的支持和互助功能。在超高龄社会即将到来时，这是一项重要的社会投资与社会工程。在熟悉的社区邻里、家人或居民中营造出一个共生社区，运用传统换工理念产生互利、共享精神，也是长照服务核心价值之所在。

第十四章　南非发展型社会工作的发展历程：对社会发展的意义[①]

南非推动发展型社会工作是对传统治疗型社会工作模式的批判和反思。南非殖民地时代的社会工作治疗模式聚焦于补救、社会病态、服务对象的不足、个人的心理临床治疗和院舍照顾，需要巨大的专业人力投入且社会覆盖面较小。简单地从西方移植社会治疗模式，无法应对发展中国家存在的严峻的贫困、失业、暴力犯罪、社会不平等、社会歧视等问题。同时，由于公共财政有限和社会工作教育制度不健全，因而发展中国家往往难以承受高昂的社会投资，也难以回应种种社会弱势群体的需求。因此，南非积极探索以社会发展为取向的发展型社会工作模式，以行动与变迁为取向，通过强

① 莉拉·帕特尔教授，南非社会工作专家，通过高校和政府推动社会工作发展，曾就职于曼德拉总统政府主持的社会工作机构，参与种族隔离后的发展型社会福利的政策设计。同时，她在实践层面推动发展型社会工作的全球运用。本章基于 2019 年 9 月 18 日帕特尔教授在云南大学做的演讲内容，由云南大学 2019 级社会工作硕士研究生曾梦玲、张冬梅、杨文琪、郑志婧、杨家薇记录整理并补充而成。

调生产性与投资取向的社会工作方案，社会发展提升了人力资本，动员了社会资本，强化了资产积累，清除了经济参与的障碍，促进了生产性就业与自我雇用，它是一种积极的社会福利模式。

一、南非发展型社会工作产生的背景

从17世纪中叶到20世纪中叶，南非曾是荷兰和英国的殖民地。这一时期实施的是种族隔离政策，即不同的政策会运用在不同的种族层面。南非主要有三个不同的种族或群体：非洲的本族、欧洲殖民的混合种族、印裔群体。经过四百多年的发展，每一个族群的发展都存在很大差距。在此过程中，欧洲白人殖民者受益最多，如此不平等使得非洲本族人在八十多年时间里一直在进行不同的斗争来争取解放。最后，解放斗争获得了胜利，南非成为一个以宪法为基础的民主国家。1994年，它结束了种族隔离的历史。但此后南非依然存在着大量的贫困和不平等问题，整个国家近5 000万人口中还有一半依然生活在贫困线下，失业率达到27%。南非是世界上发展最不平等的国家之一。无论是健康、教育，还是食品安全等方面，都存在着大量的不公平、不平等问题，艾滋病的发生率也高达20%。在这一背景下，南非存在大量的社会暴力犯罪行为，特别是对孩子和妇女的暴力。在经济发展过程中，人口频繁流动，移民的情况容易导致家庭解体，不能跟自己的父母生活在一起的孩子占29%，有的孩子甚至没有父母，只能和亲戚共同生活。

南非脱离种族隔离时代，进入民主化阶段后，整个福利系统和社会工作服务需要重新设计。因此，社会服务系统和社会工作都应该围绕帮助国家社会的发展、社会的建设、社会的重建来开展工作。有关福利法律、政策都需要重新设计，以支持南非的新宪法，以此来推动社会和经济的发展。到目前为止，南非是将发展型社会福利和社会工作纳入法律规范范围的唯一国家，涉及领域包括社会救助、健康、教育、住房、儿童的权益保护等。新宪法本身确定了每个人都是平等的，人们不会因性别、宗教、种族、性取向、地理位置而受到歧视，所以社会工作者要在人权保护的前提下开展工作。

二、发展型社会工作概述

（一）发展型社会工作提出的原因

南非的社会工作模式在殖民地时期实行的基本上是治疗型模式，类似于用医疗模式一样的方式来做社会工作。社会工作者站在社会病理学的角度进行一对一的个案工作。治疗模式很难认识到案主或服务对象所具备的能力和潜力，看不到他们内在的能力和解决问题的能力。更重要的是，很多人都面对贫困、不公平、不平等、孩子与父母分离等问题，如果只从个人层面开展工作，效果就很有限。因此，发展型社会工作改变的不仅是个人，而且是整个社会系统和结构。让群众积极参与到社会发展中，促进社会变革，维护社会正义，保障弱势群体的利益，社会工作才能够协助推动社会的整体发展。

（二）国际发展型社会工作发展历程

从 2014 年至今，国际社会工作学校协会和联合会共同推动发展型社会工作模式的实施，突破了传统治疗型社会工作模式的局限，促进了社会的发展。发展型社会工作旨在改善人际关系，促进社会参与和提高社会包容（social inclusion），在减贫（poverty reduction）的基础上找出贫困的根源，就是推动社会和经济整体福祉下的包容性发展(inclusive development)。发展型社会工作在回应社会中大量不平等问题时,压抑了个人或社区全面发展的潜能,因此需消除阻碍或限制人们发展的结构性因素,从而推动社会发展。

发展型社会工作的实务模式强调多重干预策略,其中重点是社区为本的发展型社会工作(community-based developmental social work, CBDSW)。CBDSW 提供了整合的实务方式,将人们与社区的日常生活联结起来,从个人、家庭、社区、社会网络、文化环境等层次联动,促进经济发展,增强人们的幸福感,在服务提供过程中带动服务对象和社区成员直接参与决策的制定和服务的开发。在社区层面,社会工作不会单独为残疾人服务,也不会只做家庭服务,而是从社区整体出发开展服务。人的需求是多元的、多面向的,涉及诸如卫生、健康、住房等不同方面的需求。

CBDSW 必须是跨专业和跨部门的,因此建立多部门协作的伙伴关系尤其重要。社会工作积极与政府、社会组织、企业、个人、家庭、社区等建立多元伙伴关系,共同为个人和家庭提供整体的服务。发展型社会工作采取多重干预策略(multi-modal intervention),具体可分为五种干预策略:一是减贫与可持续发展生计策略,包括农业发展、创业、创收、资产建设(创收类经济活动);二是以家庭为中心策略,以社区为本策略,包括与家庭和社区网络的合作以及增强策略;三是社区层面的信息提供、教育和组织策略,包括以充权为目标的教育;四是社会政策与社会规划策略,包括为地方政府层面的社会和经济发展战略提供投入;五是政策改变的倡导策略,一线社会工作者提供的信息和所做的干预工作都会协助政府完善有关政策。

（三）发展型社会工作的方法、角色与技巧

CBDSW 探索了不同层面的工作方法，包括微观层面的个人和家庭服务、中观层面的组织和社区工作、宏观层面的国家和省级的政策与法规倡导。南非发展型社会工作采用不同的实务方法，包括个案工作、小组工作、社区组织/动员、能力建设充权、服务开发、提高收入，为地方社会政策作出贡献或倡导。小组工作是普遍采用的方法，从成本和效率上都更加合适，以社区里的群体为载体，带动社会工作的服务围绕着服务对象的需求而展开。就需求评估而言，社会工作者采用不同的咨询及参与方法，包括对个案服务对象的访谈、对当地社区行政管理资料的分析、焦点小组讨论、口述史、数据分析、对不同利益相关者的关键信息访谈等，对社区进行整体的认识，从而提出相应的干预策略和计划。

社会工作者在 CBDSW 模式中扮演着各种不同的角色，可能是一名心理咨询师、链接资源者、倡导者、教育者、会议组织者、协调者，也可能是开拓服务者。这意味着社会工作者需要掌握微观、中观、宏观层面上不同的技能来开展工作，包括个案工作技巧、小组工作技巧、社区组织技巧、服务管理技巧、政策分析技巧、发展和教育技巧。南非发展型社会工作的主要价值观是受社会工作价值观和南非特有的文化观所指导的。

南非的传统文化强调个体之间都是相互联系的，是一个整体。因此，对于一些普遍存在的社会问题，南非会形成系统的政策来协助人们在社区层面获得相应服务，包括对贫困家庭、残疾人和老年人提供社会现金救助（最低生活保障制度）；为职工提供社会保险、医疗保险、养老保险和孕妇生育保险；为社会中贫困的家庭和群体提供免费的医疗和公共教育；为孩子提供免

费的学校营养午餐；关注早期儿童教育；提供公共住房；为小微企业提供支持，包括制定公共就业计划和积极的采购政策；关注性别平等，制定专门的政策保护妇女、少数民族、贫困农村的弱势群体的利益。

（四）南非发展型社会工作的目标与影响

南非社会工作的目标是，通过最大的努力产生积极的影响，但是社会需求很多，而资源却相对较少。为了服务更多的人群，扩大服务的影响，南非在补救型服务模式和预防型服务模式中试图寻求平衡点。南非采取的主要方法是用专业社会工作人员搭配准社会工作者和志愿者组成的工作队伍，协助更多需要帮助的服务对象。南非创新了 CBDSW 服务模式，注重不同专业的合力，如社会工作者与卫生保健专业人员、社区卫生工作者、教师、地方官员和其他服务人员开展团队合作，提高工作效率，改善服务效果。比如，在照顾孩子方面，并不是由社会工作者单独提供服务，而是由社会工作者与教师协作，更好地服务儿童。

南非发展型社会工作强调对服务模式效果的评估，需要进行大量证据为本的研究来验证服务的效果。证据为本的研究方法包括定量研究方法、定性研究方法、混合研究方法。数据结果可以为改变政府的政策提供信息，也可以改善服务提供方式，更有效地指导实践和资源配置。

南非制定了《2030 年国家发展计划》和可持续发展目标（sustainable development goals）的行动框架，以此作为社会工作参与实施的目标。这17 个目标框架中包括：无贫穷，零饥饿，良好健康和福祉，优质教育，性别平等，清洁饮水和卫生设施，经济适用的清洁能源，体面工作和经济增长，产业、创新和基础设施，减少不平等，可持续城市和社区，负责任消费和生产，气候行动，水下生物，陆地生物，和平、正义与强大的机构，促进目标实现的伙伴关系。南非的社会工作就是为了实现这些目标。就社区、国家乃至全球的角度而言，社会工作者都需要共同努力，才能使每个人的生活都得到改善。

三、南非发展型社会工作运用案例

（一）"我们照顾家庭"(Sihleng' imizi)项目的背景和目标

2018 年，南非超过 1200 万的儿童（占南非儿童总数的 63%）获得了儿童支持补助金。儿童支持补助金是每月一次的现金资助，期望借此增加儿童的营养，提高儿童入学率，并改善子女较多的贫困家庭的收入状况。在经济救助的基础上，社会工作机构提供了补充型家庭增能干预措施，加强经济救助对家庭和社区的影响，舒缓弱势家庭中儿童福利面对的社会心理、系统性和结构性的风险。

经济救助与家庭照顾干预措施结合的社会工作干预策略在不同的国家经过循证研究，是普遍被认可的儿童福利强化模式。南非推动的"我们照顾家庭"项目是南非整合循证研究与社会工作干预策略中社会教育干预方法的典型案例，是为提高南非儿童支持补助金的积极成效而设计的社会工作干预项目。该项目通过为生活在不断发展与变化中的非洲城市的弱势家庭增能，以提升儿童的福利水平。社会发展模式和社会教育干预方法为变革理论提供了依据，项目基于家庭的优势进行设计，并提出应从五个方面增加知识与技能，以增强家庭与儿童的整体福利效果：一是儿童—照顾者的关系，即促进沟通，增强家庭凝聚力、行为管理和照顾能力；二是照顾者在儿童教育中的参与；三是社会与社区联结，改善社交网络和社会支持；四是财务管理能力，提高基本预算能力和掌握储蓄知识与技能；五是营养知识，诸如食物制备中的基本营养和卫生知识。

（二）“我们照顾家庭”项目的实施

该项目以每周一次小组聚会的形式进行，由五个家庭组成小组，所有家庭成员参加小组聚会，2017 年下半年，共开展了 14 节的小组活动。具有相关资质的社会工作者作为小组聚会的协作者，并由合格的儿童工作者为小组聚会提供支持。该项目在约翰内斯堡市每 10 个最为贫困的社区中设立 1 个小组，项目在整个过程中为社会工作者与儿童工作者提供培训和督导，协助开展小组聚会。

研究以准实验设计进行，设置了干预组和对照组，从干预组中收集前测（干预前）和后测（干预后）数据，对照组在干预前和干预后阶段亦收集数据。对照组在每个地区指定学校中的 R 年级（南非小学学前教育，学制为一年）与一年级儿童的班级列表中随机选择家庭。数据本质上以定性数据为主，数据通过在基线（干预前）和终点（干预后）对干预组和对照组的主要照顾者、抽样儿童、儿童的教育者进行访谈获得。

在项目干预前，干预组的研究样本包含了 135 个家庭，共 740 人。平均每个家庭有 5.7 名家庭成员，家庭成员数量从 2 人到 14 人不等。家庭中大部分儿童（83％）在上小学，或者更小；儿童的亲生母亲是他们的主要照顾者的占 75％，是他们的祖母或外祖母的占 13％。大量的成人家庭成员（45％）失业，成人家庭成员有全职工作的只有 19％（其他为自雇、非正式就业或兼职）。大部分家庭因其照顾的儿童获得 1～3 份儿童补助金。项目评估通过对40个干预组家庭和20个对照组家庭的访谈，对“我们照顾家庭”项目的短期效果进行评价。

（三）“我们照顾家庭”项目的研究成效

评估报告根据上述五个方面的明显变化，评估了该项目的成效。

1．家庭和儿童—照顾者的关系

“我们照顾家庭”项目的目标之一是通过教授其他形式的管教方法，改变照顾者的严厉教育方式。受访者反映体罚、愤怒和责骂的现象已经减少，大部分照顾者能成功地应用“冷静角落”的策略。研究结果显示，该项目通过培养家庭在沟通、照顾和行为管理中的技能，成功地提升了家庭照顾的能力，改善了家庭功能，有助于促进儿童的社会发展和情绪发展。照顾者更多地使用积极倾听的方法解决问题。有少数受调查对象提到，照顾者使用的粗俗语言减少了，改变了自身行为，比如保持冷静、减少责骂、以解决问题为目的进行谈话等。在积极养育方法中，最常见的变化是表扬孩子、教育孩子了解不良行为的后果、鼓励和奖励孩子的良好行为。

就儿童安全风险知识而言，调查对象对儿童去向、陌生人的危险、家中安全、家中和课后对儿童监管的认识有所提升。然而，还有18名照顾者（占比为47％）在儿童监管和监督方面的改善并不明显。其中最可能的解释是在基线调查阶段，有几起儿童安全罪案在媒体上曝光，使受访者在儿童安全威胁与风险方面的意识有所增强，带来的干预效果不太明显。

在家庭规则、家务和日常生活的规定上，比如明确就寝时间、共同用餐时间和家庭作业规则等，受访者反映改变比较明显。这些规定有助于建立日常家庭生活的共识架构，促进孩子的社会关系的发展、学业成就和情感健康。

研究表明，“我们照顾家庭”项目已经达到了帮助增强儿童—照顾者和家庭关系的目标，通过增加儿童与照顾者间联结的机会，增加积极养育方法的使用，促进家庭沟通，增强了家庭的凝聚力，从而实现了家庭增能。

2. 照顾者在儿童教育中的参与

评估结果反映，照顾者更多地参与到孩子的家庭作业有关环节中，比如检查孩子的作业、孩子写作业时关掉电视机以减少分神、与老师交流孩子的学习情况，还有积极支持学校工作、减少孩子旷课现象等。这些行为的改变充分证明了照顾者在儿童教育的参与程度上有所提高。

3. 社会和社区联结

评估结果反映了儿童照顾者与他们的同伴联系计划，即家庭以一对一结伴方式配对，积极地保持联系。他们普遍反映，社交网络很有价值，同时与扩展家庭的沟通亦有所增加。照顾者确认了在小组聚会过程中发展出来的社会关系的价值，比如向其他人学习、体验爱与关怀、增进与人的关系、学习其他语言、获得理解、改善沟通、有问题时知道如何寻求帮助。照顾者亦能通过他人分享从小组中获得新知识，以改善家庭和社区的不良状况。研究结果显示，项目的第三个目标在促进照顾者社会和社区联结以及社区网络的积极参与方面发生改变，但是在服务社区方面却不明显。

4. 财务管理能力

“我们照顾家庭”项目期待提升家庭照顾者辨识想要、需要和义务的能力，以及对贷款后果的认识，从而改变他们的储蓄与预算行为。研究结果显示，项目除了儿童支持补助金所提供的经济支持外，也促进了他们处理家庭财务事务知识的增加与技能的提升，改善了家庭的社会福祉和经济福祉。评估研究表明，项目的第四个目标已经实现了，即财务技能扫盲提升了家庭与照顾者的财务管理能力。

5. 照顾者与家庭的营养知识

干预前，照顾者认为早餐是一天当中最重要的一餐的占69%，干预后持有这个看法的照顾者数量有轻微增加（74%）。工作人员注意到，在选择食物的时候，将“健康生活方式”评价为“非常重要”的照顾者数量有所增加。不过，总体上营养知识与技能的提高幅度似乎很小。

6. 照顾者抑郁症状的改变

“我们照顾家庭”项目使用了抑郁症评估工具（CESDR－10）评估照顾者中抑郁症状的变化。研究结果显示，有抑郁症状的照顾者数量有所下降（从基线的53%到终点的37%）。然而对照组亦反映了抑郁症状照顾者的减少，因此说明项目有助于减轻照顾者的抑郁症。

7. 对儿童和教育者的访谈收获

由于研究难以通过直接访谈5～8岁儿童来了解其言语表达变化，因此评估主要通过绘画和访谈的方式，分析儿童对家庭的看法。所有干预组的儿童都表示很享受参加小组聚会。大部分抽样参照组的儿童看起来很快乐，并且在家庭和学校里适应良好。然而一些照顾者、教师和儿童自己的信息表明，有23名儿童可能存在教育和儿童福利方面的问题，这些儿童已被转介进行评估和干预。

（四）“我们照顾家庭”项目的评估结论

“我们照顾家庭”项目通过控制模式评估，证明小组聚会和同伴支持可以协助领取儿童补助金的家庭改进家庭和儿童—照顾者的关系，扩大照顾者在儿童教育中的参与面，提升财务管理能力，加强社会和社区联结，在营养和食物、卫生知识方面的目标得到适度的提高。总的来说，“我们照顾家庭”这一家庭增能干预项目的成效说明：未来针对家庭照顾的社会政策需要在经济支持的基础上，加上社会照顾或支持的项目设计，联动一系列的照顾服务和策略相结合的发展型社会工作干预策略，才能有效地改善儿童和家庭社会的状况；经济救助和社区照顾干预策略的联动才能有效地应对贫困家庭所面对的结构性障碍，打破南非贫困、不平等和弱势社会地位的代际恶性循环。

四、发展型社会工作对南非社会工作的意义

（一）对南非社会发展的推动意义

CBDSW 模式通过了评估研究，被证明是有效的，有利于扩大项目规模，惠及南非更多的儿童和家庭。约翰内斯堡市政府把这个项目覆盖到所有社区和家庭，通过家庭增能来改善儿童福利和预防社会问题。相比于个案工作去应对个人或家庭问题，发展型社会工作强调社区为本，在国家政策的倡导下发动群众积极参与社会发展事业，以提高全体人民的生活水平和生活质量。南非的“我们照顾家庭”项目也为众多在探索社会工作本土化的国家提供了范本。

（二）对社会工作实务人才培养的意义

发展型社会工作十分强调培训和督导。“我们照顾家庭”项目把严重困难的家庭和孩子进行转介，进一步加强家庭干预，有助于地方政府加强社会

工作者的能力建设；当地社会工作者也学习了怎样将服务更精细对接，向当地政府倡导和推动政策改变。该项目需要与当地社会服务部门合作，积极开发不同的家庭照顾模式，链接多方资源，把政策落到实处，推动发展型社会工作进一步在地化。同时，社会工作者需要认识到他们不仅要提供个案服务，还需要结合整个社区的发展，让更多人受益。

（三）对南非社会工作教育的意义

发展型社会工作是对以西方社会治疗模式为主导的社会工作教育的批判，治疗型的理论和实务教学难以适应南非发展型社会工作提出的多元主体和多重干预策略的模式。南非社会工作亟须建立适应当地社区环境的本土实践模式，特别是加强社会工作者参与发展型社会工作的能力建设。南非要积极开发可用于学生学习、实践训练的网站；编写南非的本土教材，代替直接使用英美国家的知识教材，减少对西方社会工作文献的过度依赖。同时，南非应该做好基于本土的教学实践的记录研究，通过这样的知识构建，为发达国家和发展中国家的社会发展与实践中的知识构建作出贡献。社会工作教育学界应勇于抛开所谓西方“学术和专业权威”，努力回归到本土的社会发展和文化脉络相关性上，积极运用行动研究策略，与实务社会工作者、案主、社会工作机构、政府及其他利益相关者一起，共同创新、建构契合本国教育和社会发展的发展型社会工作价值观、政策、知识教育和技能培训体系。

（四）对国外社会工作的借鉴意义

南非发展型社会工作在本土的实践过程，为许多国家，尤其是发展中国家提供了一个很好的参考样本。每个国家都有自己的历史独特性和文化差异性，如果脱离了当前本土的文化习俗和社会发展需要，社会工作的本土化将会产生与本土疏离甚至变异的情况。因此，国外发展型社会工作的本土化应该立足于推动社会发展，明确本土社会工作专业的使命，积极开发符合本国国情的多重社会工作的实务干预模式，强调多元主体协同发力，推动发展型福利政策和发展型社会工作联动发展，调动居民的主体参与性，同时也要创新社会服务的供给体系和社会福利的多元治理模式。正如梅志里教授所倡导的，传统的社会工作模式无法应对发展中国家迫切并复杂的社会问题，以推动社会发展为目标的发展型社会工作模式才能够弥补发展中国家经济和社会发展的不足。

第五部分

发展型社会工作、发展型社会政策与发展前景

第十五章　发展型社会政策的主流化[①]

发展型社会工作在诸多领域内的进一步发展和应用，需要发展型社会政策的配合。近些年，关于发展型社会政策的讨论与实践日益增多，推动其走向主流化，可为发展型社会工作提供更可观的空间与前景。

第一节　发展型社会工作介入对发展型社会政策的要求

一、发展型社会政策的推行成为大势所趋

无论是实践还是理论分析，都表明发展型社会工作的介入需与发展型社会政策相互配合，方能取得对贫困等问题的最佳干预效果。

① 作者：陈涛，中国社会科学院大学政法学院社会学教授、副院长，主要从事社会学研究，主要研究方向为社会政策与社会管理、社会工作理论与实践、灾害与农村社会工作、儿童社会工作等。

例如，针对各类贫困地区和贫困人口的发展型社会工作介入要想得以普遍实施，就要求社会政策改变传统的偏重为贫困人口分配和提供物质福利的做法，转为重视人的服务供给，特别是像发展型社会工作服务这样能激发、撬动贫困地区人口内生发展动力和能力的服务供给。虽然发展型社会工作在实践中对与贫困等相关的人与情境的介入与传统形态的社会工作介入相比，包含了更为丰富的手法、内容和形式，大大超出了传统的照顾型服务的范围，但它仍然首先是一种人的服务，体现为特定人的存在及其相应的劳动。为此，发展型社会工作得以介入，必须具备能提供这种社会工作服务的人力，这就要求切实加强这些人力资源的培育建设，提供经费保障，使他们可以稳定持续地开展服务。这可以说是发展型社会工作介入得以普及化的一个前提。

又如，一些社会政策在应对贫困等问题时除了提供物质给付，也配以一定的人力服务，但是其中人的服务常常是与那些物质给付手段相分离的，彼此所属领域不同、实施路径不同，它们一起满足补缺性或维持性的需求。与此不同的是，既然发展型社会工作的介入要寻求实现贫困人群和地方持续的生活改善与全面发展的目标，它就必须运用各种资源手段，比如改善家居环境、卫生条件要与长久提高健康意识和行为水平相结合，解决眼下儿童上学费用问题要与促进家庭的长远可持续生计战略相结合。此时，发展型社会工作需要突破个体性社会服务与其他给付和服务分割的界限，提升服务对象的能力，以生产性为中心，整合多种政策资源进行整体性介入。这对社会政策与行政的基本设计也提出了相应要求，呼唤一种发展型的体制设计。

二、发展型社会政策的特点

具体来说，从发展型社会工作介入所需的政策配合来看，发展型社会政策应表现出以下三个特点。

（一）政策资源的投放重点从物质性给付向人力服务或协助转变

发展型社会政策首先意味着在社会政策资源投放上的一种基本的"重点转换"，即从重点投放物质性给付向重点投放人力服务或协助转变。只有这样，以较大量的人力投入和相当强度与深度的"人的工作"——其能带来个人、家庭、群体、社区的生产力提高等转化效能——为基本特征的发展型社会工作介入，才有普遍实施的政策条件和重要前提。

（二）政策设计与行政体制的统合

发展型社会政策不仅意味着更加重视人力服务资源的配置提供，通过人的协助工作追求真正持久的改善，还意味着在社会政策的设计上提供相应保障，为那些直接面对贫困人群的行动者赋权，使他们可以调动和整合各种政策资源，最好是采用"以服务者（社会工作者）为中心"的资源调度运用模式，以确保发展型的整体干预得以施行并获得成效。相应地，传统社会政策需转变为"统合的"政策模式，围绕实现促成发展效应的核心目标，将人力、物力、财力等各种政策资源统一配置、统一递送，改变以往分领域、分部门、分体系的配置和传送方式。

（三）政策工具的灵活多样化

传统社会政策所运用的政策工具较单一并且固定，不利于实现发展的效果。配合发展型社会工作介入，发展型社会政策开发和使用了大量创新性的政策工具，如与金融措施相结合的小额信贷、小微企业扶持与社会企业、职业技能培训、个人及家庭发展账户等。这些工具并不全部是自上而下地设计提出的，有的是经自下而上提出后，再定型为政策措施。

第二节　发展型社会政策及其主流化

发展型社会工作介入呼唤着与之相配合的发展型社会政策，它也在一定程度上推动了社会政策的发展转型。近年来，与发展型社会工作实践和理论的发展相伴随的发展型社会政策也受到越来越多的讨论与关注，具体表现在欧美等地涌现出众多的政策理论主张和实践策略。

一、米奇利[①]

美国加州大学伯克利分校社会福利学院的米奇利教授是站在国际层面来阐述有关发展型社会政策思想的学者，而不仅仅是反映某个特定国家政策趋势的论者，因为他广泛地论及了非洲、亚洲和美国本国的福利政策与社会工作实践。实际上，他的主张的内核是围绕“社会发展”，整合地看待和探讨从政策到社会工作服务的介入，旨在实现与经济协同发展的人类福祉改善。在如何改善人类福祉这一中心关注点上，他整体上提出了社会发展这一路径，进而以发展型社会政策作为具体途径之一，并最终走到更具体的发展型社会工作上来。

① 米奇利，即梅志里，此两者均是 James Migdley 的中文译名。米奇利是早期的译名，现在大多译作“梅志里”。鉴于这两种译名在中文译著中均出现过，故这里保留不同的译法，与译著的用字保持一致。

米奇利的代表作之一是《社会发展：社会福利视角下的发展观》。另一本比较有影响的著作是他与安东尼·哈尔(Anthony Hall)合著的《发展型社会政策》。

要完整地理解米奇利的思想，我们需要回到其所论述的整个脉络体系中来看。具体来说，米奇利的思想脉络包括："扭曲的发展"(distorted development)不能带来人类的福利；改善人类福利的几种途径及其批评；社会发展与发展型福利的必要性；社会发展与社会工作的结合——发展型社会工作。

(一)"扭曲的发展"不能带来人类的福利

米奇利讨论了"扭曲的发展"及其存在的问题。首先，所谓"扭曲的发展"，是指以市场经济为主导的模式。米奇利反对通过自由市场片面追求经济增长的"扭曲的发展"，理由包括三个方面：自由市场造成贫富差距和发展不均衡，引发各种社会问题，如不同地区、不同人口群体的发展不均衡；女性、一些偏远地区的穷人、残疾人等弱势群体被排斥在经济发展过程之外或不能充分参与、平等分享成果；这种发展的结果会造成环境问题等。其次，"扭曲的发展"即经济发展没有带来相应程度的社会进步，这种发展没有与社会的发展平衡、同步、协调、共进，且从整体上看，这种发展无助于甚至有损于人类的整体福利。

(二)改善人类福利的几种途径及其批评

米奇利区分了已有的改善人类福利的几种途径：慈善救助、社会(福利)行政与社会工作。慈善救助是以民间的方式为主，具有自发性和个别化的特点。但最后人们发现这种救助只能帮到少数人，而有些问题带有普遍性，仅靠慈善的救助只是杯水车薪。社会(福利)行政是政府出面，由国家采取统一的行动，制定政策，提供社会救助与社会福利。如1601年英国伊丽莎白女王颁布了《济贫法》，标志着社会（福利）行政做法的开始。社会工作是一种专业服务，是通过专业的人员服务于困难人群。它既区别于非专业化的慈善救助的方式，又区别于由国家采取的普遍化的大范围的政策，具有一定的灵活性。

米奇利认为，这三种途径都存在一些问题和缺陷，它们的模式具有补救性或补缺性的特点，而在社会（福利）行政中常见的模式是补救式（补缺式）和制度式两种。这三种途径的不足主要体现在两个方面：一是各种途径都缺乏整体性。慈善救助只能解决少部分人的问题；社会工作不能改善整个人口的状况；社会（福利）行政中有些政策的制定、出台需要一个过程，对于一些已经出现的社会问题不能作出及时的响应，也无法从整体的角度促成所有人达到一个良好的发展状态。二是各种途径都不能以建设性的方式处理好与经济发展的关系，它们与经济发展的关系是分割的、分隔的，而不是结合的、融合的。它们采用的是消极的方法或是成本消耗性的方法，因而欠缺可持续性和积极的意味。

（三）社会发展与发展型福利的必要性

“发展”和“社会发展”的概念有不同的含义。米奇利认为，“发展”（development）的概念源自西方关于个人成长和转变的观念。随着西方主导的现代化的推进，“发展”的含义愈益等同于“经济发展”甚至“经济（总量）增长”，主要体现在物质的改善，呈现单一的物质主义特征。

“社会发展”可以有广义的、中义的、狭义的不同理解。广义的社会发展是指整体社会的进步性变化过程；中义的社会发展是指相对于“经济发展”

的社会方面的发展，如社会结构改善、社会福利事业的进步等；狭义的社会发展是指人自身成长的一个方面，如埃里克森（Erickson）等心理学家认为，人的发展可以有人的生理、心理、社会发展乃至道德发展等不同维度。

米奇利认为，社会发展体现为一种过程。它与经济发展的动态过程一起促进人类福利水平的提高。米奇利等认为，社会发展是一种宏观的福利干预，是与慈善救助、社会（福利）行政、社会工作不同的第四种改善人类福利的手法或途径。同时，它又与传统社会（福利）行政的补救型做法相异。米奇利希望将经济发展与社会发展有机统一起来，经济发展应助益整个人群，社会福利服务应积极促进经济发展。

社会发展作为一种福利途径，区别于改善人类福利的各种“残补式”途径或“制度性”途径。社会发展途径强调经济政策与社会政策相结合，强调全民性和宏观聚焦，不是通过提供物品或服务、通过补救和治疗来处理问题，而是基于社区，注重广泛的社会过程和结构改善行动，是一种整体性的、与经济活动相结合的行动。社会发展最重要的特征是使社会性干预手段和经济发展的努力之间达到和谐。

社会发展作为一种福利途径，在政策上要对原有的福利模式作出调整，政策层面要有发展型社会政策和发展型福利。作为宏观的、整体的福利途径的社会发展，要通过从政策到福利行政直到具体服务的一整套行动来实现。因而相应地要求有发展型的社会政策（social policy for development）、发展型的社会福利（social welfare for development/developmental welfare）和社会行政的（社会）发展手法［（social） development approach to social administration］。也就是说，要将社会发展的理念、取向等贯注到社会政策、社会福利行政等具体行动中。

发展型社会政策、社会福利的核心有两点：一是强调社会福利、社会政策的“生产性”(productive)，即社会福利的生产式手法(productivistic approach to social welfare)，使福利对象成为有生产力的公民，能够过上正常而充实的生活。二是强调社会投资(social investment)，优先考虑投资导向，采取与更广泛发展目标相一致的干预措施，即受助者的力量和充权，再加上提供实质的社会投资，以提升受助者的能力，促进参与社区生活和生产性经济活动。

发展型社会政策与社会福利的目的是推动采取一种“社会与经济目标相容的社会计划”，为此米奇利提出了发展型福利的三个公理。米奇利的思想在中国引起了巨大的反响，中国一些学者与他一起探讨了发展型福利。如2001年米奇利与邓广良阐述了发展型福利的三个基本原理(primary axioms)：一是国家层面的统一、协调的组织安排，能够协调经济与社会政策，能够服务于可持续和以人为中心的发展，并对此作出担当。二是宏观经济政策要考虑社会目标，如考虑促进就业、达到以人为中心的经济发展结果等；社会计划或社会项目等要重视投资取向与生产性，不仅要解决眼前的困难和需求，而且要促进经济参与和回归，实现社会与经济目标相容的状态。

在具体做法(实务)上，各种经济行动与社会行动要重视社会投资，如投资人力资本，投资就业和自就业计划，投资社会资本形成，投资资产开发，投资有成本效益的社会计划与社会项目。

(四) 社会发展与社会工作的结合——发展型社会工作

在社会发展理论阶段，米奇利重点处理的是经济增长与社会进步的关系，希望实现两者的相互促进、协调共进。其主张的发展型福利政策，是想要避免以往福利途径和政策被人诟病的纯粹“消耗性”或欠缺经济上的考虑之弊，侧重于增强福利对象的生产性并借此持续增进整体的人口福祉。但这种社会发展显得过于宏观，并且之前甚至是与社会工作刻意区别的，现在需要落脚在更具体的服务干预层面上，因此就与社会工作发生了关联。

在发展型福利政策的基础上，米奇利与哈尔合著的《发展型社会政策》一书在第七章中专门谈及社会发展视角下的社会工作。其中指出，这种社会工作是服务于社会发展和发展型福利的，称为“社会工作的‘发展型’、‘（社会）发展型’手法或路径”[social work for development or (social) development approach to social work]，隐约出现了“发展型的社会工作或社会服务”概念。

书中指出，发展型社会工作视野宽广、着重关注贫穷和匮乏问题、试图推动更具进步性的社会变迁，从而与传统主流的基于城镇的、补缺型的社会工作和社会服务方式（主要表现为院舍照顾、心理咨询等）相互区别。

书中也用了“生产型”社会工作或社会福利模式来指这种不同的社会工作形态。“或许最具有挑战性和最有意义的发展变革，是在全面整体的、以社区为基础的框架内，努力整合社会工作和社会服务的补救、预防和发展等功能。这要求广泛使用团体和社区的社会工作方法，但并不是完全排斥补救型干预措施；因为人们认识到，总是有那么一些人需要利用这些措施来满足其特殊需要。”[①]在社会发展的理念指导下，发展型的总体要求是想办法使

① 安东尼·哈尔、詹姆斯·梅志里：《发展型社会政策》，罗敏等译，社会科学文献出版社，2006，第303页。

人们成为有生产力的公民，能够更加正常和充实地在社区内生活，并强调这是一种“整合式方法”。

二、谢若登

美国的迈克尔·谢若登（Michael Sherraden）是另一位较系统地阐述发展型社会政策的学者。其论著包括《辍学的分析视角》（*School Drop-outs in Perspective*）、《再思福利：资产角度前瞻》（*Re-thinking Welfare: Toward Assets*）、《发展脉络中的社会福利：迈向宏观资产政策——墨西哥的案例》（*Social Welfare in the Context of Development: Toward Macro-asset Policies—the Case of Mexico*）等，更为人知晓的是《资产与穷人——一项新的美国福利政策》（*Assets and the poor: A New American Welfare Policy*）。

在《资产与穷人——一项新的美国福利政策》一书中，谢若登主要以美国的福利政策为例，分析了两种福利转移支付的做法及其效应。一种是用于直接消费目的的转移支付，通常以明显可见的现金或实物服务为形式，直接来自公共开支。另一种是有助于资产积累的转移支付，此种福利待遇常通过很难辨识的非直接方法资助福利对象，例如税收和信贷补贴。在分析了两种福利政策措施的效果后，谢若登认为，刺激资产积累的转移支付是比直接用于消费的转移支付更有力的反贫困措施。谢若登建立了“个人发展账户”（IDAs），建构了一种新的福利资助方法。

总的来讲，谢若登批评了美国和其他一些发达国家过往的福利政策，指出它们主要以补助贫困家庭的收入为基础，是以“收入”和“消费”为核心的。反之，他提出“资产为本”的政策模式，强调社会福利政策应当重视家庭的资产积累，以此帮助家庭和社区持久参与社会和经济的发展，从而真正摆脱贫困，实现可持续发展。

谢若登认为，拥有资产可能会导致延迟消费，但它的积极影响更多，包括更明确的未来观、更稳定的家庭、更多的人力资本投资、更妥善的财产管理、更积极的社区参与等。反之，消费型收入对人生活的维持固然重要，但若要长久改善家庭的生活条件，则有必要在教育、住房、生意等方面投资，哪怕是小额的资产积累，也会对家庭的长远发展产生重大的影响。

简言之，谢若登的主张代表了一种脱离传统社会政策补足基本收入以维持贫困群体基本消费的思路，将重心放在增加有关家庭的资产和提升自我发展能力上。其具体的政策工具是相对简单的普遍的个人发展账户，这是在个人名义下非强制性的、有增值收益和税收优惠的账户，早在每个人出生时即设立，但限用于指定的目的（如教育、住房等）。借此，资产可通过这种长期固定性的账户而得到积累，政府则为穷人的存款提供配给款或补贴，取代直接转移支付供其眼下的消费所需。对个人而言，个人发展账户将根据长期计划、储蓄、投资和生活目标的实现而具体设计与使用。

谢若登认为，把穷人的福利政策作为一种分离的、附加的功能是一个策略失误。这项政策应当与国家主要的社会、经济政策的目的相整合。从本质上讲，对穷人的救助不应完全从人道主义的意义上来认识，也应将此作为一种对未来的投资。

三、吉登斯

在英国，以安东尼·吉登斯（Anthony Giddens）为代表的学者也在阐发相近的社会政策思想。特别是在其《第三条道路：社会民主主义的复兴》(*The Third Way: The Renewal of Soicial Democracy*)、《超越左与右：激进政治的未来》(*Beyond Left and Right: The Future of Radical Politics*)等著述中，吉登斯提出了“积极福利”与“社会投资型国家”等概念，表达了与米奇利、谢若登等类似的发展型社会政策主张。

所谓积极福利思想，吉登斯首先针对西方福利国家原有的弊端，指出它是国家包办的，不附带任何条件和要求，导致个人权利绝对化，同时对社会经济发展不能产生积极的促进效果。积极福利强调个人从社会索取权利和为社会尽责的义务要平衡，团结互助的作用是通过提供帮助实现自助，使每个人都各尽所能、各尽其责。同时，传统福利国家运作的实质是“劫富济贫”，注重保障下层利益。这导致居民对公共福利漠不关心，不参与公共事业，从而影响了社会团结，破坏了社会凝聚力。因此，积极的福利制度为避免两极分化，关注为那些不能工作的人和弱者提供基本的生活所需及必要的技能培训，同时也关注庞大的中产阶级，并且扩展福利的视野，将生态恶化等新型社会风险也纳入其中，使减少环境污染等社会事业也成为一种跨阶级的普遍性福利。

在实践层面上，吉登斯提出从福利国家走向社会投资型国家。与传统的福利国家相比，社会投资型国家不仅关心经济福利，而且关心心理利益的培育，原因是人的幸福是客观条件和主观感受的统一。吉登斯认为，“福利在本质上不是一个经济学的概念，而是一个心理学的概念，它关乎人的幸福”。因为在物质需求的满足达到一定水平之后，收入的提高并不会导致更大的幸福，美好生活的关键条件是自我实现，所以一个真正关心国民幸福的政府应该为国民的自我实现创造条件。为了创造自我实现的条件，社会投资型国家的基本原则是：在可能的情况下尽量在人力资本上投资，最好不是直接提供经济资助。经济问题与福利问题都可以归结为“人”的问题。解决了“人”的问题，提升了人的生存能力，经济问题和福利问题就都解决了。因此，在人力资本上投资才是治本之策。

总的来说，吉登斯所代表的英国“第三条道路”的福利模式，与美国社会政策的发展转型和米奇利等所倡导的发展型社会政策异曲同工，都是注重投资和发展的政策取向。

四、其他

对社会政策的发展性取向的强调，或是主张社会政策的发展转型之意味，也暗含在其他一些重要思想家或论者的论述中。例如，诺贝尔经济学奖得主阿玛蒂亚·森(Amartya Sen)在分析贫困问题时指出，缺乏“可行能力”(capability)是更为实质的原因。在著作《论经济不平等：不平等之再考察》中，森从福利经济学等思想脉络探析了人们对于贫穷和不平等的既有认识，最终揭示出人的自由选择和拥有相应资源的能力是造成贫穷和不平等的决定因素。因此，其政策实践上的含义指向有效的反贫困行动需要有助于提升和构建所有人的这种能力，包括相应地消除权利贫困和增加人们的资源获取机会等，而绝不是提供补救型的替代满足；相反，补救性的举措可能带来加剧贫困的后果。这与发展型社会政策的基本理念是一致的。

1955 年，新加坡实行了中央公积金制度，该制度堪称典型的以资产为基础、内容最丰富的社会政策措施。新加坡已成为全世界在资产拥有权方面最平等的国家，90%以上的新加坡家庭拥有自己的房产。

20 世纪 80 年代，经济合作与发展组织（OECD）即在探讨欧洲福利国家的未来，认识到消耗性福利终将成为国家财政的重负而难以持续，这可看作思考新的发展型社会福利和社会政策的开端。世纪之交，韩国、日本等国家也在寻求与经济结合的社会政策，试图找到使社会福利与经济发展协同共进的道路。如今，在社会政策领域内的发展转型出现了更多创新尝试，并逐渐改变了人们对社会福利的想象，使这一行动愈益具备积极、广阔、新颖的前景。

20 世纪 90 年代以来，世界各地的社会政策领域呈现了发展型的社会政策趋于主流化的态势。美国 40 多个州出现了谢若登所提的那种个人发展账户，美国联邦层面的立法也开始支持个人发展账户。加拿大、英国、澳大利亚、乌干达等国出台了个人发展账户或类似项目，中国台湾地区正在进行“家庭发展账户”的试验，中国大陆近年来与小额信贷有关的行动愈益活跃。2005 年 4 月，在时任首相布莱尔的大力推动下，英国建立了儿童信托基金，为所有在英国出生的新生儿童建立一份个人存款账户，同时对低收入家庭予以补助。2019 年 10 月，日本开始实行“儿童工资”制度。

第三节　发展型社会政策与发展型社会工作的相互促进

发展型社会工作与传统的社会工作服务有所不同，发展型社会工作聚焦于社会发展和经济发展同时推进的目标。在目标明确的情况下，综合运用各种服务方法，推动目标的完成，实现社会的变迁。在开展实务的过程中，机构可能需要对小团体或个人开展有关独立的意识觉醒的工作，可能需要对创业群体进行团队和能力建设，需要培养群体的社会意识等。在社会整合及增权的过程中，工作对象可能是社会环境、结构或政策。因此在服务过程中，机构不能割裂地运用一种社会工作服务方法，而要综合运用个案、小组、社区等直接服务方法和社会政策倡导、行政等间接工作方法，围绕社会发展的目的选择具体的手法，从而在实务过程中实现方法的整合。这表明，在基本的实务层面，发展型社会工作必须善用发展型社会政策的资源，以助自身更好地取得实践成效。

此外，发展型社会工作具有两个核心关注点，指向与发展型社会政策的联结。

（一）“社会权利”的理念

对于发展型社会工作来讲，这是相当重要的一个理念。它意味着云南大学社会工作者所服务的人群不仅应当被视作有权利作决定，而且应能从社会工作者的服务与支持中获益；它也意味着认同所有人都有其固有的价值与尊严。马歇尔（Marshall）的公民权理论支持了社会权利这一表述。马歇尔认为，社会权利是随着人类社会发展的进程而形成的，社会福利的供给是公民历史推进的结果。公民社会权利的扩大要求国家必须保证所有人民有充分的收入和福利。同时，这种社会权利不仅是一种接受的状态，而且是一种主动参与和协调的结果。这就涉及参与在发展型社会工作中的重要性。人们总是有权参与到与其相关的决策和行动中，同时这种参与行为反映了社会工作的民主性价值，有利于更快地实现社会工作的目标。人们可以在界定个人的需要之后方便其获取资源和权利，推动环境改变和资源整合的同时，形成更加开放的社会结构。以参与的视角为引导，形成个人主动参与和获取社会福利及社会发展成果的状态。同时，这意味着需要将社会政策上升到制度化的安排，以确保人们更好地获得相应权利。

（二）“社会结构”的观念

对社会结构议题的关注也是发展型社会工作的理论重点之一。发展型社会工作的理论一直关注社会与政治的议题，关注与人们生活相关的宏观议题。这种倾向超越了社会工作实务往往聚焦于个人或家庭的微观视角。而这些社会与政治议题包括和平、民主参与、宽容、平等与社会正义等，人们通过对这些议题的关注和改变，更长效地推动社会的变迁。因此，从基本取向来说，发展型社会工作服务势必通向必要的政策介入，包括相应的倡导和为确保服务对象利益而改变发展政策，也包括充分运用发展型社会政策，把它作为手段来实现更佳的发展目标，而不是仅停留于非政策的干预范围内。特别是在某些共同性的问题被辨识出来后，当涉及需采取相应的政策行动时，发展型社会工作服务定要推动政策发展，并且在事实上促进社会政策的发展转型，为实现发展型介入的目标提供有力的社会政策支持。发展型社会工作主张社会工作者与其他进步组织和团体联合起来，希望集合各种团体的力量，并通过他们的游说、倡导技巧以及人脉资源，为实现这些理念作出贡献，这实际上也是发展型社会政策介入的典型手法。

另外，发展型社会工作的一大实务特点是把投资策略用于专业实践上。米奇利曾强调，发展型社会工作广泛使用特有的能够提高人们生活水平的干预技巧，以促进经济参与和增加收入与资产，因而这些策略措施是“生产主义的”(productivist)。换言之，发展型社会工作不仅强调服务对象的优势和增权的重要性，而且要求社会工作者为服务对象提升能力、积极参与社区生活和生产性经济活动而提供有形的社会投资。在具体做法上，这要求发展型社会工作注重与更广泛的资源系统相联结，以实现发展型的助人目标。虽然在社会工作领域中，这些资源系统的有效运用长期受到重视，但在发展型社会工作中，帮助在地团体与社区掌握资源和网络的能力，具有高度的优先性，因而成为实务工作者的一种重要技巧。这需要实务工作者熟悉当地服务情况和更多的社会政策与资源信息。同时，有关部门和机构要发展人力资本投资项目、就业和自主创业项目、以津贴补助工资的投资、颁布最低工资或生计工资标准的项目或计划、资产积累项目或计划、社会资本项目、消除妨碍经济参与的障碍并创造平等机会计划，以及使用有成本效益的介入或能够促进有效实践的证据为本方法。这些特定的措施既是发展型社会工作的常用介入措施，也是发展型社会政策的常规做法，两者实际上是共享的，由此也实现了发展型社会工作与发展型社会政策的相互促进。

第十六章　发展型社会政策与反贫困战略[①]

第一节　发展的概念

发展是一个比较抽象的概念，而且这个概念本身也处于“发展”之中。发展问题在学术界被正式提出和作为一个主题进行研究，始于第二次世界大战之后。

在最初阶段，发展被等同于经济增长，其时美国经济学家阿瑟·刘易斯(Arthur Lewis)的《经济增长理论》颇具代表性。这类观点认为，发展，尤其是发展中国家的发展问题，就是经济增长，而发展的途径就是加速工业化进程，把经济馅饼做大。因此，这类观点持有者把国民生产总值和人均国民收入的增长作为衡量发展的首要标准。但是现实很快就证明了这一观点的片面性，因为很多国家的经济发展并没有带来相应程度的社会进

① 作者：房莉杰，中国人民大学社会与人口学院教授，社会政策专业硕士(MSP)教育中心主任。

步，如拉美诸国，在经济迅速增长的同时，伴随的却是贫富差距的加大和诸多社会问题的恶化。有学者将这种经济和社会发展的失衡状态称为“扭曲的发展”。因此，社会发展开始受到重视，广义的社会发展观代替经济增长观成为主流。其主要观点是，发展并不只是意味着经济增长，还应该包括政治民主、社会转型、文化变迁、自然协调、生态平衡等多方面的综合进步。正如弗朗索瓦·佩鲁（Francois Peroux）在《新发展观》中论述的，经济只是发展手段，发展目的是满足社会和人的需要，而且这种需要不仅是物质的，还包括与每个民族的价值追求、传统相一致的社会文化和精神的需要。[①]

20 世纪 90 年代以来，学者对发展的理解再次“发展”，开始从人的角度进行理解。这类观点认为，发展即意味着人的发展，从宏观层面上则是社会福祉的整体提高，以及所有社会成员平等分享经济增长的成果。在这种发展观指导下，社会发展成为均衡分配社会资源、实现人的发展的必要条件。例如，阿马蒂亚·森认为，“扩展人们享有的真实自由”是发展的目标，为了实现自由的目标，经济增长、经济和社会制度、公民权利等都是必不可少的手段。[②] 米奇利认为，作为发展目标的社会福祉可以从控制社会问题、满足需求和增进机会这三个互相关联的方面去衡量，任何特定社会如果满足了这三个方面的需求，就可以说享有了令人满

① 童星：《发展社会学与中国现代化》，社科文献出版社，2005，第 131 页。
② 阿马蒂亚·森：《以自由看待发展》，任赜、于真译，中国人民大学出版社，2002，第 8 页。

意的福祉水平。[①]

改革开放以来的经验和教训使我们亲身验证了发展不等于经济增长的结论。正是在这种情况下，进入21世纪以来，我国的发展战略做了相应调整。事实上，不论是“和谐社会”的发展目标，还是“以人为本”的发展原则，背后都隐含着“人的发展”的发展观。从逻辑上讲，社会都是由众多个人构成的。心理学认为，人的最低层次的需求是生存，而最高层次的需求是自我实现，即充分发展。因此，一个社会的发展目标无不是促进其社会成员的充分发展，政府则有义务保障公民的生存权和发展权。

从这个角度上说，本章倾向于将发展观界定为“以人为本”原则下的“人的发展”。广义的整个社会的发展目标是社会福祉的提高和个人发展权的实现，而狭义的社会发展是与经济发展、政治发展、文化发展等相并列的，这几个互相关联的方面都是广义的社会发展的组成部分。在这几部分中，经济发展和政治发展是基础，它们解决资源总量和基本权利的问题；社会发展在上述基础上解决社会资源的具体分配问题。本章使用的社会发展是其狭义定义，即通过社会手段使各个社会群体公平、合理地分享社会资源，其中所谓社会手段主要是指社会政策，包括社会保障、教育、医疗、社会服务等，而这些社会政策的发展和完善程度反过来又可以作为衡量社会领域的发展程度的重要指标。

---

① 詹姆斯·米奇利：《社会发展：社会福利视角下的发展观》，苗正民译，上海格致出版社、上海人民出版社，2009，第12页。

正如社会发展与经济发展同属一个层次，社会政策也是相对于经济政策而言的。对社会政策的一个宽泛的定义是"影响人类福祉的政策行为"。①社会政策的内容可以分为社会保障和社会服务两大类，目标是促进社会公平和增进社会福祉，这也是社会发展的目标。

第二节　发展型社会政策及其分析范式

一、社会政策的范式转型：从被动保障到积极赋能

从西方福利国家的情况来看，社会政策起源于资本主义工业社会和市场经济，其社会风险超出了家庭传统的保障能力，因此需要更大范围的制度化的风险共担，于是产生了由国家介入并承担主导责任的社会福利制度。而随着资本主义市场经济从生产领域向生活领域的渗透，国家在社会福利提供中的角色增多，社会政策覆盖了所有社会成员。第二次世界大战后，所谓福利国家建设正是在这种情况下出现的。

在传统福利国家的范式中，社会政策主要是作为收入再分配的手段，促进一个社会的收入平等，并不具有积极的发展功能。20 世纪 70 年代以来，西方国家陷入福利危机，最直观的表现是经济停滞，财政无法支持日益增加的福利支出。因此，福利国家普遍向"右"转，压缩政府提供的福利，但是这进一步导致了贫富分化和居民的不满，福利国家因此陷入了两难困境。

① 哈特利·迪安：《社会政策学十讲》，岳经纶、温卓毅、庄文嘉译，格致出版社，2009，第 21 页。

吉登斯等人从更深层次理解这一困境，认为从工业社会转型到后工业社会，信息化、全球化、老龄化、风险社会等新的社会特征使得形成于工业社会的社会福利制度完全不适用于后工业社会，因此应该从根本上进行反思，反思传统、重建团结，通过能力建设和合作，变原来被动的消极福利为主动的积极福利。①②③ 米奇利认为，社会福利不仅在资源生产出来之后起到被动的再分配作用，而且在资源的生产环节也应发挥作用。④

尽管迄今为止，任何一个福利国家、任何一种福利理论都没有找到走出福利困境的有效方案，但是积极福利、社会投资型国家、发展型社会政策等理论流派达成了高度一致的共识，那就是，适用于工业社会的“国家被动保障”模式已经不适合后工业社会的发展，应该积极增强福利对象的能力，福利资源应该发挥“投资”作用。也就是说，在后工业社会的需求结构中，福利内容应该是“积极”的，福利的提供与参与应该是“多元”的。或者说，从理念和视角转换来看，积极的、发展型的社会政策在经济发展和社会发展的关系中找到了一个使两者相结合的支点。⑤

将发展主义与社会政策相结合，米奇利的论述颇具代表性，而且在观点阐述的基础上提出了操作框架。

---

① 安东尼·吉登斯：《第三条道路：社会民主主义的复兴》，郑戈译，北京大学出版社，2000，第52页。

② 安东尼·吉登斯：《超越左与右：激进政治的未来》，李惠彬、杨雪冬译，社科文献出版社，2009，第75页。

③ 戈斯塔·埃斯平-安德森：《转型中的福利国家：全球经济中的国家调整》，杨刚译，商务印书馆，2010，第67页。

④ 詹姆斯·米奇利：《社会发展：社会福利视角下的发展观》，苗正民译，上海格致出版社、上海人民出版社，2009，第12页。

⑤ 林闽钢：《积极社会政策与中国发展的选择》，《社会政策研究》2016年第1期。

二、发展型社会政策分析范式

米奇利的发展型社会政策是建立在对已有的社会政策和经济发展观的批判与整合基础上的。首先，米奇利批判了传统社会政策只注重资源再分配而忽视资源生产的被动范式。其次，米奇利批判了以往只注重经济增长的发展观，认为它忽视了社会的复杂性，因而并不能带来社会整体的可持续发展和居民福利水平的提高。在此基础上，米奇利认为不能孤立地看待两者，而应该将两者结合起来，这样可以弥补两者各自的不足，实现全面的发展。这两者的结合即发展型社会政策，就是将社会维度纳入发展规划，注重社会政策在促进经济发展方面的作用，以及使经济增长带动社会平等的实现和社会问题的解决。

此外，米奇利还将既有的社会政策理论按意识形态意涵分为三类：集体主义（国家主义）、个人主义（企业化思路）和平民主义。纵观福利国家社会政府的发展变迁，无不是在左（集体主义）与右（个人主义）之间摇摆。但是在新的形势之下，“超越左与右”已经成为共识①；在此基础上，更加强调以平民主义为基础的共同体参与和团结，其中尤其强调社区共同体的地位。米奇利将这三者整合在一起，提出了“迈向整合型社会政策”的理念，以实践发展型社会政策的设想，如表 16 - 1 所示。

① 安东尼·吉登斯：《第三条道路：社会民主主义的复兴》，郑戈译，北京大学出版社，2000，第 52 页。

表 16－1　整合型社会政策框架①

意识形态类型	主要行为人	目标群体/目标	社会政策意涵
国家主义思路 （集体主义）	政府 （自上而下）	家庭的福利	社区发展 渐进主义 福利国家 法定的社会服务 公民权
企业化思路 （个人主义）	市场	个人支持	补缺主义 安全网/社会基金 家计调查 私营化/准市场 从福利到工作
平民主义	居民 （自下而上）	社区发展	社群主义 觉悟化运动 社会运动 本土意识/价值观

上述三个方面不仅仅是三类意识形态传统，同时还可演绎为具体的社会政策实践。米奇利将这三类社会政策实践与他的发展型社会政策理念相结合，提出了三个层次的发展战略：个人（市场）实施的社会发展、社区（社会）实施的社会发展和政府（国家）实施的社会发展。米奇利特别强调，作为经济增长与社会发展相统一的工具，这些战略兼具对经济和社会的双重干预功能。从具体细节来看，它们可能对经济和社会有不同侧重，但是基本上都不同于传统的单纯的经济手段或社会福利。

（一）个人（市场）实施的社会发展

既不同于经济自由主义只强调劳动力市场的机会平等，也不同于传统

① 转引自安东尼·哈尔、詹姆斯·梅志里：《发展型社会政策》，罗敏译，社会科学文献出版社，2006，第 53 页，略有修改。

福利只作用于劳动力市场之外的收入再分配环节，米奇利主张致力于个人发展的社会政策，关注个人如何有效利用市场来实现自我发展。为了促进个人层面的社会发展，米奇利列举的干预方式主要包括：第一，一个良性运行的市场体系，是个人可以有效利用市场的基础，政府应该通过"制度建设"支持市场的有效运作。第二，支持小微企业的创业，支持非正式部门的灵活就业，从而减少对大型工业化企业和正规部门就业的依赖。第三，通过社会工作对个人进行赋能，使个人在进入劳动力市场之前尽可能具备充分利用劳动力市场、进行平等竞争的能力。

（二）社区（社会）实施的社会发展

它是指在社区的层面进行合作，既通过合作满足社区成员的需求、解决其问题，又通过合作获取外部资源、参与政策决策。社区共同体合作的力量要大于个体化的个人力量。米奇利将已有的社区发展项目的共同特征总结为：它们通常都是外部机构与社区成员的合作，社区成员贡献劳动力，外部机构提供专业技术和资源。这些外部机构通常都致力于社区发展能力建设，通过专业手段动员地方性参与、组织各项活动、链接外部资源等。

（三）政府（国家）实施的社会发展

从社会发展的角度来看，政府的角色是协调个人发展和国家发展、经济发展和社会发展的统一。政府有权保证社会发展政策的实施以及社会与经济政策的和谐。政府的主要干预工具是社会规划和经济社会政策。为了改变原来经济政策与社会政策各自独立规划和运行的方式，就需要使两者互相嵌入。政府在社会发展中的职责又可以分为三大类。首先，通过统一规划促进社会发展。一方面，在制定经济政策时，应有对弱势群体增权赋能的考虑，使经济增长能够兼顾平等；另一方面，发挥社会政策在教育、健康、就业等方面的投资作用，促进经济增长。其次，保障弱势群体的基本需求和权利，包括：基本的生存需求，如营养、住房、安全的饮用水等；基本的社会权利，如教育、医疗、社会保障等；基本的非物质需求，如政治参与、免遭歧视、平等和充足的发展机会等。最后，促进可持续发展，既包括经济可持续，又包括生态环境可持续，还包括社会团结稳定的可持续，这三者有机结合在一起。

综上所述，在论述有关发展型社会政策时，米奇利实际上仍是围绕国家、市场、社会各自的角色与关系这一永恒的主流话题，将传统的意识形态理论进行整合，并"输出"福利多元主义政策实践的分析框架，其目标始终是围绕经济与社会的平衡发展，即发展型社会政策的核心理念。而其政策实践的分析框架也为我们具体分析与设计既有的社会政策提供了操作化思路。接下来本章将结合这一框架，分析我国的反贫困战略。

第三节　以发展型社会政策理解我国的反贫困战略

发展型社会政策的主要观点是，社会政策不只是被动的收入再分配，人们还应看到其生产福利资源，以及对福利对象增能的作用。发展型社会政策将发展研究与社会政策研究结合在一起，因此它对发展问题更有解释力。在上述对发展型社会政策进行理论介绍的基础上，学者们尝试将这一理论与中国政策实践相结合，这种结合又包括两个层次：一是与中国宏观的社会政策模式相结合；二是与中国特定的社会政策领域相结合，比较常见的即与扶贫开发政策相结合。

一、我国反贫困战略概述

我国的扶贫开发是在改革开放的进程中逐步明确和强化的一项重大战略决策。从 20 世纪 80 年代中期开始，我国在全国范围内开展了以解决农村贫困人口温饱问题为主要目标，以改变贫困地区经济文化落后状态为重点的大规模扶贫开发。迄今为止，中国农村的扶贫开发大致可以分为五个阶段。

第一阶段：1978—1985 年，制度改革推动扶贫阶段。这一阶段主要是对农村土地制度、市场制度和就业制度进行改革。这一系列改革大大激发和调动了农民的生产积极性，迅速增加了农民收入，大规模地缩减了农村贫困人口。1985 年，农村绝对贫困人口从 1978 年的 2.5 亿下降到 1.25 亿，平均每年减少 1 768 万人，贫困发生率从 30.7%下降到 14.8%。

第二阶段：1986—1993 年，有计划、有组织、大规模的开发式扶贫阶段。这一阶段主要解决各地区因自然条件差异、经济社会发展不平衡造成的发展差距问题。在上一阶段全面依靠经济发展自发带动贫困问题解决之后，这一阶段将视角转向发展滞后的地区。1986 年 6 月，国务院贫困地区经济开发领导小组成立，负责组织、领导、协调、监督和检查贫困地区的经济开发工作，标志着农村扶贫开发进入一个新时期。在这一阶段，中央政府开始确定扶持标准，核定了贫困县，安排了专项资金，制定了专门的优惠政策，并对传统的救济式扶贫进行彻底改革，确定了开发式扶贫方针。到1993年年底，中国贫困人口减少到8 000万人。

第三阶段：1994—2000年，扶贫攻坚阶段。在这一阶段，由于剩余的贫困人口主要集中在自然条件过于恶劣的地区，制度改革与区域经济发展的扶贫效益递减，常规投入已经很难改变贫困人口的贫困状况。鉴于此，1994年3月，国务院发布《国家八七扶贫攻坚计划》，要求集中人力、物力、财力，动员社会各界力量，力争用七年左右的时间，基本解决8 000万农村贫困人口的温饱问题。《国家八七扶贫攻坚计划》重新确定了592个国家重点扶持贫困县。截至2000年年底，我国仍有3 000万农村人口陷于贫困之中。

第四阶段：2001—2012年，新世纪初的继续扶贫阶段。2001年5月，党中央、国务院召开第三次中央扶贫开发工作会议，对21世纪前十年的农村扶贫开发工作进行了全面部署。会后颁布了《中国农村扶贫开发纲要(2001—2010年)》，提出了今后十年农村扶贫开发的目标任务、指导思想和方针政策。这是继《国家八七扶贫攻坚计划》之后又一个指导农村扶贫开发工作的纲领性文件。该文件强调要继续坚持开发式扶贫方针，提升贫困农户自我积累、自我发展的能力。按照规划，我国政府将坚持把贫困地区尚未解决温饱问题的贫困人口作为扶贫开发的首要对象，同时继续帮助已初步解决温饱问题的贫困人口增加收入，进一步改善其生产生活条件，实现稳定脱贫，并将残疾人扶贫纳入扶持范围，统一组织，同步实施。该文件还按照集中连片的原则，把贫困人口集中的中西部少数民族地区、革命老区、边疆地区和特困地区作为这一阶段扶贫开发的重点，并在以上四类地区确定扶贫开发工作重点县；东部和中西部其他地区的贫困乡、村，主要由地方政府负责扶持。

这一时期的农村贫困也有一些新特征：一是贫困人口分布相对集中。有超过三分之二的农村贫困人口集中在中西部欠发达地区，这里的生存条件恶劣，资源匮乏，交通不便，与此相应的是，贫困人口的教育、健康和营养状况也令人担忧，使得这些地区的贫困成为恶性循环。二是贫困人口贫困程度相对加深。在我国整体贫困发生率下降的同时，很多资料表明，贫困人口的贫困状况却在某种程度上进一步恶化。三是部分地方返贫现象严重。一些初步解决温饱问题的农村人口，由于生产生活条件尚未根本改变，抵御自然灾害的能力不强，因此在遭遇自然灾害时极易返贫。四是一些散居的贫困人口很难享受到扶贫开发的好处。正如上文所述，扶贫开发是以开发贫困地区的方式扶助贫困人口，然而贫困人口并不是全部集中于贫困地区，对于非贫困地区的农村贫困人口，扶贫开发显然无能为力。五是传统的家庭和社区在扶贫方面的作用减弱。第五次全国人口普查的数据显示，农村青壮年人口大量外流，使得农村老龄化趋势快于城市，家庭赡养功能减弱；而随着市场和竞争观念的发展，农村社区、邻里互助的传统也在日益淡漠。以上种种特征都意味着，在过去贫困发生率较高时通常使用的经济增长和采用较大的扶贫项目降低贫困率的方式，在新的发展阶段无法起到应有的作用。面对这最后的 3 000 万农村贫困人口，扶贫难度更大，任务更艰巨。

第五阶段：2013 年至今，精准扶贫阶段。针对上述情况，2013 年，习近平总书记在湖南湘西考察时首次作出了“实事求是、因地制宜、分类指导、精准扶贫”的重要指示。在习近平总书记明确提出精准扶贫的理念后，中共中央办公厅、国务院办公厅在2013年发布了《关于创新机制扎实推进农村扶贫开发工作的意见》，将建立精准扶贫工作机制作为六项扶贫机制创新之一。国务院扶贫办等部门随后制定了《建立精准扶贫工作机制实施方案》，在全国推行精准扶贫工作。之后精准扶贫逐渐发展成为一套成熟的战略，这标志着我国的反贫困进入了第五个阶段，即针对真正的贫困家庭和人口，通过有针对性地帮扶贫困人口，从根本上消除导致贫困的各种因素和障碍，达到可持续脱贫的目标。[①] 其“精准”体现在“精准识别”贫困对象，对贫困对象实行“精准管理”和“精准帮扶”，以及对（主要是地方政府）扶贫的效果进行“精准考核”。

随着贫困人口的逐渐减少和扶贫难度的增加，我国的反贫困经历了从经济增长自发带动贫困问题解决，到针对地区发展的粗放的扶贫模式，再到针对个人的精细化的扶贫模式的发展过程。以下笔者将结合米奇利的三个层次的实践框架理解我国目前的精准扶贫战略。

二、用米奇利的框架理解我国的精准扶贫战略

根据中共中央、国务院印发的《中国农村扶贫开发纲要（2011—2020年）》，中共中央办公厅、国务院办公厅印发的《关于创新机制扎实推进农村扶贫开发工作的意见》，以及国务院扶贫办等部门联合印发的《建立精准扶贫工作机制实施方案》，结合米奇利的分析框架，笔者总结了我国精准扶贫战略的内容，如表16－2所示。

① 汪三贵、郭子豪：《论中国的精准扶贫》，《贵州社会科学》2015年第5期。

表 16－2　我国精准扶贫战略的内容总结

扶贫内容	政策目标	政策类型	实施和参与主体
农田水利建设	可持续生计	基础设施建设	政府
产业扶贫、金融扶贫	可持续生计	经济政策	政府、社会、市场
以工代赈、就业促进	可持续生计	经济政策、社会政策	政府、社会、市场
安全饮用水、生产生活用电、交通、易地搬迁、农村危房改造	基本生活保障	基础设施建设	政府
教育、医疗卫生、社会保障	基本生活保障	社会政策	政府
信息化建设	可持续生计、基本生活保障	基础设施建设	政府

由表 16－2 可知：第一，我们可以将所有的扶贫项目的政策目标总结为基本生活保障和可持续生计两类。此政策目标兼顾了生存权和发展权的实现——米奇利的发展型社会政策的核心内涵。第二，从政策类型来看，我们可以将我国精准扶贫战略分为基础设施建设、经济政策、社会政策三大类，在基础设施建设的基础上，实现经济政策与社会政策的联合作用。第三，从实施和参与主体来看，我国的精准扶贫是由政府主导的，因此在所有政策领域都可以看到政府的强势角色，这是该项战略的特色所在。但是，这种政府主导并不代表政府垄断，所以在不同的领域内存在着不同的角色分工。

如上文所言，米奇利试图将三种意识形态的理论争议整合为一个整体性社会政策范式，而政府、市场、社会各自的角色与关系是其分析框架的核心，也是将其转化为政策操作化框架的桥梁。从表 16－2 可以看出，本章对我国精准扶贫的分析，是对米奇利的意识形态和政策实践分析范式的一个案例演绎，并在此基础上对其理论有所发展。三个主体各自的角色如图 16－1 所示。

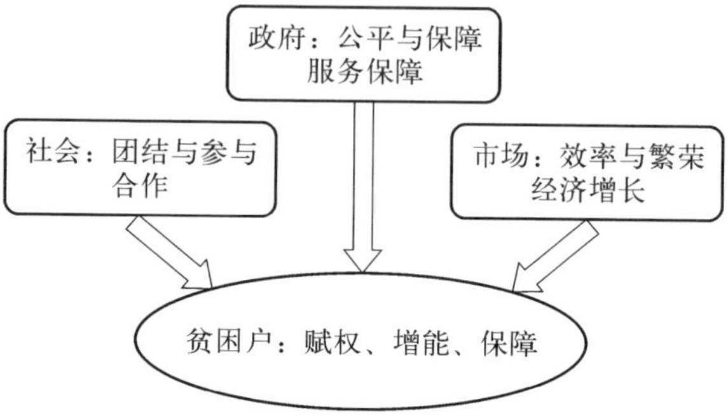

图 16－1　精准扶贫中的多元主体关系

图 16－1 显示，发展型社会政策落实到政策操作层面，即要实现多元主体的有效合作。政府是主导者，其代表的价值是公平与服务保障。一方面，它承担传统社会政策中的基础设施建设和收入再分配职责；另一方面，在精准扶贫中，它也是经济政策的实施者，引导产业扶贫和金融扶贫等经济扶贫措施。同时，它也通过教育、培训、就业促进等政策来提升贫困户参与市场的能力。市场的价值是效率与繁荣，通过发展产业和金融，在宏观上促进贫困地区的经济增长，在微观上增加贫困户的收入。社会的价值是团结与参与，贫困户之间只有通过合作才能提升共同抗风险的能力，只有给贫困户增权赋能，他们才能有效参与和利用市场。因此，政府、市场、社会三者的角色并不相同，只有有效合作才能形成扶贫的良性循环。

第四节　总结与讨论

以 2011 年《中国农村扶贫开发纲要（2011—2020 年）》的实施，尤其是

2013 年精准扶贫的提出为节点，我们可以将我国的反贫困战略分为前、后两部分。纵观上文对我国反贫困发展历程的梳理，我们可以发现，除了前一部分聚焦于地区和后一部分聚焦于人的区别之外，前、后两部分在发展观上有着根本区别。

《中国农村扶贫开发纲要(2011—2020 年)》提出："以经济建设为中心，引导贫困地区群众在国家必要的帮助和扶持下，以市场为导向，调整经济结构，开发当地资源，发展商品生产，改善生产条件，走出一条符合实际的、有自己特色的发展道路。通过发展生产力，提升贫困农户自我积累、自我发展能力。这是贫困地区脱贫致富的根本出路，也是扶贫工作必须长期坚持的基本方针。"由此可以看出，前一部分的发展观是以经济增长为核心，将发展等同于一个地区的经济增长，以此带动社会成员脱贫。然而这种发展观及其扶贫战略造成的根本问题是，地区的发展并不等同于社会成员平等地享受发展的福利，恰恰相反，由于社会成员本身能力的差异，从地区发展中获益较大的，反而是能力较强的社会成员，显而易见，这种战略尽管带来了部分社会成员的脱贫，却可能造成这些地区贫富差异的加大。

因此，新时期的反贫困战略转向"以人为本"的发展观，转向经济和社会互相支持的更加综合的发展战略。党中央和国务院强调"实行扶贫开发和农村最低生活保障制度有效衔接。把扶贫开发作为脱贫致富的主要途径，鼓励和帮助有劳动能力的扶贫对象通过自身努力摆脱贫困；把社会保障作为解决温饱问题的基本手段，逐步完善社会保障体系"。同时强调"更加注重转变经济发展方式，更加注重增强扶贫对象自我发展能力，更加注重基本公共服务均等化，更加注重解决制约发展的突出问题，努力推动贫困地区经济社会更好更快发展”。

通过上述分析可知，新时期的反贫困战略更符合发展型社会政策的特点，因此在微观上，对于贫困人口的生存权和发展权会有更多保护；在宏观上，也更能调和贫困地区的经济增长与社会团结。

第十七章　发展型社会工作在国内外的发展趋势

自20世纪80年代梅志里教授提出发展型社会工作的概念以来，产生共鸣更多的是来自发展中国家的社会工作学者。我们在前面分析了南非的发展型社会福利制度和社会工作的理论与实务体系以及面对的挑战。发展型的社会政策概念大概在十几年前社会工作受到政府重视时即被提出来讨论。①②③ 方巍认为，中国的社会政策一直具备发展型社会政策的理念，譬如提倡开发式扶贫、从"输血"到"造血"、对弱势群体的社会政策投入、对创业和创造就业的重视。④ 可是，这种强调中国社会政策理念接近发展型社会政策的观点，并没有进一步引申到发展型社会工作模式的干预策略、计划与方法中。比如：如何提高计划的瞄准度、如何减少项目的标签效应、如何引导

① 王思斌：《我国适度普惠型社会福利制度的建构》，《北京大学学报（哲学社会科学版）》2009年第3期。

② 王思斌、阮曾媛琪：《和谐社会建设背景下中国社会工作的发展》，《中国社会科学》2009年第5期。

③ 彭华民：《需要为本的中国本土社会工作模式研究》，《社会科学研究》2010年第3期。

④ 方巍：《中国社会福利的新发展主义走向》，《社会科学》2011年第1期。

社会资本参与项目建设，从而避免小群体的竞争、排斥和贫困加剧等问题；如何化解社会企业的管理方法与员工的赋权和组织以及社会动员的矛盾。这些都是发展型社会工作需要探讨的工作策略、方法和重点所在。

发展型社会工作的视角较早出现在城市贫困、汶川特大地震的灾后重建和扶贫攻坚中。其中较早提出来的学者有云南大学的向荣，她分析了发展型社会工作的特点，在云南连心为昆明流动妇女创造就业机会，为流动妇女增能赋权，并探讨社会工作人才建设的策略。陈涛以发展型社会工作视角，在青红社会工作服务中心为地震致残人员实现就业提供策略。国内其他社会工作的实践虽然也有一些通过创收活动达到增能赋权的目的，但不一定都采用了发展型社会工作的视角。

一、我国台湾和香港地区有关发展型社会工作的研讨会

台湾伊甸基金会和台湾大学社会工作系于 2014 年和 2016 年相继合办了两届发展型社会工作国际研讨会，邀请有关国家和地区的发展型社会工作学者与实践者分享经验。2016 年 11 月，第二届发展型社会工作国际研讨会特别邀请南非约翰内斯堡大学社会工作研究所的帕特尔教授出席会议，他报告了南非发展型社会工作体系。会上，澳大利亚伍伦贡大学的库柏(Cooper)教授和韦特(Wright)教授分别报告了澳大利亚在儿童福利和丛林大火灾害重建方面的发展型社会工作实践案例。我国台湾和香港地区的社会工作机构也各自报告了发展型社会工作实践项目在就业、创业、低保户储蓄配对计划等方面的经验。这两届研讨会反映了国内外社会工作对传统补救型社会工作的不满，在理论和实务上对发展型社会工作的需求越来越大。

香港中文大学社会工作学系在 2018 年 5 月 18—19 日举行的发展型社会工作国际研讨会上，结合扶贫、就业、社区经济、社会与团结经济、绿色社会工作、社区营造、社会企业、社会创新和跨部门协作等议题，邀请了美国、南非、中国内地的社会工作学者和实践者进行研讨。美国加州大学伯克利分校社会福利学院荣休院长梅志里教授从发展中国家社会工作发展的历史角度重新展示社会工作在回应贫困和公共服务不足方面的策略。他强调，发展型社会工作是以社区为基础建立社会网络与社会支持的工作策略，以生计为焦点协助服务对象参与到生产性的经济活动中，强调提升服务对象能力的社会投资，采取社区环境和脉络的个案与小组工作进行社会工作干预。比如，20 世纪六七十年代的菲律宾和非洲的社会工作被整合在就业服务、基础卫生和幼儿教育等服务中。社会工作机构通过应对普遍出现的贫困问题为农民和城市贫民提供就业培训，为贫困农村和贫民窟居民提供基础卫生服务与幼儿园。社会工作者在服务过程中与妇女儿童建立联系，发现深层次问题，从而采取个案、小组或社区工作方法应对个人、群体和社区层面的干预策略。

南非约翰内斯堡大学的帕特尔教授在 1997 年南非结束种族隔离政策时曾任社会福利部部长，负责制定和推行发展型社会福利和社会工作政策。她在《南非发展型社会工作的挑战与对策》的演讲中强调，南非发展型社会工作的目标是“在发展中，一个不能少，一个人也不可以被排斥”。她认为，南非在推行发展型社会工作时有几点经验值得参考。第一，最大的障碍是殖民地时代打造的补救型社会工作范式无法改变，形成了社会工作教育者和实践者的路径依赖。第二，南非的发展型社会工作理论和实务知识生产不足，一线社会工作者未能学习贯彻社会发展权益、赋权、能力为本的干预方法，未能整合社会与经济发展以及伙伴关系、多专业合作、家庭与社区为本的干预模式，也未能对弱势群体的社会救助、社会保护和社会照顾模式进行整理。第三，社会工作机构缺乏对发展型社会工作愿景进行规划和落实的策略。大部分社会工作机构都是墨守成规，不愿意面对改变，也缺乏训练、督导，缺乏对新模式的评估考核方式。第四，发展型社会工作缺乏政策保障，也没有社会工作机构作支撑，难以得到有效落实。第五，帕特尔教授以近年来约翰内斯堡市政府与她所在的非洲社会发展研究中心的合作项目为例，建议从项目开发、社会工作者挑选和积极参与、评估、项目学习和对培训者的培训等方面展开工作，提高对弱势儿童照顾者和儿童现金转移计划的影响力。

武汉大学社会学系的向德平教授在《社会工作介入减贫的实践与探索》的主旨演讲中对精准扶贫提出了新要求：一是转变经济单一的识别方式，实现多维识别，还必须从识别对象的教育、卫生、就业、健康、生活水平等维度实施瞄准干预策略，提高识别的精准度与准确性。二是转变“大水漫灌”的扶贫方式，实现“精准滴灌”，持续关注贫困群体的进展，帮助贫困人口彻底脱贫。三是转变单纯的物质脱贫，重点提升贫困人口的发展能力，帮助贫困人口摆脱精神贫困、能力贫困、权利贫困，为贫困人口赋权增能。四是转变被动接受帮扶的状况，培育贫困人口的主体意识。五是转变政府唱“独角戏”的局面，构建大扶贫格局。社会工作者应善于链接资源、促进多方合作，为扶贫工作注入持续动力。

基于以上新要求，社会工作助力扶贫主要体现在以下五个方面：一是参与建构新型社会救助模式，坚持物质资金帮扶与心理社会支持相结合、基本救助服务与专业化个性化服务相结合。二是参与贫困群众脱贫能力建设，增强其脱贫信心和内生动力，促进其发挥潜能、提升技能、互帮互助、积极就业创业，通过增加稳定收入脱贫致富。三是促进易地搬迁贫困群众融合适应、联系就业资源，发展自助互助组织，重构社会支持网络。四是参与贫困地区留守儿童关爱保护。五是参与针对其他特殊困难人群开展的关爱服务。面对这些任务，我们必须在精准扶贫领域贯彻“助人自助”的价值理念，明确减贫社会工作的角色定位，推进减贫社会工作的制度化建设，提高政府和社会的认同水平，加强社会工作机构和社会工作者的能力建设，以及重视贫困群体的社会参与等。

台湾东华大学的黄盈豪博士在《创新翻转或是旧酒新瓶：谈当地族人社会企业与团结经济》的主旨发言中，重新审视台湾地区社会工作者在面对新自由主义和专业主义的双重压力时对当地族人社会工作模式的思考。第一，台湾地区社会工作界无视欧美社会工作界把社会企业视为潮流和解药的思想，无视社会企业的商业模式对福利服务商品化和民众的影响。第二，当地族人长期受到市场和政治因素的影响，加上传统文化的流失，部落生活与自主发展陷入困境。社会工作者也需要对社会企业或新经济模式选择进行思考并迎接挑战。光原社会企业模式在外部精英迎合商业逻辑和游戏规则方面比较成功，部落厨房在深耕当地部落、深入培育当地族人团结合作、关爱弱势群体的社会团结经济模式方面则有独特的价值。黄盈豪主要对比了社会团结经济模式的三个案例，即花莲太巴塱部落 Ina 厨房、和平部落大比大协会烘焙坊和大安溪部落共同厨房，分别从三个部落的传统价值出发，以社会团结经济重建当地族人部落的小农复耕、教育文化、互助照顾，共同应对资本入侵、国家的福利依赖、新自由主义的产业竞争和全球的气候变化等挑战。

辅仁大学社会工作学系郭登聪教授的主旨发言分析了台湾地区发展型社会工作的发展。台湾地区在2011年的社会政策纲领文件中就社会救助问题做了明确规定，政府应推动资产累积和创造人力资本，重视经济取向。资产累积方案在实际执行过程中的落差较大，服务对象参与不积极；社区为本的视角充斥着多元复杂的意见和想法，难以取得共识。郭登聪进而集中介绍了财务社会工作在台湾地区发展的案例。一方面，社会工作需要应对服务使用者由于经济知识和能力不足而出现的个人和家庭困境；另一方面，台湾地区社会福利机构也逐步协助贫困人群开拓微型创业的服务方式，在财务社会工作知识和技能方面对社会工作者的要求提高了。

香港理工大学应用社会科学系的古学斌教授在《绿色社会工作与其对中国社会发展的意义》的主旨发言中讨论了气候变化、灾难和风险社会对社会工作的挑战。他认为，绿色社会工作打开了一道新的门去回应环境危机，超越了传统社会工作专业对人与环境的认识。基于环境伦理，绿色社会工作在社会正义的基础上提出了环境正义，倡导社会与环境正义联结的理论和实践，重新界定人群在照顾他人和对待大自然方面的责任。古学斌的报告主要叙述了他所开展的与绿色社会工作相关的工作内容，其团队通过云南平寨合作社、四川草坡乡村旅舍、广东从化的乡村旅舍合作小组和生态种植合作社、四川雅安社区厨房与生活学堂等项目保障粮食主权（相对自给自足的食物保障），改变市场经济带来的不平等依赖关系，保护小农，保护传统农业和农村环境；通过公平交易，增加农民收入，推动农民合作和消费合作，打破资本垄断和剥削;通过公共教育增强城市消费者意识,建立城市消费者网络,真正达到社区支持农业,与科学家合作,推动消费者教育,推动绿色消费和公平贸易。

香港中文大学社会工作学系的黄洪教授以《在社会创新与社会创业家精神中再思社会工作》为题做了主旨发言。他认为,社会工作者与社会创业家同样扮演变革者、行动者的角色,敢于创新学习,有勇气应对资源不足,具有为服务对象、利益相关者服务的精神。他更从个人经验中看到了单纯依靠倡导的局限性,从而通过推动社会创新来改善弱势群体生活。就发展型社会工作而言,2014 年修订的全球社会工作定义重申了社会工作使命对社会变革、社会发展、社会融合、赋权和人类解放的重要性,以及从个体到集体、从微观到宏观社会工作干预策略的重要性。因此,发展型社会工作自身就是一个社会创新的过程,在实践中我们要从南方世界的社会工作视角重新界定社会工作。这些尝试让我们重新思考社会工作带来的社会变革及其产生的社会影响力。黄洪随后成立了尤努斯社会事业中心,建立了流浪者安居、老年人居家安全感应与构建邻里互助系统,以此作为社会工作进行社会创新的发展型社会工作案例。社会工作不用拘泥于社会服务的形式,无论是协助老年人维修电器、带领健康体操、安装家居安全感应设施,还是组织老年人进行蔬菜包装和邻里守护相助,都是社会工作干预的创新形式。

香港中文大学尤努斯社会事业中心的陆德泉教授以《社会创新热潮对发展型社会工作提供的机遇与挑战》为题做了发言。他认为,中国内地的准社会工作机构——草根公益组织——在初始发展阶段易受传统慈善组织和国际非政府组织的发展的影响,在政府加强对国际非政府组织管理的背景下，社会企业创新和社会创新成为草根公益组织开拓资源的愿望，但商业主导的意识形态和慈善项目化的趋势却使这些准社会工作机构的工作方法碎片化。建制化的社会工作机构容易受传统民政和街区行政工作的影响，由于过于依赖政府购买服务，衍生的管理主义限制了社会工作方法的有效运用。近年来，政府对扶贫和社区治理创新的重视，为草根公益组织和社会工作机构提供了整合社区营造以及社会经济等社会创新模式的可能；基金会提供的社会创新资助对部分建制化的社会工作机构来说是摆脱传统慈善困境和探索另类社会工作实践的可能途径。社会工作和社会创新业界需要打破吸纳、表面的规模效应、英雄主义、回避政策的困境，以真诚的跨界合作、深入开拓、团队协助和政策倡导，共同为发展型社会工作努力。

云南大学民族学与社会学院社会工作研究所向荣副教授的发言题目为《中国发展型社会工作的知识共同生产策略》。新时代对中国社会工作提出了一些实务需求，集中在精准扶贫、弱势群体的社会救助和赋权、社区治理社会服务供给和"三社联动"，以及社会福利的社会治理创新等领域，这与以往所借鉴的欧美和中国港台地区的补救型社会工作大相径庭。向荣立足云南大学社工所和云南社区照顾服务中心，着眼于构建发展型社会工作理论，总结实践经验，通过行动研究自下而上地构建本土的社会工作知识体系。向荣提出，发展型社会工作应采取研究者和一线工作者的共同生产策略，以后现代知识假设为前提，将有关社会工作理论和实务知识视为暂时性的假设进行悬置，开放地面对实践经验和智慧。同时社会工作者应从证据为本的实践转到以实践为本的知识，探索以社会工作价值为评价标准的知识生产模式。建构社会工作知识可以分为三个层次：第一层是服务于一线的社会工作实践者在探索和反思中的实践知识；第二层是推动第一层中即兴的和流动的实践知识的脉络化和在地化，得出推动变化发生的介入手段和方法论等一套实践解释；第三层是更加系统化和跨地域的，对变化发生机制的脉络化理解。目前云南大学民族学与社会学学院与云南连心等本土社会工作机构在合作过程中，正在探索三个层次的知识本土构建工作。

这次研讨会举办了以下分论坛。一是发展型社会工作的理论与实践分论坛，探讨了罗义斯(Royce)的社会正义论与资产拥有民主。二是财务社会工作者的在地化、就业与发展型社会工作分论坛，探讨了残障人士、农民工以及女工就业问题。三是社会团结经济分论坛，探讨了台湾地区的社区食物银行案例、云南连心的少数民族流动妇女的文化共融和成都爱有戏的社区互助与社区发展案例。四是社区营造和社区经济分论坛，探讨了香港地区社区经济的经验、成都的社区营造和家政女工的社区经济。五是绿色社会工作分论坛，分享了对社区支持农业的图景与困境、自然教育、社区共食。六是社会创新分论坛，交流了大学社会责任和社会创新、非营利机构的能力建设话语、正念和瑜伽对社会工作的发展等。七是社区营造经验分享分论坛，邀请香港与成都的社会工作者就香港的城乡接合部和少数族裔服务、成都的社区营造项目进行分享。其他交流题目包括香港和内地的灾后分析案例、流浪人口、少儿保护和孤独症家庭等。

二、2021 年国际可持续发展委员会第 22 届双年会

为了应对当前的国家和全球挑战，2021 年 7 月 13—16 日，国际可持续发展委员会(International Consortium of Social Development)在南非约翰

内斯堡举行第22届双年会，把社会发展从业人员、研究人员、学生、社区、组织和政策制定者聚集在一起，举行了“贫穷、不平等与社会发展：全球创新”主题研讨会。在研讨会上，由南非约翰内斯堡大学的帕特尔教授主持、中国云南和武汉的四位报告人发起了“中国发展型社会工作的新方向”圆桌会议。本次圆桌会议的主题包括：发展型社会工作在中国的本土化和内源化、社区经济发展在发展型社会工作中的作用、准专业社会工作者在农村发展型社会工作中的重要性、中国发展型社会工作的经验和发展型社会工作的中国经验对全球发展挑战的意义与影响。

面对新冠疫情和其他大流行病以及与之相关的贫困和气候变化、区域化和全球化的不平衡发展、社会不平等、人口结构变化、农村人口向城市的快速迁移和城市贫民区的普遍存在，解决这些问题对社会工作干预提出了挑战。尽管发展中国家和发达国家的社会工作从业人员越来越多地采用发展型社会工作的各种做法，将社会工作干预与经济活动或组织的某些要素结合起来，但这些经验的交流、概念化和理论构建都不够充分。我国政府持续重视贫困与可持续发展议题，过去十几年来社会工作的引入与扶贫有着密切的关系，再加上国内的许多发展型社会工作伙伴转型为社会工作机构，并将发展干预融入社会工作实践，这些发展型社会工作的实践和路径正处于早期的概念化和理论化过程中，相信对社会工作者及研究人员都有启发。

本次“中国发展型社会工作的新方向”圆桌会议包括对中国发展型社会工作行动研究者的经验教训、概念和理论的介绍与讨论。圆桌会议是云南大学民族学与社会学学院发展型社会工作行动研究项目的续篇。该项目旨在探讨发展型社会工作在中国城市和农村地区的实践模式。这些模式在过去十几年通过农村和城市试点项目发展为省级试点项目，目前已经形成了中国的发展型社会工作交流网络。

圆桌会议的第一位报告人是云南大学的向荣副教授。她讲的题目是《朝向社会包容、整合与创新的发展型社会工作》，介绍了2005年成立的云南连心在贫困移民社区、农村社区工作中的实践模式，以及在中国西南的云南民族地区、贫困地区和边境地区推动发展型社会工作的省级孵化举措。她指出，云南连心的发展型社会工作历史是围绕社区照顾的概念，始终坚持社区为本，将居民组织起来回应社会需求，最早从流动儿童服务切入，带动回应流动人口生计，进而探索干预流动妇女遭受的家庭暴力和非正规就业者的劳动权益；并从城市进入农村，通过"三区计划"培养西部农村少数民族地区本土返乡青年成长为社会工作者；通过与昆明市西山区民政局运作区社会组织培育基地，推动社会工作的组织孵化和人才培养。云南连心注重与政策对接，还跟市场对接，用社会企业模式组织少数民族妇女参与经济活动和成立连心青年旅社，并成立了连心基金会，联动社会力量回应社会工作的资金持续性问题。她强调，发展型社会工作重视对居民个体和组织的赋权、赋能，对政府政策进行倡导，从而带来社会包容、社会整合与社会创新的积极改变。

华中师范大学的陈安娜以《整合社区经济发展与社会工作服务的流动妇女赋权策略》为题，通过对两个社会工作机构的案例进行对比研究，评估各种社区经济方案通过经济赋权结合社会赋权的机制以及解决城乡发展不平衡不充分问题的潜力。陈安娜认为，经济介入机制与传统的社区服务相比，改变了社会工作者与服务对象之间的服务提供者—服务使用者的不平等关系，使服务对象成为社会工作者的事业伙伴。在社区经济方案的设计与实施过程中，社会工作者协助服务对象群体共同决定社区经济方案的内容、规则和模式。发展社区经济，一方面要动员社区内外资源回应服务对象在工作与生活中的需求，减少服务对象对市场的依赖，另一方面要在方案运作过程中提升服务对象的能力，提高服务对象的思想意识，丰富了社区治理的内容与层次。社区经济发展作为发展型社会工作的主要策略之一，通过整合经济参与机制和社会资本动员，赋权个体、群体和社区以社会化方式满足饮食、健康、照顾、教育等物质性需求，而社区经济的规模化发展还需要来自政府和社会力量的社会投资的支持。

华中农业大学何宇飞的报告题目是《打造本土社会工作者团队：对中国发展型社会工作本土化的启示》。何宇飞在田野调查的基础上，描绘了一个兼顾经济发展和社会服务的农民合作组织如何招募、建设自己的团队，并分析了团队的优势。她认为，这样一支本土农民团队可以被视作“准专业社会工作者”。这些准专业的本土社会工作者所拥有的土地使用权、本地亲友网络和资源动员时的本土智慧分别构成了他们的物质资本、社会资本和人力资源资本，成为他们开展发展型社会工作的有利因素。同时，本土社会工作者团队应建立内部督导机制开展集体学习，加强团队建设，在兼顾本土准专业社会工作者生活特点的基础上，有效提升团队的专业能力和凝聚力。发展型社会工作既要借鉴国际经验，也有必要将视野拓展到专业社会工作之外，借鉴已有的本土案例建设运行团队，并提出资源动员策略。

最后，云南大学客座教授陆德泉以《中国发展型社会工作实践的经验和挑战》为题做了总结发言。陆德泉总结了中国发展型社会工作在社会救助、减贫、社区服务、社区治理四个领域中的作用方式，并指出目前中国的发展型社会工作面临实践及其理论构建碎片化，临床社会工作的主导地位导致小组和社区工作培训不足，实践者和社会救助部门、合作经济组织、慈善机构等合作不足的问题。他认为目前的宏观政策环境和社会创新趋势有利于发展型社会工作在中国的发展，但实践者依然需要明确发展型社会工作的边界、核心竞争力，并拓展可发挥作用的领域。通过与不同的社会部门合作，经由小组和社区工作对服务对象赋权是发展型社会工作区别于其他社会工作的地方。后殖民时代和后现代是发展型社会工作的重要属性，并衍生出发展型社会工作悬置传统社会工作知识、打造本土准专业社会工作团队，以及通过行动研究中的多方合作进行知识生产的核心竞争力。除了现有发展型社会工作已经活跃其中的领域外，应对气候变化实施低碳发展、公共健康危机下参与社区生计和组织建设等也是未来的重要发展方向。

第十八章　发展型社会工作参与相对贫困治理的路径

2020年，我国现行标准下农村贫困人口全部实现脱贫、贫困县全部摘帽、区域性整体贫困得到解决，达到了脱贫攻坚目标，提前十年实现了《联合国2030年可持续发展议程》减贫目标，是发展中国家的脱贫典范。2020年1月，《中共中央 国务院关于抓好“三农”领域重点工作确保如期实现全面小康的意见》指出：“脱贫攻坚任务完成后，我国贫困状况将发生重大变化，扶贫工作重心转向解决相对贫困，扶贫工作方式由集中作战调整为常态推进。”随着绝对贫困的消灭，我国针对贫困的治理从绝对贫困的治理走向相对贫困的治理。2020年12月16日，中共中央、国务院发布了《关于实现巩固拓展脱贫攻坚成果同乡村振兴有效衔接的意见》。在实践中，我们应提高脱贫水平，注重降低返贫风险和加强可持续发展。该文件设立了五年过渡期，由脱贫攻坚向乡村振兴转变；从解决建档立卡贫困人口“两不愁三保障”为重点转向实现乡村产业兴旺、生态宜居、乡风文明、治理有效、生活富裕。

早在2018年，中共中央、国务院印发的《乡村振兴战略规划（2018—2022

年)》就提出,要“大力培育服务性、公益性、互助性农村社会组织,积极发展农村社会工作和志愿服务”,“推动各地通过政府购买服务、设置基层公共管理和社会服务岗位、引入社会工作专业人才和志愿者等方式,为农村留守儿童和妇女、老年人以及困境儿童提供关爱服务。加强和改善农村残疾人服务,将残疾人普遍纳入社会保障体系予以保障和扶持”。2020 年 12 月 28—29 日,在北京召开的中央农村工作会议提出,要吸引各类人才在乡村振兴中建功立业,激发广大农民群众的积极性、主动性、创造性。会议再次提出,社会工作者作为社会建设和专业服务的人才之一,必定大有可为。

2021 年 4 月 29 日,经第十三届全国人民代表大会常务委员会第二十八次会议审议通过的《中华人民共和国乡村振兴促进法》,已经提出社会工作人才作为乡村振兴的重要人才,需要大力培育。“各级人民政府应当采取措施培育农业科技人才、经营管理人才、法律服务人才、社会工作人才,加强乡村文化人才队伍建设,培育乡村文化骨干力量。”“县级以上人民政府应当建立鼓励各类人才参与乡村建设的激励机制,搭建社会工作和乡村建设志愿服务平台,支持和引导各类人才通过多种方式服务乡村振兴。”

王思斌认为,相对贫困的治理,要应对相对贫困群体所处的“经济—自然—社会”环境,采取“经济—社会—生活”的视角,着力分析这个群体的经济贫困、社会支持薄弱、生活文化贫乏、技术能力不足和精神状态低下等问题。社会工作应采取“经济—社会—人”三位一体的技术进路,从改善人与经济的关系、人与社会的关系、人与环境的关系等方面,协助相对贫困群体克服“经济—自然—社会”环境的制约。①

① 王思斌:《社会工作要参与相对贫困治理》,《中国社会工作》2020 年第 28 期。

王思斌提出，社会工作参与相对贫困治理的进路，很接近发展型社会工作的思路。他认为，社会工作通常需要与政府和其他社会力量一起参与相对贫困的治理。社会工作的介入方法要学习一些与经济、市场、就业相关的知识，但社会工作的专业优势还是在社会关系建构、人的能力发展和多种资源链接上。社会工作应聚焦于促进贫困群体的观念改变，提升其参与市场竞争的能力，建立和强化其社会支持网络，建立更符合实际的、合理的社会生活方式。

因此，通过总结当前后脱贫攻坚时代的社会发展挑战，巩固脱贫攻坚成果与乡村振兴的政策诉求，我们可以分析发展型社会工作在参与相对贫困治理时的路径。

第一节　后脱贫时代社会发展面临的挑战

一、农村社区发展面临的挑战

农村社区发展面临的挑战主要有四点。其一，不少研究认为，虽然扶贫方面的多层次帮扶体系已经建立，在基础设施先行、贫困人口增收、特色扶贫产业发展等方面取得了较大成效，但脱贫基础薄弱，返贫风险高。相当多的扶贫产业仍处于建设初期，成效还需要时间证明。其二，大部分贫困地区的自然生态环境与市场的困境依然存在。其三，大部分产业化扶贫项目“雷声大，雨点小”，容易出现“烂尾”风险。其四，村寨空心化趋势加剧。部分扶贫项目，比如危房改造、易地扶贫搬迁、扶贫贷款、教育扶贫等容易提高“贫困化”程度。

后脱贫社区依然面对困境。其一，集体经济衰退，缺乏竞争力，高度依赖公共资源。其二，典型留守型村庄格局难以被突破。大量青壮年外出务工谋生，村内留居群体多为老年群体、病残弱群体、部分小学就读儿童和陪伴照料的妇女。

留守社区也面临多重困境。一是面对高龄老人日常照料的重大需求。二是困难家庭处境，比如家庭成员身心障碍、遭遇车祸等致残或突然患上大病等，容易造成严重欠债和缺乏照顾的困境。三是留守儿童的心理、社会和教育需求存在隔代教养的困难，撤点并校造成儿童长年住校，应试教育造成乡村教育与农村生活和学生水平严重脱节等问题。四是留守村寨小农生计特点形成对生产便利的需求，以女性、中老年为主农业生产特点形成对农业生产公共品的可及性和生产组织形态发展的要求。

因此，留守型村庄需要加强社区公共服务和社会保障，比如兴办农村养老服务中心，为困难家庭及时提供生活救济的社会保障服务，为留守儿童提供适宜和高质量的基础教育与社区照顾，在农村土地农民集体所有制和合作队的基础上应对小农经济与社会服务困境。

二、易地搬迁的城镇相对贫困化

在“十三五”规划中，易地扶贫搬迁是脱贫攻坚的重要环节，进行易地搬迁安置的建档立卡贫困户已经超过 1 000 万户，这些家庭搬迁到靠近乡镇或县城的地区集中安置。其中不少属于超大型安置点，以云南省会泽县为例，原来只有 10 万人口的县城安置了 10 万易地搬迁人员；许多安置点居民人口都是以万计。由于大部分贫困县的县城和乡镇经济欠发达，建档立卡户过于集中的社区的就业形势不容乐观，原来文化和城乡生活的差距使搬迁居民适应社会的障碍较大。易地扶贫搬迁小区面临多元的生计与社会服务需求，以及社会适应、社会融合和社会包容的需求。

三、新型城镇化的流动人口的发展与挑战

我国流动人口总量在 2018 年达到 2.41 亿人。在“十四五”规划中，我国继续推进新型城镇化建设，估计还有以亿计的流动人口仍需进入城镇居住。党的十八届五中全会提出：“推进以人为核心的新型城镇化。深化户籍制度改革，促进有能力在城镇稳定就业和生活的农业转移人口举家进城落户，并与城镇居民有同等权利和义务。实施居住证制度，努力实现基本公共服务常住人口全覆盖。”党的十九大报告指出，要“实施乡村振兴战略”，“加快农业转移人口市民化”。相对贫困地区的人口在易地搬迁、乡村振兴和新型城镇化的情况下，更多流向附近的城镇、县城、市（包括省会），形成新型的流动人口聚落，对基本社会服务、生计就业机会等形成新的需求。

四、气候变化、生态修复与生态振兴

在气候变化的作用下，极端天气给相对贫困地区带来的影响正在加剧。一方面，生态脆弱地区资源匮乏，部分地区因气候导致贫困的人口的返贫率居高不下；另一方面，气候变暖导致气水资源匮乏，加剧了当地居民生产生活用水困难和人地矛盾，使贫困地区的生存资本存量急剧减少。依靠雨养农业的农村普遍出现增收困难，加之贫困地区用于对抗天灾的各种资源匮乏，基础设施配给严重不足，气候脆弱地区的贫困人口容易进入干旱—返

贫—脱贫—干旱—返贫的困局。

在生态振兴的政策中,"绿水青山就是金山银山"的政策思路是:贫困地区发展成为绿色农业地区,制定政策补偿性的生态振兴手段,采取耕地休耕和轮作等措施。生态资源富集地区应采取生态旅游、清洁能源机制等生态振兴手段。这些生态振兴的措施对于易地扶贫搬迁地区和社区为在地村民、移民维护获得土地和传统资源权益提供了保障和发展的办法。

五、第三部门或公益慈善部门的发展

近二十年来,中国的第三部门在回应社会发展和社会转型的形式、规模上发展很快。有关罕见病群体、孤独症、临终病患、农村发展、进城务工群体、流动儿童、流动妇女、教育问题、环境污染、生态保护等方面的公益组织如雨后春笋般纷纷成立。在第三部门发展方面,我国社会捐赠额增长迅猛,自 2004 年《基金管理条例》实施以来,全国基金会发展呈现明显的趋势,2019 年年底已达 7 580 家,社会公益资源总量达 3 374 亿元。其中彩票公益金募集量为 1 140.46 亿元;民政部指定的 20 家互联网公开募捐信息平台为全国 1 400 多家公募慈善组织发布募捐信息 1.7 万余条,累计获得 52.6 亿人次的点击、关注和参与,募集善款总额超过 18 亿元。2019 年"99 公益日"中,爱心网友共 4 800 万人次通过腾讯公益平台捐出善款 17.83 亿元,超过 2 500 家企业配捐 3.07 亿元,加上腾讯公益慈善基金会提供的 3.999 9 亿元配捐,"99 公益日"总共募得善款 24.9 亿元。截至 2015 年年底,各省(自治区、直辖市)购买社会工作服务的支出超过 40 亿元。各地推动政府购买社会工作服务力度的差异较大,以灾后重建服务而言,四川省在雅安地震后,于 2015

年投入4 000万元用于购买灾区重建社会服务。此后，各省（自治区、直辖市）陆续增加了购买社会工作服务的资金。

近年来，我国的第三部门或公益慈善部门在引领和参与社会创新方面走在了国际前列；社会企业、社会设计公益创投、公益金融、社会影响力投资、微公益等已经出现较为成熟的创新形式。

第二节 后脱贫攻坚时期发展型社会工作参与相对贫困治理的路径分析

一、发展型社会工作的使命打造

从本书分析发展型社会工作参与贫困治理的案例来看，相对贫困背后正是党的十九大定义的我国社会主要矛盾——“人民日益增长的美好生活需要和不平衡不充分的发展之间的矛盾”。这突破了过去以经济增长为中心的发展理念，治理的对象是不平衡不充分的发展，加上创新、协调、绿色、开放、共享的新发展理念，为发展型社会工作以社会发展定位的社会工作专业使命提供了很好的基础。

后脱贫攻坚阶段，相对贫困地区和群体在社会发展中也有一些困难和挑战。社会转型过程中涌现的相对贫困和弱势群体需求，以及国家在“十四五”规划中以社会发展、社会治理、社会公义巩固脱贫攻坚成果和实现乡村振兴的思路，促使社会工作打造“一个都不能少”的共建共治共享的社会治理共同体。后脱贫村寨、留守村庄、生态脆弱村寨、易地扶贫搬迁社区和新型城镇化的城乡接合部的相对贫困群体和社区，以及相关的社会服务、社区经济、社区治理和社会包容，构成了发展型社会工作应对社会发展需求、落实国家行动愿景与规划的重要内容，也是社会工作参与相对贫困治理的专业使命和任务。

二、经济介入、小群体与社区或社群赋权的联动

发展型社会工作模式突破了传统经济发展与增能赋权的二元对立。例如，云南源心、云南连心、鸿雁这些机构的成功经验，在将巩固脱贫攻坚成果与实现乡村振兴有效衔接方面，为发展型社会工作提供了很好的实务模式和工作方向。社会工作可以参与经济介入的不同层次，例如协助组织合适的培训、促进服务对象获得市场就业相关信息和规避风险，以及助力组织社区经济、社会企业、合作社等，这些不同的经济介入策略都可以为社会工作提供针对服务对象赋权的各种载体和办法。

三、社区经济的联动与社区社会服务的联动

发展型社会工作针对相对贫困社区社会服务不足的情况也提出了一些应对办法。就资源的可持续机制而言，云南源心助力探索合作社建设，通过提留社区公益基金，为社区服务提供共享基金。结合当前农村社区公共服务的发展趋势，一些基金会和社会工作机构正在尝试开发农村社会工作服务，设立儿童福利主任、早期教育的妈妈教师、居家养老服务员、本土社会工作者等岗位，增加了社区就业机会，也为社区培育了社会服务人才，为社区赋权奠定了基础。从巩固脱贫攻坚成果与实现乡村振兴衔接的趋势看，政府和公益资源逐渐向城乡基层下沉，从而不断完善社区

服务，增加社区就业岗位，为社区社会服务和社区经济提供可持续发展的动力。

四、社会救助、社会投资、社会资本建设的发展型社会工作的发展

成都爱有戏的义仓——参与式社区互助体系，截至2020年已发展了10个省级区域支持中心，有成员机构181家，覆盖全国26个省（直辖市）、83个城市的1 500多个社区。针对留守儿童和流动儿童的健康成长的社会投资已经得到人们的普遍支持，从农村和流动儿童的早期教育，到流动人口社区的社会资本建设，都逐步成为社会工作服务的重要内容。发展型社会工作需要进一步开发的应该就是这些社会服务如何与相对贫困群体的增能赋权结合，比如早期教育中的妈妈教师培育、居家养老服务员的培育等。

五、发展型社会工作与相对贫困社区的可持续发展

气候变化和生态脆弱是相对贫困村寨面对的重大返贫风险，所以发展型社会工作对可持续发展的重视是非常重要的一环。云南源心的社会工作者助力的合作社建设项目是林下养鸡，充分整合了生计能力提升与当地的森林资源保育。云南连心推动的绿领平台充分利用回收衣服，进行二手物销售和剩余布料的生计改造。鸿雁的家政工社群经济是大力推广环保酵素和肥皂，减少对环境的破坏。其他类似的可持续发展工作表现为老品种农作物的保育、社区支持农业、良心消费者的培育与对接等。我们相信，这些推动可持续发展的社会工作的策略和实务工作方法在促进生态振兴、巩固脱贫攻坚成果的过程中应该有更大的发展空间。

六、城乡相对贫困社区治理与发展型社会工作的发展

发展型社会工作在相对贫困社区的治理重点是助力包容性社区治理的建设，使弱势群体参与到社区治理中，“一个都不能少”。云南连心流动职工联合工会成功地把流动人口吸纳到工会组织中，并参与社区治理。河南登封的周山村通过对乡村妇女的赋权，推动了村规民约的修改，为打造社会性别平等的社区治理建立了典范。北京近邻的案例协助了农转居居民从农村社区适应到城市社区的社区参与，桥接原来的乡村文化和城市文化，打造新型的社区治理模式。在民政部大力推动乡镇和街道社工站建设的政策下，我们相信发展型社会工作在助力提升民政专业的能力基础上，在大力推动弱势群体参与社区治理，打造包容性的社区治理方面应该还有很大的发展空间。

七、发展型社会工作与打造区域性社会工作生态的发展趋势

从云南连心助力云南建立社会工作生态的组织发展策略、参与区级社会工作机构的培育、开发社会企业与社会创新、培育“乡村守望者”的本土社会工作、开发不同的发展型社会工作策略和技能、应对云南城乡社会发展议题的经验来看，当前各级政府还是公益慈善基金会，都看到了慈善和社会工作下沉到地级、县级行政区，推动社会工作和公益慈善的重要性与迫切性。当前民政部门大力推动的乡镇和街道社工站建设，将在“十四五”时期实现全覆盖。不同地方也在大力推动社会工作培育中心的建设，提升社会组织的能力，以承接乡镇和街道社工站的建设。一些地方原来是行政化的乡镇和街道社工站，如今也鼓励成立民办非企业单位性质的社会工作机构。一些全

国性的慈善基金会也大力支持县域社会组织的工作，以社会工作提高传统公益慈善的专业服务水平，参与乡村振兴。所以说，相对贫困地区的县域社会工作机构培育工作和在地社会工作团队建设，在未来数年间仍充满发展的机遇。

八、发展型社会工作协同相对贫困治理的社会治理创新与社会创新

正如南非发展型社会工作建构了福利多元伙伴关系，发展型社会工作模式也在我国党委引领、政府负责、公众参与的社会治理创新体系中逐步形成多元共治的伙伴关系。社会工作机构正在嵌入民政部门、公益组织、企业与社区组织，形成不同的合作关系，包括社会创新模式中的社会合作（social collaboration）、社会企业（social enterprise）、社会设计（social design）、信息通信科技创新（ICT innovations）等。当前的社会合作主要是与民政部门、社区的合作，与商业模式合作的社会企业和合作社刚刚起步；还有一些社会工作项目采取了与建筑艺术跨界合作的社区微改造、社区艺术等社区参与和动员的办法。相信这些社会治理创新和社会创新的方式会为发展型社会工作的发展带来新的机遇、动能和挑战。

九、发展型社会工作与发展性社会福利政策的联动

南非在建构发展型社会工作、发展型社会服务提供模式和发展型社会福利制度的紧密联系方面的实践经验对中国建构发展型社会工作和完善社会福利制度有着重要的参考作用。以南非“我们照顾家庭”为例，儿童社会救助需要配合家庭增能项目的社会投资才能更好地实施对弱势家庭的扶持，从而促进贫困儿童的成长。当前我国的社会福利政策还是以传统救助

为主，社会政策和社会工作学者必须抓好社会政策的后发优势，更好地吸收、借鉴发达国家和发展中国家的经验并吸取其教训，只有在反思现有社会福利政策的基础上，才有可能重新建构发展型的社会福利政策、制度和相应的社会工作模式。

十、多重社会工作干预模式的开发与整合

本书收集的发展型社会工作案例，展现了多重社会工作干预模式，包括减贫与可持续生计策略、以家庭为中心策略、社区为本策略、社区教育与组织策略、社会政策设计、社会规划和政策倡导等。可见我国的发展型社会工作已经积累了一定经验。可是大部分服务领域的社会工作干预仍具有碎片化特点，缺乏系统性，遑论与其他社会工作干预方法的联动。如果要把传统社会救助结合到城乡社区服务供给、社区治理、源头治理和社会治理创新的大政方针中，那么社会工作在个人和群体的社会救助的基础上，如何结合中观层面的社区分析、社区规划和社区发展实务，以及宏观层面的政策设计和研究倡导，协同国家制定在社会转型中以社会公义为原则，切合弱势群体和不同群体需求的社会福利、社会服务与社会工作模式，是有关学者需要深入思考的问题。发展型社会工作需要更努力地去推动多重社会工作干预模式的开发与整合。①②③

---

① 高飞、向德平：《专业社会工作参与精准扶贫的可能性与可及性》，《社会工作》2016 年第 3 期。

② 李迎生、徐向文：《社会工作助力精准扶贫：功能定位与实践探索》，《学海》2016 年第 4 期。

③ 何雪松、熊薇：《社会工作的“时势权力”》，《社会工作》2013 年第 5 期。

十一、发展型社会工作教育与科研体系的本土化和内生化

从笔者收集的发展型社会工作案例来看，深受英美和中国港台地区社会治理模式主导的“教育先行”的社会工作教育模式已经远远追不上当前实践中的社会和政策需求。学者高度依赖欧美为中心的社会工作学术与专业体系已经形成了严重的结构性羁绊。南非正在形成的发展型社会工作的模式和经验打破了我们高度依附英美社会工作的想象，我们需要对社会工作教育研究进行反思，推进中国社会工作的发展。

十二、结语

我国发展型社会工作本土化和内生化的发展过程表明，虽然还没有一套既有的实务模式可以参考，但是我们坚持社会发展的目标和新发展理念，积极参与相对贫困治理。

中国的社会工作学界应该敢于抛开社会工作“学术与专业权威”的身段，回到社会发展和文化脉络的相关性中，以行动研究策略与服务使用者、一线社会工作者、社会工作机构和其他利益相关者一起，共同创新、学习和建构切合社会发展需要的发展型社会工作价值观、政策、知识和技能体系。

我们相信，学者们以行动研究共同推动发展型社会工作，释放对发展型社会工作创新的想象力，根植于在地知识立场，共同探究发展型社会工作的理论与实务，不仅能够缓解我国的相对贫困问题，也是突破全球社会工作发展障碍的关键选择。

参 考 文 献

一、中文图书

[1] 安东尼·哈尔,詹姆斯·梅志里. 发展型社会政策[M]. 罗敏,范酉庆,等译. 北京：社会科学文献出版社,2006.

[2] 迈克尔·谢若登. 资产与穷人：一项新的美国福利政策[M]. 高鉴国,译. 北京：商务印书馆,2005.

[3] 詹姆斯·米奇利. 社会发展：社会福利视角下的发展观[M]. 苗正民,译. 上海：格致出版社,上海人民出版社,2009.

[4] 詹姆斯·米吉里,艾米·康勒. 社会工作与社会发展：发展性社会工作的理念与技术[M]. 台湾教育研究主管机构,等译. 台北：松慧有限

公司,2012.

[5] 安东尼·吉登斯.超越左与右：激进政治的未来[M].李惠斌,杨雪冬,译.北京：社会科学文献出版社,2009.

[6] 阿玛蒂亚·森.论经济不平等：不平等之再考察[M].王利文,于占杰,译.北京：社会科学文献出版社,2006.

[7] 哈特利·迪安.社会政策学十讲：第2版[M].岳经纶,温卓毅,庄文嘉,译.上海：格致出版社,2009.

[8] 安东尼·吉登斯.第三条道路：社会民主主义的复兴[M].郑戈,译.北京：北京大学出版社,2000.

[9] 阿马蒂亚·森.以自由看待发展[M].任赜,于真,译.北京：中国人民大学出版社,2002.

[10] 阿瑟·刘易斯.经济增长理论[M].周师铭,沈丙杰,沈伯根,译.北京：商务印书馆,1996.

[11] 蔡文辉.婚姻与家庭：家庭社会学[M].台北：五南图书出版公司,1998.

[12] 邓锁,迈克尔·谢若登,邹莉.资产建设：亚洲的策略与创新[M].北京：北京大学出版社,2014.

[13] 范斌.福利社会学[M].北京：社会科学文献出版社,2006.

[14] 童星.发展社会学与中国现代化[M].北京：社会科学文献出版社,2005.

[15] 杨培珊,梅陈玉婵.台湾老人社会工作：理论与实务：第4版[M].台北：双叶书廊出版社,2011.

[16] 张秀兰,徐月宾,梅志里.中国发展型社会政策论纲[M].北京：中国

劳动社会保障出版社，2007.

二、中文论文

［1］陈涛，陈锋，王小兰. 震后社区生计项目实践与发展性社会工作的探索：绵竹青红社工服务站的经验及反思［J］. 社会工作（学术版），2011(4)：14－18，24.
［2］陈涛，徐其龙. 社会工作介入乡村振兴模式研究：以北京市Z村为例［J］. 国家行政学院学报，2018(4)：73－77.
［3］陈涛，杨锡聪，陈锋. 发展性社会工作的本土化理论及实践［J］. 新视野，2018(4)：62－68.
［4］陈涛，周王瑜. 反贫困社会工作的理论向度［J］. 社会工作，2020(6)：23－32.
［5］邓锁. 经济赋能与社区融合：以一个西部地区的反贫困实践为例［J］. 中国农业大学学报（社会科学版），2019(1)：59－69.
［6］郭燕. 助力乡村振兴：发展性社会工作路向的介入空间与创新［J］. 社会建设，2018(5)：64－75.
［7］黄钦. 发展性社会工作助力农产品销售的策略研究［J］. 热带农业工程，2021(3)：36－38.
［8］何宇飞. 发展性社会工作帮扶农户对接市场的策略与困境［J］. 华中农业大学学报（社会科学版），2020(4)：149－157.
［9］MIDGLEY J，吴利娟. 社会发展：社会工作实践的一种取向［J］. 中国社会工作，1998(3)：21－23.

[10] 蒋国河，平卫英，孙萍. 发展性社会工作视角下的农村反贫困实践：W县Y村妇女互助储金会的案例分析[J]. 江西财经大学学报，2018(6)：94－103.

[11] 陆德泉. 社会发展视角探索社会工作的本土化策略：以南非建构发展性社会工作体系的路径为例[J]. 中国农业大学学报（社会科学版），2017(3)：35－45.

[12] 刘辉武，吴晓萍. 论国家治理转型与社会工作的发展[J]. 贵州民族大学学报（哲学社会科学版），2014(5)：33－38.

[13] 李欢，周永康. 发展取向的资产建设：社会工作参与乡村扶贫实践研究：以P村“三区计划”项目为例[J]. 重庆工商大学学报（社会科学版），2019(5)：59－68.

[14] 林闽钢. 积极社会政策与中国发展的选择[J]. 社会政策研究，2016(1)：38－50.

[15] 栗学钟. 发展性社会工作取向下的民族社会工作初探[J]. 学理论，2014(16)：113－115.

[16] 刘玉春. 助力乡村振兴：发展性社会工作的介入策略[J]. 管理观察，2019(8)：115－116.

[17] 马凤芝. 社会发展视野下的社会工作[J]. 广东社会科学，2014(1)：222－228.

[18] 腾芸，向德平. 发展性社会工作参与扶贫扶志的空间与路径[J]. 社会工作，2019(6)：39－47.

[19] 吴谦. 发展性社会工作理论及实践研究综述[J]. 劳动保障世界，

2018(24)：37.

[20] 汪三贵，郭子豪. 论中国的精准扶贫[J]. 贵州社会科学，2015(5)：147－150.

[21] 向德平，程玲. 发展性社会工作的脉络、特点及其在反贫困中的运用[J]. 西北师大学报(社会科学版)，2019(2)：47－52.

[22] 徐其龙，陈涛. 发展性社会工作视角下社区服务、社区营造和社区发展的整合研究[J]. 华东理工大学学报(社会科学版)，2020(3)：76－86.

[23] 朱若晗，蔡鑫. 社会工作推动乡村脱贫资本建设的对策[J]. 福州党校学报，2019(5)：35－40.

[24] 社会工作编辑部. 中国本土社会工作理论体系的构建：新时代社会工作理论发展与创新论坛综述[J]. 社会工作，2019(4)：26－34.

三、英文图书

[1] MIDGLEY J, CONLEY A. Social work and social development: theories and skills for developmental social work[M]. New York: Oxford University Press, 2010.

[2] JONES J F, PANDEY R S. Social development: conceptual, methodological and policy issues[M]. New York: St. Martin's Press, 1981.

四、英文论文

[1] ARAI Y, ZARIT S H. Exploring strategies to alleviate caregiver

burden: effects of the national long-term care insurance scheme in Japan[J]. Psychogeriatrics, 2011, 11 (3): 183 - 189.

[2] BRANDT M, HABERKERN K, SZYDLIK M. Intergenerational help and care in Europe[J]. European Sociological Review, 2009, 25 (5): 585 - 601.

[3] COBB S. Social support as a moderator of life stress [J]. Psychosomatic Medicine, 1976, 38 (5): 300 - 314.

[4] DAATLAND S O, HERLOFSON K. 'Lost solidarity' or 'changed solidarity': a comparative European view of normative family solidarity[J]. Ageing and Society, 2003, 23 (5): 537 - 560.

[5] BERGMARK Å. Social development: The developmental perspective in social welfare[J]. Scandinavian Journal of Social Welfare, 1997, 6 (2): 143 - 145.

[6] MIDGLEY J. Involving social work in economic development[J]. International Social Work, 1996, 39 (1): 13 - 25.

[7] MIDGLEY J. Growth, redistribution, and welfare: toward social investment[J]. Social Service Review, 1999, 73 (1): 3 - 21.

[8] MOTEL-KLINGEBIEL A, TESCH-ROEMER C, VON KONDRATOWITZ H J. Welfare states do not crowd out the family: evidence for mixed responsibility from comparative analyses[J]. Ageing and Society, 2005, 25 (6): 863 - 882.

[9] PAIVA J F X. A conception of social development [J]. Social

Service Review, 1977, 51 (2): 327 - 336.

[10] SZYDLIK M. Intergenerational solidarity and conflict[J]. Journal of Comparative Family Studies, 2008, 39 (1): 97 - 114.

[11] TSUTSUI T, MURAMATSU N, HIGASHINO S. Changes in perceived filial obligation norms among coresident family caregivers in Japan[J]. The Gerontologist, 2014, 54 (5): 797 - 807.

后　记

2016年,国务院印发的《“十三五”脱贫攻坚规划》指出,脱贫攻坚必须“坚持统筹推进改革创新”的原则。2017年,习近平总书记在两会期间提出了“绣花式”精准扶贫思想,同年9月,中共中央办公厅和国务院办公厅印发了《关于支持深度贫困地区脱贫攻坚的实施意见》。2018年出台的《中共中央 国务院关于打赢脱贫攻坚战三年行动的指导意见》在肯定过去五年我国减贫工作成效的同时,也提出未来三年还有3 000万左右农村贫困人口需要脱贫,尤其是“三区三州”深度贫困地区脱贫任务艰巨。该文件还提出:“坚持大扶贫工作格局,坚持脱贫攻坚目标和现行扶贫标准,聚焦深度贫困地区和特殊贫困群体,突出问题导向,优化政策供给,下足绣花功夫,着力激发贫困人口内生动力，着力夯实贫困人口稳定脱贫基础，着力加强扶贫领域作风建设，切实提高贫困人口获得感，确保到2020年贫困地区和贫困群众同全国一道进入全面小康社会，为实施乡村振兴战略打好基础。”同时，该文件提出了社会工作参与的脱贫攻坚的具体方式和任务：通过社会工作专业人才服务“三区计划”、服务机构牵手计划、教育对口扶贫计划，为贫困人口提供生计发展、能力提升、心理支持等专业服务。社会工作强调助人自助，对弱势群体进行赋权，通过整合资源来回应相关问题，其专业特质为扶贫工作提供了持续的动力和新的视角。

中国社会工作于20世纪80年代复建，主要以学科化方式引进我国港台地区和北美主流的补救型的社会治疗社会工作模式，强调精细的心理辅导或治疗的专业化在个人、家庭或小组层面的干预，推行以补救型为主导的城市个人服务和社会福利模式。补救型社会工作模式源于发达资本主义福利国家在既有的政治经济脉络中，为弱势群体提供一定的政府、社会资源救助和补救型的服务。但补救型社会工作无法应对发展中国家严重的贫困与失业、基本社会服务不足、困境和弱势群体的服务资源欠缺等问题，疲弱的公共财政无法承担人力密集和高学历的社会治疗导向的社会工作人才支出。文化相关性则对北美社会工作背后的文化价值的普遍性提出了疑问，它忽视了发展中国家在地的文化传统与资源。美国加州大学伯克利分校社会福利学院荣休院长梅志里教授最早于20世纪80年代批判了北美社会工作向发展中国家输出的社会治疗模式无从应对这些国家的社会发展问题。随后，他建设性地提出以发展型社会工作模式作为发展中国家社会工作的本土化路径，以开发社会工作在推动社会发展目标方面的外延功能，弥补发展中国家经济和社会发展的不足。研究发展型社会工作的学者们认为，发展型社会工作强调多部门回应社会需求，肯定社会福利与经济发展的关系，认为社会福利是对人力资本的投资，同时强调以人为本、权益为本，注重弱势人群的参与及变革。

基于新时期社会转型和发展的要求，发展型社会工作的理论与实践正好为社会工作如何参与社会治理创新、回应当下种种社会问题提供了新的参考，其产生背景和运用更贴近发展中国家面临的种种问题。

自党的十九大以来，各级党组织和政府都努力推进扶贫攻坚工作。社会工作如何参与并切实回应扶贫攻坚尤为重要，这不仅是在响应党中央的号召，还是在推进专业发展，为教育先行的社会工作在中国特色社会主义的政治社会背景下打开出路。其他发展中国家以发展型社会工作模式整合社会发展与经济发展目标的特点，与我国发展型社会工作在协调不均衡和不充分发展的功能与模式方面具备很强的契合性，发展型社会工作是应对新时代社会主要矛盾的本土化选择。

本书认为，发展型社会工作的本土建构策略和发展型社会工作视角对“贫困”的细致深入分析，应是社会工作介入反贫困工作的重要内容。发展型社会工作对“贫困”的分析框架包括多个层次：从兜底救助、社区困境人群社会支持网络的搭建、社区公共服务均等化覆盖，到社区自我服务能力体系构建，最终希望能够实现“赋权”与可持续发展的包容性社区建设。同时，本书试图通过本土建构的发展型社会工作的专业使命与服务范围来辨识有关的发展型社会工作的实践经验。

参与本书编写工作的主要有云南大学民族学与社会学学院社会工作研

究所所长向荣副教授、香港中文大学尤努斯社会事业中心陆德泉博士、云南大学民族学与社会学学院社会工作研究所杨丹和有关工作人员、云南连心社区照顾服务中心卢思含以及云南和其他地方的一线社会工作者。他们将智慧的结晶和行动的经验汇聚成本书，我们在此特表示深切和诚挚的感谢！希望本书对从事相关领域工作的人员、关心该领域的同仁有所启迪。愿我们共同学习！

编著者